INHALT

WEISSWÜRSTE   270

… warum die Bayern den Franzosen und vor allem den Schweizern für die Weißwurst dankbarer sein sollten, als sie es sind, und was der Dreißigjährige Krieg mit Siebecks Albinopimmel zu tun hat …

MAN SCHMECKT NUR, WAS MAN WEISS ...

Gibt es Rezepte in diesem Buch? Nein, nicht wirklich.

Warum? Erstens: Bücher mit Rezepten gibt es genug, gute und schlechte. Und zweitens: Wer kocht, will oder kann in diesem Moment nicht lesen. Und wer liest, will und kann in diesem Moment nicht kochen.

Also ein Lesebuch? Ja, ein Lesebuch. Mit vielen kuriosen Informationen, skurrilen Geschichten und Anekdoten rund um Lebensmittel und Speisen, die man kennt. Oder auch nicht. Wenn nicht, wird man sie kennen lernen.

Also ein Buch zum Nachschlagen? Ja, die einzelnen Beiträge sind alphabetisch geordnet. Sie sind kurzweilig und interessant. Sagt der Verleger. Und wir glauben ihm. Ein Buch für alle, die ein bisschen mehr wissen möchten, als dass eine Weißwurst eine weiße Wurst ist und Chips aus der Tüte kommen.

Und die Auswahl? Erfolgte streng nach den Kriterien Unterhaltsamkeit und Informationsgehalt. Die Mischung sollte stimmen, von alltäglich bis außergewöhnlich, von Pommes bis Blutente, von Bulette bis Safran, von Radler bis Kopi Luwak.

Und was hat man davon? Man weiß mehr. Also schmeckt man auch mehr. Denn wer isst und trinkt, isst immer auch ein Stück Geschichte, trinkt immer auch einen Schluck Anekdotisches. Das alles isst und trinkt man mit.

Aber man schmeckt's halt nur, wenn man's auch weiß.
In diesem Sinne: Viel Spaß beim Lesen!

Marcus Reckewitz · Hannes Bertschi

ALKOHOL

*… was die Genetik für die menschliche Affinität zu
Alkoholischem an Erklärungen parat hält, warum
juvenile Saufgelage weniger ein Ärgernis darstellen als
vielmehr der evolutionären Auslese dienen, und was der
Mensch am Tresen mit einem Wurm und einer
Fruchtfliege gemein hat …*

Wer einmal einen Weinkenner von einem wirklich guten
Tropfen hat schwärmen hören, wird keinen Zweifel daran haben, dass der Genuss von Alkoholischem eine Angelegenheit
der Hochkultur darstellen kann. Wie differenziert der Weinkenner doch in der Lage zu sein scheint, selbst kleinste Ge-
ruchsnuancen aus einem bunten Duft-Bouquet wahrzuneh-
men und zu identifizieren. Und welch kultivierte Lust
offenbart sich doch in der Fähigkeit, das vom Winzer gekonnt
in Szene gesetzte Zusammenspiel der vielen flüchtigen Aromen mit Nase und Gaumen gourieren zu können. Guten
Wein herzustellen und guten Wein genießen zu können, ist
gewiss eine hohe Kunst, eine Frage von Wissen, Erfahrung
und geschulter Sensorik. Kein Zweifel: Der Mensch ist die
Krone der Schöpfung. Wer im Reich der Natur wollte ihm den
Wein reichen?

Doch wo viel Sonne, da ist auch viel Schatten. Wer einmal
das Vergnügen hatte, eine Horde dumpfgesoffener Fußballfans
in den Wandelhallen eines großstädtischen U-Bahnschachtsys-
tems dabei zu belauschen, wie sie fahnenschwenkend ihre ata-
vistischen Kampfgesänge gegen die Kacheln grölen, den be-

schleichen Zweifel an der Hierarchie der Schöpfungspyramide. Meldungen aus der Wissenschaft wie: »Der Mensch ist vom Erbgut her so komplex wie ein Wurm« erhalten im großstädtischen U-Bahnschacht eine konkrete visuelle und akustische Ausprägung. Alkohol kann eben auch eine sehr ernüchternde Frage von Subkultur sein. Zumal man vermuten darf, dass so mancher von denen im U-Bahnschacht auch unter der Woche zu tun haben: Vermutlich bölken sie zu Hause die eigene Tapete oder in der Kneipe den Tresenwirt an. Zweifel melden sich also an: der Mensch, wirklich die Krone der Schöpfung?

Die unlängst gelungene Entschlüsselung des menschlichen Genoms ist in der Tat eher ernüchternd. Denn seither ist gewiss, was man angesichts der U-Bahn-Bilder nur leise vermuten durfte: Die Krone der Schöpfung spielt genetisch in derselben Liga wie der Wurm *Caenorhabditis elegans*, jener einen Millimeter große Nematode, der profan im Boden zu leben pflegt. In dieser Liga spielt übrigens auch die Ackerschmalwand *Arabidopsis thaliana*, die man jenseits der biologischen Garten- und Landwirtschaft nach wie vor als ordinäres Unkraut zu betrachten geneigt ist. Alle drei Geschöpfe weisen eine Anzahl zwischen 20 000 und 27 000 Genen auf. Nicht weniger, aber auch nicht mehr.

Beim Menschen hatte man noch vor nicht allzu langer Zeit 40 000 bis 80 000 Gene vermutet – typisch menschliche Hybris. Zugestanden: Während dem ordinären Unkraut lediglich 115 Millionen Basenpaare zur Verfügung stehen (Sie erinnern sich? Schulfach Biologie? Kombination aus Adenin, Thymin, Guanin und Cytosin), weist der Mensch rund drei Milliarden dieser chemischen Bausteine als genetischen Code auf. Was ihn zur Bildung weitaus komplexerer Eiweiße befähigt und ihn damit zu einem weitaus komplexeren biologischen System macht als Unkraut und Bodenwurm – es sei denn, er sitzt gerade besoffen im U-Bahnschacht mit einem Wimpel in der Hand.

Nun geht und ging es dem »Human Genome Sequenzing Consortium« bei der Entschlüsselung des menschlichen Genoms nicht um einen profanen Beitrag zum großen Gen-Quartett (wer hat wie viele Gene mit wie vielen Basen-PS auf seiner DNA?). Es geht vor allem auch darum, herauszubekommen, ob, und wenn ja, welche Gene (und möglicherweise ihre Defekte) für bestimmte physische Defekte des Menschen eventuell verantwortlich sind. Die für Kleinwuchs, bestimmte Nieren- und Hautkrankheiten, geistige Behinderungen und Nachtblindheit und einige andere Krankheiten zuständigen Gene wurden bereits entdeckt.

Nach wie vor ist man aber auch auf der Suche nach einem oder mehreren besonderen Genen, mit denen sich das oben beschriebene Phänomen erklären lässt: Dass nämlich manche Menschen Alkohol regelmäßig und in krankhaften Übermaßen zu sich nehmen, während die überwiegende Mehrzahl zwar auch gerne Alkohol trinkt, nach drei Kölsch oder zwei Gläsern Bordeaux aber Schluss machen kann und will. Mit anderen Worten: Wie erklärt sich die grundsätzliche Affinität des Menschen zum Alkohol, die in lichte Höhen der Genusskultur führen kann, und wie erklärt sich das profane Suchtphänomen Alkoholismus?

Vermutungen, dass es für den krankhaften menschlichen Drang zu Alkoholischem eine genetische Veranlagung gibt, kennt man aus der Zwillingsforschung: Ein Geschwisterteil eines eineiigen Zwillingspaares ist doppelt so hoch gefährdet, Alkoholiker zu werden, wenn sein Geschwisterteil Alkoholiker ist – und das auch dann, wenn beide Geschwister nach der Geburt getrennt aufwuchsen. Aber auch andere empirische Ergebnisse lassen genetische Einflüsse vermuten: Kinder von Alkoholikern haben ein viermal so hohes Risiko, selbst Alkoholiker zu werden als Kinder von Nichtalkoholikern. Umgekehrt weisen Kin-

der von Nichtalkoholikern, die von Alkoholikern adoptiert
und aufgezogen wurden, kein signifikant höheres Risiko auf,
selbst Alkoholiker zu werden gegenüber Nichtalkoholikerkin-
dern, die von Nichtalkoholikern aufgezogen wurden. Gene
spielen beim Saufen also eine Rolle.

Um die Frage zu beantworten, welche Rolle genau, griff die
Wissenschaft, was liegt näher, zu unserem genetischen Vetter,
dem eingangs erwähnten Fadenwurm *Caenorhabditis elegans*,
wegen seiner genetischen Nähe zum Menschen ein hervorragender Modellorganismus. So konnte man beim Wurm zunächst einmal das sogenannte slo-1-Gen dingfest machen,
dass erst einmal die Wirkung von Alkohol erklärt. Das slo-1-
Gen trägt Informationen für einen Ionenkanal, durch den
Kaliumionen aus den Nervenzellen dringen. Kaliumionen
spielen bei der Übertragung von Nervenimpulsen eine wichtige Rolle. In Anwesenheit von Alkohol öffnen sich diese Kanäle öfter als normal. Was zur Folge hat, dass sich die Nerven-
aktivität verlangsamt – es torkeln und lallen Wurm und
Mensch.

Ebenfalls in San Francisco hat man im Fadenwurm auch das
NPR-1-Gen entdeckt, das die Empfindlichkeit des Orga-
nismus gegenüber Alkohol beeinflusst, indem es ein Protein codiert, das im Gehirn eine Rezeptorfunktion übernimmt. Würmer mit unterschiedlichen Sequenzen des betreffenden Gens
vertrugen den zugeführten Alkohol gänzlich unterschiedlich:
Was den einen Wurm in die Knie zwang ließ den anderen völlig unberührt am Tresen stehen und nachbestellen.

Bonner und Budapester Forscher wiederum haben mit einem manipulierten Gen experimentiert, dass für den sogenannten Cannabis-Rezeptor CB1 zuständig ist. Selbiger Rezep-
tor sorgt bei alkoholsüchtigen Laborratten für erhebliche
Stress- und Entzugserscheinungen und zu einer Rückfallrate

wie dereinst bei Harald Juhnke. Mäuse mit gentechnisch entfernten Rezeptoren blieben hingegen clean.

Australische Forscher wiederum haben entdeckt, dass Menschen mit einer Variante des Gens DRD2 besonders anfällig gegenüber so ziemlich allem sind, was süchtig macht: Alkohol, Nikotin und jede Menge anderer Drogen. Aktiviert wird diese Genvariante unter Stress, genauer gesagt immer dann, wenn sich die betroffene Person in Gesellschaft unter Druck gesetzt fühlt. In Kombination mit traumatisierenden Ereignissen in frühen Lebensjahren, wie zum Beispiel den Kriegserfahrungen einiger Probanden, die Vietnam-Veteranen waren, stieg das Suchtrisiko erheblich.

Und last but not least haben Forscher in Chicago bei Mäusen das sogenannte CREB-Gen entdeckt. Gesunde Nager weisen dieses Gen in zwei Varianten auf. Mäuse mit nur einer Variante litten an einem Botenstoffmangel, der wiederum erhebliche Angstzustände hervorruft. Bei der Wahl zwischen Wasser und Alkohol bevorzugten die betreffenden Angstnager einen tiefen Schluck aus der Pulle. Der Alkoholkonsum erhöhte nämlich den zu niedrigen Botenstoffpegel und nahm den Mäusen die Angst.

Und so weiter und so fort. Bei der Suche nach einer Antwort auf die Suchtfrage wird man noch so manche Überraschung aus Gen-Experimenten mit Wurm und Maus erwarten dürfen. Bereits jetzt kann man sagen: Die krankhafte Neigung zum Alkoholkonsum ist zu 50 bis 60 Prozent vermutlich allein genetisch determiniert. Davon gehen Gen-Forscher mittlerweile aus. Vielleicht ist der Gen-Anteil sogar noch sehr viel höher. Vielleicht sogar 100 Prozent? Sucht (auch die nach anderen Stoffen) wäre dieser Lesart zufolge eine Folge von Veränderungen im Gehirn, die durch die Suchtstoffe ausgelöst werden (die müssen irgendwann erstmalig dem Körper zugeführt werden, weil er sie selbst nicht produziert). Der Grund aber, warum der eine irgendwann süchtig wird und der andere nicht, liegt in der individuellen genetischen Ausstattung begründet. Die größte persönliche Katastrophe wäre demnach nicht in der Lage, den Menschen zum Alkoholiker zu machen, wenn er nicht die entsprechende genetische Ausstattung dazu mitbringt.

Die aus der Psychoanalyse herrührende Theorie von der Sucht-»Persönlichkeit« scheint damit heftig in Frage gestellt. Und während noch so mancher Psychotherapeut solcherlei Erkenntnisse als persönliche Beleidigung betrachtet – geht damit doch ein Stück liebgewonnener tradierter Lehrmeinung zum Teufel, der zufolge der Mensch maßgeblich das Produkt seiner Umwelt ist und mithin auch Alkoholismus maßgeblich eine Folge sozialer und persönlicher Umstände ist –, forscht man auf Seiten der Genetik bereits fröhlich an geeigneten Heilmethoden der Alkoholsucht (und anderer Süchte).

Doch so interessant all die Fakten rund um das krankhafte Konsumverhalten bei Alkohol sein mögen, es ist und bleibt ja gottlob ein Minderheitenphänomen. »Nur« etwa zwei Prozent der hiesigen Bevölkerung sind Alkoholiker, ca. fünf Prozent zählt man zu Alkoholmissbrauchern. Die weitaus überwiegende Mehrzahl der Menschen liebt alkoholische Getränke, ohne süchtig zu werden – jedenfalls nicht krankhaft süchtig. Warum aber ausgerechnet Alkohol? Warum ausgerechnet ein Grand Cru, warum ein Pils, ein Kölsch, ein Alt, ein Helles oder ein Weizenbier? Warum Alkohol und nichts anderes?

Neben einer Vielzahl unterschiedlicher historischer Entwicklungen, die maßgeblich dazu geführt haben, dass Alkohol die Leitdroge der meisten menschlichen Gesellschaften geworden ist, haben auch die Naturwissenschaften einige besonders aparte Antworten auf diese Fragen im Angebot. Beginnen wir mit der Frage nach dem Einstieg. Warum greifen bereits Ju-

gendliche mehrheitlich zu Alkohol (und zur Begleitdroge Nikotin), obwohl sie wissen, dass Alkohol und Nikotin in den
Mengen, in denen man üblicherweise in diesem Alter Alkohol
und Nikotin zu sich nimmt, Gift und nicht Genuss sind?

Jared Diamond, interdisziplinär arbeitender Evolutionsbio-
loge, Physiologe, Biogeograph (Vertreter der sogenannten
Neuen Biologie) und Bestseller-Autor, sieht in den Saufexzes-
sen von – vorzugsweise männlichen – Jugendlichen eine Art
Behauptungsritual, das den paarungswilligen Weibchen signa-
lisieren soll: Seht her, ich bin der genetische Supermann, ich
bin in der Lage, auch die größte Alkoholvergiftung relativ fol-
genlos wegzustecken. Somit wäre das »coole« Trinkverhalten
von Jugendlichen eine Art genetische Potenzprotzerei, um dem
potenziellen Partner die (evolutionär ja nicht unwichtige) Se-
lektion zu erleichtern. Bei Kung-Fu-Kämpfern in entlegenen
Gebieten Neuguineas und Indonesiens konnte Diamond vergleichbare Vergiftungsriten beobachten. Einmal im Monat
kam man hier zum großen Kerosin-Saufen zusammen, um auf
diesem Weg zu testen, wie fit man körperlich ist.

Das jugendliche Potenzgehabe birgt angesichts der Erkenntnisse der Genetik über die Entstehung von Alkoholsucht allerdings für den potenziellen Sexual- und Lebenspartner ein nicht
unerhebliches Risiko. Denn erstens sagt das Überleben eines
Alkoholrausches lediglich aus, dass der Betreffende reichhaltig
mit dem Alkohol abbauenden Enzym Alkohol-Dehydrogenase
ausgestattet ist. Über den Rest der genetischen Ausstattung
kann man bzw. frau von einem kleinen Saufgelage ausgehend
allein keine weiteren Rückschlüsse ziehen. Und zweitens landet
der jugendliche Alkoholheld, so er mit einer entsprechenden
genetischen Sucht-Ausstattung geschlagen ist, mit an Sicherheit grenzender Wahrscheinlichkeit alsbald zunächst vor dem
Scheidungsrichter und dann in einer Entzugsanstalt. Man

sollte also Vorsicht obwalten lassen und die juvenile Trinkfestigkeit bei der Partnerwahl nicht überbewerten. Es handelt sich wahrscheinlich um die klassische Fehlanpassung eines evolutionstechnisch vielleicht grundsätzlich sinnvollen, aber nicht ungefährlichen Instinkts.

Was in jungen Jahren an Grenzerfahrungen mit Alkohol gemacht wird, führt im besten Fall jedoch nicht in die Entzugsanstalt, es mündet stattdessen in eine wie auch immer geartete erwachsene Genusskultur – fernab von jeder Suchtgefahr. Ein Grund hierfür, dass gerade Alkohol zentraler Bestandteil von abendlichen Wohlfühlprogrammen ist, liegt sicher darin, dass Alkohol (wie andere Drogen auch) genau dort eine positive Wirkung entfaltet, wo man es bisweilen besonders gerne hat: Im limbischen System, also dort, wo Gefühle »gemacht« werden. Alkohol entspannt, enthemmt und macht gute Laune – ein gutes Gefühl eben. Ein, zwei Gläser Rotwein oder zwei, drei Kölsch – und weg ist er der Ärger vom Büro.

Aber gute Laune im limbischen System machen auch andere Drogen. Auch sie wirken in denselben Hirnregionen. Also warum nicht diese Drogen, sondern warum ausgerechnet Alkohol? Handelt es sich angesichts der Suchtgefahren, angesichts auch der unleugbar möglichen gesundheitlichen Gefahren schon bei moderatem Alkoholgenuss womöglich um einen genetischen Defekt, dass die Schöpfungskrone zum Alkoholischen neigt? Warum hat die Evolution beim großen selektiven Würfelspiel in Anbetracht all der potenziellen Gefahren, in Anbetracht allein schon der unermesslichen Leiden, die ein ausgewachsener Kater hervorruft, die menschliche Alkoholneigung nicht ausradiert? Ist die Affinität zu Alkohol vielleicht gar kein Defekt? Gibt es da eventuell neben der unleugbar positiven entspannenden Wirkung noch einen weiteren Vorteil, der in der Güterabwägung die Tolerierung des menschlichen Trink-

verhaltens durch die große Selektionsmaschine Evolution erklären könnte?

Eine der entzückendsten Antworten auf diese Frage bieten
erneut die Genetik und die Evolutionsbiologie. Und zwar besonders jener Wissenschaftszweig, der sich neben Maus und
Wurm eine weitere kleine Kreatur zum Gegenstand seiner Er-
kenntnissuche gemacht hat, der *Drosophila melanogaster*, der
gemeinen Fruchtfliege. Dankbare Versuchstierchen sind sie,
die Fruchtfliegen, wie Wurm und Maus. Vermehren sich wie
die Karnickel, benötigen zum Überleben lediglich ein wenig
faules Obst oder Gemüse oder ein bisschen Wein oder Essig.
Und ihre Gene sind so gigantisch groß, dass man zur Gaudi der
ersten Genetiker auf relativ einfachem Weg bizarre Monster-
Mutanten züchten konnte. Doch bei aller Fröhlichkeit von
angewandter Wissenschaft – die Fruchtfliege war für das
grundsätzliche Verständnis der Funktionsweise des Erbguts tatsächlich ein erspießliches Versuchsobjekt.

Diese Fruchtfliege also ist – neben einiger anderer außeror-
dentlicher Fähigkeiten – ausgestattet mit einem ganz besonderen Geruchssinn und einem mindestens ebenso ausgeprägten
Erinnerungsvermögen an bestimmte Gerüche und ihre Herkunft. Der wichtigste Geruch, den Fruchtfliegen in ihrem Gedächtnis abgespeichert haben, ist der des Alkohols. Denn Alkohol ist ein Nebenprodukt von faulendem und vergärendem
Obst und Gemüse, der Hauptnahrungsquelle und bevorzugten
Ei-Ablagestelle der Fruchtfliege. Die alkoholische Dunstspur
erschnüffeln zu können, führt die Fruchtfliege also an die vollen Töpfe der Natur.

Doch was hat die Fruchtfliege mit uns Menschen und unserer Affinität zu Bier und Bordeaux zu tun? Die (zugegeben etwas
spekulative, aber gleichwohl naheliegende) Antwort der Evolutionsbiologie lautet: Die Fruchtfliege und ihre Jahrmillionen al-

ten olfaktorischen Fähigkeiten weisen auf eine Zeit zurück, als
der Mensch bzw. seine behaarten Vorläufer noch auf den Bäumen hockten. Es war eine Zeit, als der Mensch noch nicht ver-
heißungsvoll am Burgunder-Glas schnüffelte, um anschließend
über die Güte seines Bouquets wort- und geistreich zu debattieren. Es war die Zeit, als wir – wie Fruchtfliegen – dem Geruch
von Alkohol folgten, weil er uns an die Stellen führte, wo man
sich mit Vergorenem den Bauch vollschlagen konnte – eine Er-
nährungsmethode, die im Tierreich übrigens so ungewöhnlich
nicht ist. Und entsprechend vertraute Folgen zeitigt: Wer kennt
nicht die hinreißenden Filmaufnahmen von restlos betrunke-
nen Elefanten, Giraffen oder Affen, die nach dem Genuss von
vergorenem Obst durch die Savanne torkeln und im Delirium
unschuldige Bäume rammen. Und wer kennt nicht die herzzer-
reißenden Aufnahmen von katergequälten Affen, die ihren zum
Bersten schmerzenden Schädel in den behaarten Händen halten
und sich vermutlich das Ende der Welt herbeisehnen.

Die Affinität des Menschen zu Alkoholischem könnte tatsächlich auf exakt diesen evolutionären Reminiszenzen beru-
hen. Hier nur einige Hinweise, die diesen Verdacht aus Sicht
der Evolutionsbiologen rechtfertigen: Der Alkoholgehalt der
vom Menschen bevorzugten Getränke (Wein und Bier) liegt
zwischen fünf und 15 Prozent. Harte Getränke werden nicht
selten mit Wasser oder einer anderen verdünnenden Flüssigkeit
auf diesen Alkoholgehalt runtergepegelt. Und der entspricht in
etwa dem Alkoholgehalt, den auch vergorene Früchte entwickeln. Denn die in der Natur vorkommenden Hefen sind nicht
in der Lage, höhere Alkoholkonzentrationen zu erzeugen.

Auch zur Fruchtfliege lassen sich erstaunliche Parallelen finden. So neigen Mensch und Fruchtfliege bei einer Blutalkohol-
konzentration von ca. zwei Promille dazu, mit deutlichen Kon-
trollverlusten vom Barhocker zu fallen. Beide durchleben auch

vergleichbare Stadien auf ihrem Weg in dieses alkoholge-
schwängerte Zwei-Promille-Nirwana. In einer ersten Phase
kennzeichnen Übermut und Hyperaktivität das alkoholbe-
stimmte Verhalten. Der Mensch mutiert in diesem Stadium
großspurig vom Büroklops zum Turbo-Rambo. Bei Drosophila
handelt es sich um jene Phase, in der man selbst das dümmste
Exemplar mit keiner noch so großen Fliegenklatsche erschla-
gen kann, weil er sich mit waghalsigen und völlig unvermittel-
ten Flugmanövern zunächst wie von Zauberhand dem Blick-
feld und dann der Schlagdistanz entzieht.

Es folgt eine zweite Phase mit deutlichen Koordinationspro-
blemen. Der Mensch neigt in dieser Phase zum Provozieren
von Totalschäden – es sei denn, man zieht ihn früh genug
mittels einer Alkoholkontrolle aus dem Verkehr. Drosophila
weist in diesem Stadium deutliche Schwierigkeiten auf, die
Flugbahn zu halten – sie fliegt Schlangenlinien. Auch Trägheit
bestimmt jetzt ihr Verhalten. Im dritten Stadium schließlich
bestellt sich Mensch ein Taxi.

Und Drosophila? Fliegenklatsche!

Die Fruchtfliege war und ist wegen all dieser verblüffenden
Ähnlichkeiten zum Menschen auch ein geeignetes Studienob-
jekt, um herauszufinden, inwiefern es eine genetische Ursache
für die unterschiedlichen Alkoholverträglichkeiten gibt. Warum streicht der eine Mensch nach einem Glas Wein schon alle
Segel, während der andere nach der zweiten Flasche zur
Höchstform aufläuft und jetzt erst recht auf große Fahrt geht?
Auch hier verblüffende Ähnlichkeiten: So hat man entdeckt,
dass Fruchtfliegen, die in Weinbergen und Weingütern leben,
also in einem Lebensumfeld mit einem reichhaltigen Alkohol-
angebot, eine sehr viel höhere Alkoholtoleranz aufweisen als
andere Fruchtfliegen. Und man hat festgestellt, dass Fliegen
wie Menschen länger und gesünder leben, wenn sie regelmäßig

moderat Alkohol konsumieren. Gefäßmediziner geraten ins Schwärmen, wenn sie von den glatten Gefäßen untersuchter 70-jähriger Winzer berichten. Keine Arteriosklerose, kein Infarkt, kein Hirnschlag. Kein Wunder! Winzer zählen wie Fruchtfliegen nicht unbedingt zur Gruppe besonders zart besaiteter Antialkoholiker.

Summasummarum verdichtet sich also eine Vermutung: Der Mensch ist alkoholtechnisch gesehen nichts weiter als eine hochentwickelte Fruchtfliege! Und der ganze Schischi ums Schnüffeln am Bouquet ist wahrscheinlich nichts weiter als eine evolutionäre Erinnerung an Zeiten, als wir noch mit langem Arm am Ast hingen und über vergammelte Urwaldfrüchte in bares Entzücken verfielen.

Und wer weiß: Vielleicht debattieren ja auch Fruchtfliegen auf vergleichbarem Niveau über die verführerischen Duftstoffe, die der Abfalltonne zwei Häuser nebenan entströmen. Vielleicht unterhalten sie sich über besonders gute Gammel-Jahrgänge, über Vergärungsgrade, Restzucker und überhaupt, wie sehr das olfaktorische Erleben einer verschimmelten Melone aus der Levante (da kann man sagen, was man will: Aus der Levante kommen doch nach wie vor die besten …) doch von der Temperatur abhängt, vor allem aber von Höhe und Form der Abfalltonne.

Wir sollten sie fortan ihrer Wege fliegen lassen, sie beglückwünschen und beneiden, dass es im Reich der Fruchtfliegen keine Alkoholkontrollen gibt. Wir sollten sie vor allem nicht mehr beiläufig einfach totschlagen, wenn sie aus Fruchtkörbchen oder Abfalleimern emporsteigen. Uns schlägt ja in der Regel auch keiner tot, wenn wir aus Kneipe oder Schankstube unseren Weg zur Schlafstätte antreten. Fruchtfliegen sind Freunde im Geiste. Ein bisschen klein vielleicht. Aber immerhin: Freunde im Geiste.

BLUTENTE

*... warum die Blutente eine solche genannt wird,
obwohl man ihr doch ganz und gar unblutig den Garaus
macht, und wie man in Paris im La Tour d'Argent seit über
100 Jahren um die Blutente einen nummerierten Kult
betreibt ...*

Wer beim Anblick von Blut tendenziell zu blasshäutiger Ohnmacht neigt, sollte es besser nicht ordern, das junge Entlein (Caneton) à la rouennaise oder Caneton à la presse (englisch: pressed duck). Denn es fließt Blut. Entenblut. Am Tisch. Vor den Augen des Gastes. Und Knochen krachen und knacken.

Nicht, dass das acht Wochen alte Entlein am Tisch geschlachtet würde. Nein, tot ist es dann doch. Auch gerupft und ausgenommen. Im vorgeheizten Backofen wurde es anschließend 20 bis 25 Minuten knusprig gebraten. Länger nicht. Danach verlässt der Koch seine Arbeitsstätte und eilt mit der Ente an den Tisch des Gastes, präsentiert ihm den Caneton auf einem silbernen Tablett, schneidet das Brustfleisch in dünne Streifen und trennt die Keulen vom Rumpf. Das noch sehr, wirklich sehr blutige Fleisch wird in einer angewärmten Schüssel zwischengelagert. Bis hierhin ist das alles nicht sehr viel aufregender als das Servieren eines blutigen englischen Steaks.

Doch bei dem Caneton à la presse kommt jetzt der eigentliche Clou, der bei Feinschmeckern legendären Kultstatus besitzt: Der gesamte Rest der Ente, also die sogenannte Karkasse, das Gerippe mit den noch anhängenden Fleischresten, wird nun kleingeschnitten und in den runden Trichter einer Appa-

ratur gefüllt, die sich treffenderweise Entenpresse nennt. Im
Folgenden dreht der Koch mit einem schweren Drehrad eine
Scheibe in den Trichter. Und nun beginnen sie zu krachen, die
Knöchlein vom Entlein. Der vom Drehrad aus über eine Ge-
windestange, die durch einen schweren Bügel über dem Trich-
ter geführt wird, ausgeübte Druck quetscht und presst aus
Fleisch und Knochen eben jenen Saft, um den es bei diesem
Klassiker der alten französischen Grande Cuisine geht. Für
Feinschmecker ist es das reinste Vergnügen, diesem Ritual bei-
wohnen zu dürfen, zu hören, wie der Blut- und Knochensaft
Tröpfchen für Tröpfchen aus dem Auslass am Trichterboden in
eine kleine Auffangschüssel tropft.

Um eben jenen besonderen Saft geht es, denn er verleiht der
anschließend mit Entenfond, Cognac, Madeira und Butter
(wahlweise auch noch mit der kleinstgeschnittenen Enten-
oder auch passierter Stopfleber) auf- und eingekochten und
schlussendlich gewürzten Sauce jenen geschmackhebenden
letzten Kick. Mit dieser Sauce werden zunächst die Bruststrei-
fen serviert. Die Entenkeulen werden gegrillt und in einem
zweiten Gang mit einem kleinen Salat serviert.

Paradoxerweise ist ausgerechnet der Tötungsakt, den man
am jungen Entlein nun einmal vollziehen muss, will man sich
am kulinarischen Ergebnis des blutigen Spektakels ergötzen,
eine ganz und gar unblutige Angelegenheit. Es wird nämlich
nicht einfach enthauptet, sondern erstickt. Nur so bleibt der
gesamte Lebenssaft im Fleisch des toten Flattermanns enthalten. Und nur so kann er mit Hilfe der Entenpresse aus Leib und
Knochen gequetscht werden. Weshalb man auch gerne von der
»Blutente« spricht.

Gelegenheit, der Entenpresserei beizuwohnen, hat man
nicht sonderlich oft. Das war einmal anders. Um die vorletzte
Jahrhundertwende bis weit ins 19. Jahrhundert hinein stand

die pressed duck auf den Speisekarten so ziemlich jedes Restaurants von Rang und Namen. In Paris, in Madrid, London, Berlin, New York, ja selbst auf der Titanic gehörten die Canard au
sang, die Blutente, und die Entenpresse einst zum selbstverständlichen Standard. Namhafte Hersteller wie Cailar-Bayard
& Cie. oder Christofle produzierten die reich geschmückten,
hochglanzpolierten Apparaturen des Fin de siècle. Für den Er-
werb solcher antiken Prunkstücke muss man heute gut und
gerne 7000 bis 10 000 Euro hinblättern.

Ein bisschen aus der Mode gekommen ist die Entenpresse
heute. In Deutschland allzumal. Das eine oder andere Spitzen-
restaurant in Berlin (Lorenz Adlon) oder in Bayrisch Zell (Al-
penhof) hat sie noch und benutzt sie auch mittlerweile hin und
wieder. Doch in deutschen Küchen war die Entenpresse auch
in der Vergangenheit eigentlich ein eher seltenes Kuriosum,
oftmals lediglich ein hochglanzpoliertes Dekorationsstück. In
Frankreich hingegen gibt es bis heute eine todsichere Adresse:
Das La Tour d'Argent in Paris, gelegen am Quai Tournelle an
der Seine, mit einem wunderschönen Blick auf Notre Dame.
Hier wurde der ganze Zauber mit der gepressten Ente 1890
schließlich auch eingeführt und zu einer in Feinschmeckerkrei-
sen weltberühmten Spezialität stilisiert und ritualisiert.

Das Tour d'Argent, der silberne Turm, kann auf eine denk-
würdig lange Vergangenheit als Gaststätte und Restaurant zu-
rückblicken. Bereits 1582 öffnete dieser Fresstempel seine Türen, exklusiv für vornehmlich aristokratisches Publikum,
gebaut aus Steinen, die in der Sonne wie Silber glänzen, was
den Namen des Silberturms erklärt. Bereits im Jahr der Eröffnung widerfuhr dem Tour d'Argent die Ehre, ein besonders gesalbtes Haupt und seine Entourage bewirten zu dürfen: Heinrich III., König von Frankreich und Polen. Seither gelang es den
Betreibern, das Tour d'Argent über die Jahrhunderte hinweg

für ein prominentes, zahlungskräftiges und an guter Küche interessiertes Publikum attraktiv zu halten.

Auf das blutige Geheimnis der erstickten Enten und ihres saftigen Fleisches soll der Legende nach jedoch erst relativ spät, Anfang des 19. Jahrhunderts, ein Koch namens Mechenet in Rouen gekommen sein, der auf der Suche nach billigen Enten auf dem Markt einem Händler die auf dem Transport zum Markt unterwegs erstickten Enten abkaufte und verarbeitete. Er machte die erstickte Blutente zu seiner Spezialität. Mitte des 19. Jahrhunderts entdeckte schließlich der damalige Chef des Tour d'Argent in Rouen das saftige Fleisch der Rouennaiser Blutenten und war von dem Geschmack begeistert. Fortan wurde auch im Tour d'Argent die strangulierte Blutente angeboten.

Die Idee mit der Entenpresserei am Tisch der Gäste jedoch hatte der legendäre Besitzer Frédéric Delair im Jahre 1890. Und nicht nur das. Ihm ist auch der publicityträchtige Einfall zu verdanken, jede im Tour d'Argent servierte Ente zu nummerieren und dem Gast eine Art Urkunde auszuhändigen, auf der die laufende Nummer des von ihm verspeisten Entleins verzeichnet ist. Ein Ritual, das sich bis heute gehalten hat. Frédéric Delair war berühmt für die Ernsthaftigkeit, mit der er am Tisch des Gastes zu Werke ging. Ein Zeitgenosse, der den 1910 verstorbenen Delair noch persönlich erleben durfte, beschrieb, dass der Meister, geschmückt mit Monokel und grauem Schnäuzer, die Sauce präparierte, salzte und pfefferte »wie Monet seine Bilder malte«, mit der »Ernsthaftigkeit eines Richters und der Präzision eines Mathematikers, jede Perspektive und jeden Aspekt der Sauce planend«.

Seither pilgern sie ins Tour d'Argent, die Mächtigen, die Berühmten und nicht zuletzt die Touristen – jedenfalls die, die es sich leisten können. Um die 60 Euro sollte man pro Entenmenü schon im Budget des Abends veranschlagen. Die 328.

Ente wanderte in den Bauch des Prinzen von Wales, die 33 642. in den Bauch von Theodore Roosevelt, die 253 652. in den von Charlie Chaplin. Es folgten die Bäuche von Elisabeth Taylor, Robert de Niro, Elton John, von Nicole Kidman, Gerard Depardieu – und Ronaldo. Und so weiter und so fort. Die 500 000. Ente jedoch kam mit dem Leben davon. Sie wurde nicht stranguliert, stattdessen ließ man sie am 17. März des Jahres 1976 vom Dach des Tour d'Argent in die Freiheit fliegen – an ihrem Fuß eine Einladung zu einem Pressenten-Dinner zu zweit. Die 1 000 000. wurde schließlich im April 2003 Opfer eines großen Gala-Dinners mit ausgewählten Gästen.

Als Blutenten eignen sich besonders die bis zu 3,5 Kilogramm schweren französischen Stockenten aus der Gegend von Rouen in der nordwestlich von Paris gelegenen Haute-Normandie, deren Zuchtstandard seit 1923 festgelegt ist. Im Tour d'Argent bevorzugt man allerdings die sogenannten Challans-Enten aus der Vendée, der Marschenküste am Atlantik südlich der Loire-Mündung. Spanische Emigranten haben hier bereits im 17. Jahrhundert mit der Entenzucht begonnen. Das milde Klima dieser Küstenregion, der mit Mineralsalzen angereicherte Boden, das frische Wasser der Kanäle und Seen, eine natürliche Nahrung aus Raupen, Larven, Schnecken, Insekten und nicht zuletzt die Zufütterung von Mais, Getreide, jungen Erbsen und Raps durch die Züchter machen aus den ca. drei Kilogramm schweren Challans-Enten jenen begehrten Rohstoff, der von Spitzenköchen zu den verschiedensten Entengerichten veredelt wird.

Das Tour d'Argent, dessen Tagesverbrauch im Durchschnitt bei 50 bis 75 Enten liegt, wird seit Mitte des 20. Jahrhunderts maßgeblich von einer Züchterfamilie beliefert, die ihrer Profession nunmehr in der vierten Generation nachgeht und mit der Qualität ihrer Produkte nicht unerheblich zum legendären Ruf des Pariser Spitzenrestaurants beitrug. Hier werden sie dann zum Beispiel als Canard à la Orange, einem weiteren Klassiker der Grande cuisine, oder eben als Caneton à la presse serviert.

Für die alkoholische Begleitung kann man aus einer Karte mit erlesensten Weinen wählen. Denn nicht zu unterschätzen ist auch der Weinkeller des Tour d'Argent. An die 500 000 Weine liegen im Kellergewölbe, darunter uralte legendäre französische Tröpfchen. Die mussten dereinst in einem Akt von Résistance verteidigt werden. Und zwar gegen die Deutschen. Die folgten im Zweiten Weltkrieg der Besatzer-Devise, dass Franzosen erst dann besiegt sind, wenn man ihnen den Wein genommen hat, jenes Genussmittel, das untrennbar mit der französischen Kultur und der nationalen Identität der Franzosen verknüpft ist. Also plünderten sie die französischen Weinkeller. Pro Jahr schafften sie um die 320 Millionen Flaschen aus Frankreich fort.

Als amerikanische Soldaten nach dem Krieg in Berchtesgaden Hitlers Weinkeller öffneten, staunten sie nicht schlecht: Allein hier lagerten eine halbe Millionen Flaschen bester französischer Weine – obwohl Hitler Wein verabscheute. Bouteillen des legendären Jahrgangs 1867 aus dem Weinkeller des Pariser Tour d'Argent indes waren darunter nicht zu finden. Auch nirgendwo sonst in Deutschland. Der Sohn des damaligen Besitzers des Tour d'Argent, Claude Terrail, hatte den größten und bekanntesten Schatz des Weinkellers – eine umfangreiche Sammlung dieses weltberühmten 1867er Jahrgangs – im fünf Stockwerke unter der Erde gelegenen Keller einfach eingemauert, insgesamt rund 20 000 Flaschen.

Die restlichen 80 000 Flaschen des Weinkellers allerdings wurden von den deutschen Besatzern beschlagnahmt – ein bedauernswertes, aber auf lange Sicht verkraftbares Opfer auf dem Altar der Hochgenüsse.

BULETTE

*… wie die calvinistische Bulette in den Berliner
Hungerturm kam, und warum weder die Frikadelle noch
das Fleischpflanzerl mit der Bulette etwas gemein haben,
obwohl es doch allesamt kleine Klöpse sind …*

Im Hungerturm, jenem legendären Tresen-Utensil, lagen sie
im alten Berlin lange Zeit in einträchtiger Genügsamkeit mit
Soleiern, Koteletts, Rollmöpsen und sauren Gurken: die Buletten. Die klassischen Berliner Kneipen gibt's heute – im neuen
Berlin – immer weniger, den Hungerturm, das kleine Glasschränkchen auf dem Tresen, in dem die deftigen Bierbegleiter
auf ihre Vernichtung durch irgendeine Berliner Großschnauze
warteten, sieht man auch immer seltener.

Die Bulette aber, der kleine gewürzte Fleischklops, existiert
weiter, erfreut sich in Deutschland als gutbürgerlicher Klassiker
nach wie vor unglaublicher Beliebtheit – trotz Hamburger, Döner und Currywurst. Feldversuch: Stellen Sie eine gefüllte
Schüssel mit gut gewürzten Buletten aufs nächste Party-Büfett:
Sie wird – ratz-fatz – als erste leer sein, während die beliebten
italienischen Antipasti noch um ihre ölige Existenzberechtigung kämpfen. Wenn Fernsehköche Hackfleisch braten, laufen
die Faxgeräte und Internetdrähte zum Abruf der Rezepte bei
den Sendern heiß wie selten. In der Regel mit dabei: ein bisweilen mit einer leicht exotisierten Zutatenliste um Originalität bemühtes Rezept für Buletten. Man scheint für jede Anregung zur Verfeinerung der traditionellen Variante äußerst
empfänglich zu sein – bundesweit.

Und dennoch gibt es bundesweit keine einheitliche Bezeichnung für die Bulette, wie man den gemeinen Klops in Berlin
und Umgebung, also in Brandenburg, nennt. Die Bulette heißt
nämlich im Norden und vor allem im Westen, also im Rheinland, Frikadelle. Im alemannisch geprägten Südwesten hingegen heißt sie Fleischküchle, und – ganz abstrus – in Bayern
nennt man sie Fleischpflanz(er)l.

Und auf die sprachlichen Unterschiede legt man lands-
mannschaftlich allergrößten Wert! In Bayern eine (Berliner)
Bulette zu bestellen, lässt eher auf suizidale denn kulinarische
Gelüste schließen. Und wer im Rheinland ebenso hungrig wie
durstig eine Bierschwemme verlassen möchte, wie er sie betreten hat, braucht beim Köbes (rheinischer Kellner) statt einer
Frikadelle nur ein »Pflanzl« zu ordern.

Wie lange (wahrscheinlich sehr lange) der Mensch bereits
(womöglich zu zähes) Fleisch kleinhäckselt (und später durch
den Wolf dreht), um es so genießbarer zu machen, liegt im
Dunkeln der Küchengeschichte. Ob es die wilden Reiterscha-
ren der Tataren waren, die im 14. Jahrhundert die Tradition des
kleingeschnittenen Fleisches in deutsche Lande einführten,
mag man mit Recht bezweifeln. Denn schon der berühmte Ta-
tarenritt, demzufolge das Fleisch unterm Sattel mürbe geritten
wurde, ist seit geraumer Zeit als Legende überführt. Vermutlich
hat das gebratene Gehackte viele Väter und Mütter – und viele
Kreissäle.

Wie aber die ersten Buletten nach Berlin kamen, das weiß
man recht genau. Das hatte, wie nicht selten in der Küchenhis-
torie, mit großer Politik zu tun, genauer gesagt mit Ludwig
XIV. (1638–1715) und dem Großen Kurfürsten von Brandenburg, Friedrich Wilhelm (1640–1688). Und es hatte mit dem
großen religiösen Glaubenskampf im Europa des 17. Jahrhunderts zu tun. Die Bulette führten nämlich französische Huge-

notten in ihrem Reisegepäck mit sich, als sie ihre Heimat
Frankreich fluchtartig verlassen mussten und vom Großen
Kurfürsten in Berlin herzlichst willkommen geheißen wurden.
Sie waren damit die appetitliche Begleitmusik zu einem nicht
gar so appetitlichen Geschichtskapitel.

Ludwig, der katholische Sonnenkönig, hatte in seiner ihm typischen absolutistischen Art im Jahre 1685 beschlossen, dass es
an der Zeit sei, das Prinzip des »Ein König, ein Gesetz, ein
Glaube« durchzusetzen. Mit dem Restitutionsedikt von Fontai-
nebleau hatte er die religiösen Freiheiten der französischen Hugenotten, der protestantischen Anhänger Calvins, faktisch abge-
schafft. (Der Name »Hugenotten« stammt wahrscheinlich vom
französischen »aignos« für »Eidgenossen«, was auch sprachlich
auf die Verbindung zu Calvin und die Schweiz hindeutet.)

Praktisch bedeutete Ludwigs Edikt für die Hugenotten, entweder konvertieren zu müssen oder terrorisiert und vernichtet
zu werden. Um unmissverständlich klarzumachen, dass es Ihrer
absolutistischen Sonnigkeit auch wirklich ernst war, setzte man
u.a. die sogenannten »Dragonaden« ein, eine besonders beliebte und feinsinnige Form der Einschüchterung: In die Häuser der Hugenotten wurden zahlreiche Dragoner einquartiert,
die von ihren Offizieren zu den allerherzlichsten Verbrechen
gegen Leib, Leben und Vermögen ihrer andersgläubigen Gastgeber angehalten wurden. Da flohen die Hugenotten lieber.
Obwohl ihnen auch das nicht gestattet war.

In Brandenburg, im fernen Osten, hörte man den Peit-
schenknall der Intoleranz aus Frankreich sehr wohl und reagierte sofort. Mit dem Edikt von Potsdam 1685 lud der Große
Kurfürst die verzweifelten Calvinisten, auch er ein Bruder im
Geiste Calvins, ein, nach Brandenburg zu kommen. Branden-
burg-Preußen, des Heiligen Römischen Reiches Erzstreusand-
büchse, war nämlich nach dem Dreißigjährigen Krieg (1618–

1648) komplett ausgeblutet – das Land durch Krieg und Seuchen entvölkert, Produktionsstätten zerstört, Handwerkskenntnisse in Vergessenheit geraten.

Was Brandenburg und Berlin brauchten, waren Handwerker und Spezialisten auf modernstem westeuropäischem Niveau. Also gewährte der Kurfürst den calvinistischen Refugiés mietfreies Wohnen, Steuerfreiheit, zollfreie Einfuhr ihrer Habe, eine eigene Gerichtsbarkeit, Militärfreiheit, Befreiung vom Zunftzwang – ein Turbobeschäftigungsprogramm für den märkischen Sumpf und Sand.

Sehr reizvoll, so eine Einladung. Und also kamen sie, die Hugenotten. Von rund 30 000 Flüchtlingen, die von insgesamt 300 000 ihren Weg in deutsche Staaten fanden, ließen sich 20 000 in brandenburgischen Städten nieder, vorzugsweise in Berlin (größentechnisch gesehen damals ein Kaff): Um 1700 stellten die Franzosen mit ca. 5500 Menschen rund 20 Prozent der Berliner Gesamtbevölkerung. Und mit ihnen kamen 46 neue Berufe nach Berlin-Brandenburg – vom Schuhmacher über den Tischler, Goldschmied, Silberdrahtzieher bis hin zum Produzenten von Bijouterien, Galanteriewaren, Taschenuhren und Seidenstrümpfen. Und sie bauten sich eigene Schulen und einen eigenen »Dom« (1701–1705): Den französischen am Gendarmeriemarkt, der aber nie eine Bischofskirche und also auch kein richtiger Dom war. Französisch wurde zweite Umgangssprache in Berlin. Was man bis heute deutlich hört, wenn man in Berlin von »blümerant« und »Portmonee«, von »Bredullje« und »Lamäng« spricht.

Und von der »Bulette«. Die war nämlich mal eine französische bzw. eine hugenottische Bulette mit o, also eine Boulette – eine Schreibweise, auf die man hin und wieder auch heute noch trifft. Die Boulette wiederum war die sprachliche und inhaltliche Verniedlichung des französischen »boulet«, womit man eine Kanonenkugel, einen satten Sechspfünder, meinte. Der Berliner Fleischklops ist also ein französisches (Kanonen-) »Kügelchen«.

Was den Berlinern der Einfluss der Hugenotten ist den Nord- und den Westdeutschen die Nähe zu den holländischen Nachbarn. Der im Norden und Westen gebräuchlichen und beliebten Frikadelle begegnet man seit dem 18. Jahrhundert jedenfalls als sprachliche Ableitung vom Niederländischen »frikadel«. Das wiederum dem französischen »fricandeau« für Pastetenfüllung entlehnt ist. Auch die niederländischen »Frikandeln«, eine Fast-Food-Spezialität, die wie in eine darmlose Wurstform gepresste Frikadellen aussehen, weisen die gleiche sprachliche Herkunft auf. Eine deutsche Frikadelle nennt man in den Niederlanden allerdings einen »bal gehakt«. Vielleicht aber gehen alle diese sprachlichen Hackfleischvariationen auch auf das italienische »fritadella« für »Pfannengebackenes« zurück. Vielleicht …

Von den Preußen die Bulette oder die Frikadelle zu übernehmen, verbat sich für die Bayern von selbst. Doch in der Not wich man in Bayern mit dem »Fleischpflanz(er)l« nicht ins Botanische aus. Das eher vegetarisch klingende »Pflanzl« geht sprachlich vielmehr auf das ältere »Pfanzel« bzw. »Pfannzelte« für Pfannkuchen bzw. »in der Pfanne Gebackenes« zurück, worin auch der sehr alte, aus dem 10. Jahrhundert stammende Begriff »Zelte« für flacher Kuchen steckt. In Kärntner Kochbüchern findet sich ein vergleichbarer Begriff: Unter sogenannten »Blutpfanzl« versteht man dort ein Pfannengericht aus Blutwurstmasse. Unter einem »Türkenpfanzl« einen Pfannkuchen aus Buchweizen- oder Maismehl.

In Bayern ist man also mit dem Fleischpflanzerl weit entfernt von der verketzerten Preußen-Bulette. Nun gut, die sprachliche Nähe zu Kärnten – zum österreichischen (!) Kärnten – ist zwar fürs bayerische Selbstverständnis auch nicht un-

bedingt das Gelbe vom Ei. Aber wenigstens ist es nicht Preußen. Und dann kann man in Bayern bekanntlich mit vielem
leben.

CHIPS

*… wie ein beleidigter Indianer aus Wut über einen
pedantischen Korinthenkacker eine der größten
Knabberverführungen erfand …*

Was können einem manche Gäste auf den Zeiger gehen! An
allem und jedem gibt's was auszusetzen. »Herr Ober? Was kostet bei Ihnen eigentlich ein ›volles Bier‹?« Ja Herrschaftszeiten,
der Gerstensaft steht ganze drei Millimeter unter dem Eich-
strich. Das kann doch wohl kein Grund sein, sich aufzuregen.
Korinthenkacker! Aber bitte sehr, neues Bier, kein Schaum
mehr, aber rappelvoll. Dafür zahlt man ja. Zufrieden? »Herr
Ober, die Forelle sieht aber irgendwie nicht gut aus.« Na, wie
soll sie wohl aussehen, die Forelle, sie ist ja schließlich tot.
Irgendwie!

Damit wir uns nicht falsch verstehen: Es gibt keinen Grund
– wirklich auch nicht einen –, irgendetwas zu essen oder zu
trinken, was dem Koch oder Barkeeper gründlich in die Hose
gegangen ist. Man lässt das Glas oder den Teller einfach zurückgehen, mit der Bitte um einen zweiten Anlauf – oder man
geht selbst. Und kommt nicht wieder. Es gibt ja keinen Gast-
zwang. Die Spezies Gast jedoch, über die wir hier reden, ist der
gemeine Pedant. Es handelt sich um jene Nervensägen, die aus
Lust am Untergang, aus Verzweiflung an der Welt oder aus om-
nipotenter Hybris, alles besser zu wissen und zu können, an allem herummäkeln. An wirklich allem. Nichts ist so, wie sie's
gerne hätten. Und hätten täten sie's gerne erstklassig. Aber natürlich zum Discounter-Preis. Wir reden also von jenen gries-

grämigen Nörgelkönigen, die einem am eigenen oder am Nachbartisch einen Restaurantaufenthalt restlos versauen können.

Einen solchen Nörgelkönig hatte im Sommer des Jahres 1853 wohl auch George Crum, ein nordamerikanischer Indianer, vorne im Gastraum sitzen. Crum war gerade einmal 19 Jahre alt und hatte seine Anstellung als Koch im vornehmen Moon's Lake House in Saratoga Springs (Staat New York), einem hübschen Städtchen, nördlich von New York City gelegen, vor nicht allzu langer Zeit frisch angetreten. Der Nörgelkönig bestellte »french fried potatoes«, also Pommes frites, eine Spezialität des Hauses. Crum schnitt die Kartoffeln wie üblich in der entsprechenden Größe zu, ließ sie im Fett sieden und anschließend durch den Kellner dem Gast servieren. Der Gast blickte auf seinen Teller und tat, was man als Nörgelkönig zu tun pflegt: nörgeln. Die Pommes seien viel zu dick, so was schmecke einfach nicht, die würde er nur viel dünner kennen. Also zurück in die Küche und Meldung gemacht: Gast unzufrieden, Pommes zu dick.

Crum war erst verwundert, dann ungehalten. Was sollte das? Zu dick? Die sahen doch aus wie immer. Aber bitte: Gast ist König. Also neue Pommes. Und zwar dünne, ganz dünne. Neuer Anlauf durch den Kellner: Ob's denn jetzt wohl recht sei? Nein, immer noch zu dick. Wo der Koch denn wohl gelernt habe. Das könne doch nicht so schwer sein. Pommes müssten viel dünner sein. Das wisse doch wohl jeder. Also zurück in die Küche. Wieder Meldung machen: Gast nörgelt, findet Pommes immer noch zu dick.

So, jetzt reicht's, dachte sich Crum. Jetzt bekommt der Herr Nörgelkönig so dünne Kartoffeln, dass er sie nicht einmal mehr mit der Gabel wird aufspießen können. Das wollen wir jetzt doch mal sehen. Ich kann dünn, ich kann verdammt noch mal

richtig dünn! Crum griff zum Messer und schnitt die Kartoffeln in transparentdünne Scheibchen, zog sie durchs Öl und
ließ die anschließend gesalzenen Kartoffelblätter servieren. In
der Annahme, dass sich der Herr Nörgelkönig schwer ärgern
werde. Sehr schwer.

Und dann geschah etwas für Nörgelkönige statistisch völlig
Unerwartetes: Der Herr Nörgelkönig sah die frittierten Schei-
bletten vor sich auf dem Teller, probierte – mit der Hand – und
zeigte sich restlos begeistert. Das schmecke ja super, das sei
Spitzenklasse, wie der Koch das denn hinbekommen habe, so
was hätte er ja sein Lebtag noch nicht gegessen. À la Bonheur!
Und Gruß an den Koch. Phantastisch!

Die knusprigen Kartoffelscheiben, fortan »Saratoga Chips«
genannt (»Chips« heißt nichts weiter als »Scheibchen«), erfreuten sich auch bei den übrigen Gästen schnell einer wachsenden
Beliebtheit. Bald machte man es Crum in den Restaurants der
Umgebung nach und servierte ebenfalls die Saratoga Chips.
Und schließlich verließ Crum 1860 das Moon's Lake House,
um in der Malta Avenue am Saratoga Lake sein eigenes Restaurant, das Crumbs House, zu eröffnen, in dem er auf jeden Tisch
regelmäßig einen Korb mit Chips stellte.

So wird sie erzählt, die Geschichte über die Erfindung der
Kartoffel-Chips. Hin und wieder wird auch behauptet, der
Nörgelkönig im Moon's Lake House sei nicht irgendein anony-
mer Korinthenkacker gewesen, sondern der Eisenbahn- und
Schifffahrtslinien-Magnat, Mynheer Cornelius Vanderbilt,
Sohn holländischer Einwanderer und bereits 1853 einer der
reichsten Männer der Vereinigten Staaten.

Vanderbilt soll es sogar gewesen sein, der dem indianischen
Koch den Namen »Crum« verlieh. George Crum hieß nämlich
eigentlich George Speck. Und war eigentlich auch kein richtiger Indianer. Er war der Sohn von Abraham Speck, der von

Kentucky als Jockey nach Saratoga Springs, damals berühmt für seine Pferderennen, gekommen war und hier eine Indianerin (Catherine) geheiratet hatte. So gesehen war George also wahrscheinlich ein – Westernfans wissen, wovon die Rede ist – Halbblut! Es sei denn, dass auch sein Vater indianischer Abstammung gewesen wäre. Doch darüber zu spekulieren mögen sich andere berufen fühlen.

Als Vanderbilt 1853 im Moon's Lake House saß, soll er sich (nörgel, nörgel) nicht nur über die Pommes aufgeregt haben, sondern auch über die angeblich zu lange Wartezeit. Schließlich beauftragte er einen Kellner, »bei diesem Koch nach dem Essen« nachzufragen, »bei diesem, wie hieß der noch gleich? Crumb? Oder wie hieß der?«. Crumb (zu deutsch »Krümel«) hieß aber eben nicht Crumb, sondern Speck (zu deutsch »Speck«), was Mynheer Vanderbilt in der ganzen Pommes-Hektik offenbar verwechselt hatte. Wahrscheinlich einfach deshalb, weil beides etwas mit Essen zu tun hat. So soll Speck zu seinem Namen Crumb gekommen sein, den er in lautmalerischer Verkürzung als Crum bis ans Ende seiner Tage 1914 beibehielt.

Hört sich gut an, die Story. Doch da melden Historiker Skepsis an. Vermutlich nannte sich George Speck einfach nur deshalb Crum(b), weil sein Vater in Saratoga Springs unter diesem Namen als Jockey seinem Broterwerb nachging (Jockeys sollten in der Tat krümelleicht sein). Auch dass die Urheberschaft Cornelius Vanderbilt zuzuschreiben ist, bezweifelt man aus berufenem Mund und neigt eher dazu, die ganze Angelegenheit als einen gelungenen Marketing-Gag zu betrachten, um von der Popularität der beliebten Chips profitieren zu können. Denn die ganze Chips-Geschichte soll sich dem Vernehmen nach im Juli oder im August des Jahres 1853 zugetragen haben. Ende Mai des gleichen Jahres hatte Vanderbilt jedoch mit der ganzen Familie, mitsamt Schwiegersöhnen und engsten

Freunden, eine mehrmonatige Europareise angetreten, die ihn auch an die Höfe berühmter Fürstenhäuser führte. Die Vanderbilt-Saga erscheint mithin fraglich.

Fraglich erscheint auch die überall kolportierte Behauptung, dass im Moon's Lake House »French fries«, also Pommes, die Spezialität gewesen sei. Es gibt berechtigte Zweifel, ob Pommes (zumal unter der heute in den USA gebräuchlichen Bezeichnung »French fries«) in Amerika zu diesem Zeitpunkt überhaupt bereits bekannt waren (s. S. 191). Zumal auch der von Crum in der Küche vorgenommene Gestaltsprung vom frittierten »Stäbchen« zum frittierten »Scheibchen« keinen Sinn machen würde. Vielleicht bestand die ursprüngliche Spezialität im Moon's Lake House einfach in Bratkartoffeln. Vielleicht.

Manch ein Skeptiker bezweifelt sogar, dass es Crum war, der die Chips erfand. Seine Schwester, die in der Küche dafür zuständig war, die Kartoffeln zu schälen, steht gleichermaßen im Verdacht, aus Zorn eine Kartoffel zersäbelt zu haben. Und auch den Zufall bemüht man zur Erklärung, der es angeblich so wollte, dass der Schwester »aus Versehen« beim Schälen eine hauchdünne Scheibe ins Öl gehüpft sei.

Eine Klärung all dieser kleinen, aber unter dem Strich unerheblichen Ungereimtheiten wird es vermutlich nie geben. Kein Grund zu nörgeln. Den restlichen Weg der Chips kennt man dafür umso genauer (auch wenn der an dieser Stelle nicht detailliert nachgezeichnet werden kann). Nach ersten erfolgreichen Versuchen, die noch von Hand hergestellten Chips Ende des 19. Jahrhunderts in Cleveland, Ohio, im Lebensmittelhandel zu platzieren, nach der Erfindung einer Kartoffelschälmaschine in den zwanziger Jahren des 20. Jahrhunderts, und nachdem 1926 Laura Scudder in Kalifornien eine Tüte aus Wachspapier erfand, die die Knusperfrische zu erhalten half und mit Bügeleisen verschlossen wurde, war die Erfolgsstraße für eine nationale und schließlich internationale Knabberkarriere asphaltiert. Eine Vielzahl von kleinen und größeren Unternehmen nahmen sich der Produktion des Knabberspaßes an (Crum hatte seine Erfindung nicht patentieren lassen).

Heute werden weltweit 30 Milliarden US-Dollar mit Kartoffelchips umgesetzt. Sechs Milliarden davon in den USA, wo gut 65 000 Menschen mit der Chips-Produktion beschäftigt sind. In Deutschland wandern jährlich 72 000 Tonnen Chips in chipshungrige Bäuche, was einem Pro-Kopf-Verbrauch von ungefähr knapp 900 Gramm entspricht. 400 Millionen Euro setzt man in Deutschland mit der Knabbersucht um. Während man in Frankreich und Großbritannien oder in der Schweiz die Geschmacksrichtung »Salz« bevorzugt, lieben es die Deutschen mit »Paprika« allerdings etwas schärfer.

Die Geschichte der deutschen Kartoffelchips steht im Übrigen ebenfalls im Zusammenhang mit einer bedeutenden Industrie-Dynastie – diesmal aber verbrieft und versiegelt. Irmgard von Opel (1907–1986), Spross aus der berühmten Automobilfamilie und in den dreißiger Jahren die wohl weltweit berühmteste Springreiterin, hatte die Idee, Kartoffelchips in Deutschland zu produzieren, 1960 aus den Vereinigten Staaten mit in ihre Heimat gebracht. 1962 baute das »blonde Irmchen«, wie man sie auch nannte, gemeinsam mit ihren Brüdern Carlo und Heinz auf dem Hofgut und Reitstall Petersau bei Frankenthal in der Pfalz ein erstes Chips-Werk. Das Produkt wurde nach den Namen der Firmengründer benannt: CHIO-Chips (**C**arlo, **H**einz und **I**rmgard von **O**pel). Und man verrät wohl nichts Neues, wenn man behauptet: Mit den Chio-Chips aus dem Hause Opel fuhr man lange Zeit besser als mit den Autos aus namensgleicher Produktion. Aber mit denen hatte das »blonde Irmchen« auch nichts mehr zu tun – die Automarke war bereits 1931 an General Motors verkauft worden.

CRÈME BAVAROISE

*… wie die Italiener mit ihren Meisterköchen und die
bayerische Elisabeth mit ihrer geschlagenen Eiercreme
der einst daniederliegenden französischen Küche auf die
Beine halfen …*

Frankophile wissen es sowieso: Die Küche der Grande Nation
ist der Fixstern am Firmament der Kochkunst. Und zwar nicht
nur im kulinarischen Orbit der mit reichlich Kochmützen aus-
gezeichneten Fresstempel. Nein, auch und gerade in den
Niederungen des Alltäglichen stößt man allenthalben auf die
superb schmeckenden Ergebnisse der traditionell zelebrierten
französischen Tafellust. Sushi hin, Crossover her – Frankreich
bestimmt die Koordinaten der kulinarischen Leitkultur. Also:
Vergessen wir Napoleon und de Gaulle – am Herd, nicht auf
dem Schlachtfeld, hat Frankreich seine größten Triumphe gefeiert. Nur, von wem haben sie's eigentlich, die Franzosen? Alles im eigenen Saft gegart? Nein, von den Italienern haben sie's!
Ist zwar lange her. Aber es waren nun mal die Italiener, die sich
im 16. Jahrhundert aufmachten, die Küche kräftig zu lüften
und den mittelalterlichen Muff hinauszublasen. Da hockten
die Franzosen kulinarisch noch auf den Bäumen.

An den italienischen Fürstenhäusern der Renaissance voll-
zog sich »die« kulinarische Revolution, der wir die Überwin-
dung der überwürzten Brei-Kultur des Mittelalters verdanken.
Die heutige westeuropäische Küchenkunst – mit feinen Soßen,
raffinierten Marinaden und einer großen Bandbreite unterschiedlich zubereiteter Gerichte, mit einer im Vergleich zum

Mittelalter neuzeitlichen Zurückhaltung von Gewürzen und Aromen, mit der Konzentration aufs Wesentliche, mit der Betonung des natürlichen und individuellen Geschmacks einzelner Nahrungsbestandteile, mit Eleganz und Phantasie – wurde zunächst in Italien entwickelt. Nicht im vielbesungenen Gourmet-Paradies Frankreich. Den stolzen Franzosen mussten die Italiener im 16. Jahrhundert erst einmal beibringen, dass man mit Topf und Kelle noch was anderes zusammenrühren kann als Grießsuppen, Bohnenmus und überwürzte Fleischberge.

Ganz große Verdienste soll sich beim Import der neuen italienischen Küchenkunst nach Frankreich Katharina von Medici (1519–1589) erworben haben. Katharina hatte 1533 den späteren französischen König Heinrich II. geheiratet. Für das Gedeihen des jungen Eheglücks erschien es allen Beteiligten opportun, dass Katharina von Florenz an den Hof ihres Gatten übersiedelte. Doch bei aller Liebe zu ihrem Heinrich – die kulinarischen Gepflogenheiten, die sie hier vorfand, waren für den mittlerweile Besseres gewohnten Gaumen Katharinas bestenfalls dazu angetan, die Nahrungsaufnahme zu verweigern. Also nahm sie zur Vorsicht mit, was ihr lieb und teuer war: ihren ganzen Küchenstab, ihre italienischen Konditoren, ihre Bäcker und Köche, mitsamt Gerät und Rezeptbüchern. Das wegweisende Wirken der Florentiner in der Küche des französischen Königshofes soll die Franzosen schließlich befähigt haben, eine eigene elegante Kochkunsttradition zu entwickeln, von der heute alle schwärmen. Doch ohne Katharina, ohne Florenz keine französische Béchamelsauce, keine Bain Marie (ital. bagno maria, heißes Wasserbad), keine Artischocken, keine feinen grünen Bohnen, keine Mittelmeerkräuter, keine Sorbets und kein Fruchteis (ein gewisser Francesco Procopio Coltelli brachte im Gefolge Katharinas die Kunst der Speiseeiszubereitung mit nach Frankreich) und vieles vieles mehr. Also

große Verbeugung vor Katharina und ihrer Entwicklungshilfe.
(Wahlweise unterstellt man Ähnliches einer anderen Medici,
jener Maria, die zu Beginn des 17. Jahrhunderts einen anderen
Heinrich, nämlich den IV., geehelicht hatte.)

So wird sie immer wieder gerne erzählt, die Geschichte vom
Urknall der modernen französischen Kochkunst, gezündet von
den weiblichen Medicis und niedergeschrieben von Ge-
schichtsschreibern. Unter Letzteren gibt es natürlich auch Ket-
zer und Spielverderber, die frech behaupten: alles nicht beleg-
bar! Nicht ein einziges französisches Kochbuch des 16.
Jahrhunderts würde auch nur ansatzweise einen italienischen
modernen Einfluss erkennen lassen. Kein einziger Hinweis
würde sich hier finden lassen auf den Einfluss der großen italienischen Küchen-Erneuerer, auf Bartolomeo Sacchi (genannt
Platina) und die an sein 1475 erschienenes Buch *De honesta vo-
luptate* angehängte, bahnbrechende Rezeptsammlung von
Martino. Kein Wort von Bartolomeo Scappi und seinem rich-
tungsweisenden Kochbuch *Opera* von 1570, in dem solch fortschrittliche Methoden wie Marinieren, Schmoren, Dünsten
oder Pochieren beschrieben werden. Auch die Berichte von
französischen Festbanketten – komplette Fehlanzeige. Manch
ein Historiker hält sich ob dessen sogar provokativ den Bauch
vor Lachen, macht sich über das »Medici-Phantom« lustig. Wie
ungehörig.

Andererseits: Selbst der kritischste Historiker-Geist bestrei-
tet nicht, dass das Rennaissance-Italien im nördlichen Europa
großes Ansehen genoss und dass nicht wenige Vertreter der italienischen Kultur-Elite auch nach Frankreich einwanderten.
Darunter – unter anderem im Gefolge der Medici-Katharina –
auch einige Meisterköche. Die allerdings verhalfen zunächst lediglich einer kleinen adeligen Elite kulinarisch auf die Sprünge.
Erst ein ganzes Jahrhundert später entfaltete sich in Frankreich

eine spürbare Breitenwirkung der italienischen Fortschritte
und eine wahrnehmbare eigenständige französische Küchentradition – nachvollziehbar in dem vielfach aufgelegten und
weit verbreiteten Kochbuch »Le Cuisinier Francois« von La Varenne aus dem Jahr 1651. Es hat also einfach etwas länger ge-
dauert, bis sich der italienische Einfluss am französischen Hof
in die Breite und in untere Gesellschaftsschichten durchdekli-
niert hatte.

Und so lautet die Kompromissformel, dass die Italiener für
die Franzosen (und den Rest Westeuropas) wohl mehr eine Pio-
nierrolle spielten und weniger – wie allenthalben behauptet –
eine Führerrolle. Nun gut, dann waren die Italiener also keine
Führer, sondern Pioniere. Auch darauf kann man ja stolz sein.
Mit Pionieren kann man ganze Kontinente erobern.

Doch Italien hin und Pioniere her – über einen Beitrag zur
französischen Haute cuisine aus einer ganz anderen Region
wird in der gesamten Diskussion despektierlich hinwegge-
schwiegen. Ja sakra! Dabei geht es doch immerhin um ein Dessert besonderer kulinarischer Güte. Und das stammt aus einer
Region, aus der man es am wenigsten erwarten würde, jedenfalls wenn man die Kochbücher der traditionellen Landesküche
durchblättert: Es geht um einen Beitrag aus Weißwürschtl-
Bayern.

In profanem Küchenhochdeutsch nennt man das betreffende Dessert bis heute Bayerische Creme. Altbayerisch-bo-
denständig und krachledern-bäurisch schimpft es sich Rahmsulz. International Karriere gemacht hat das schaumig
aufgeschlagene, mit (Puder)Zucker gesüßte, mit Vanille aromatisierte, mit Gelatine gefestigte und mit geschlagener Sahne
aufgeblasene Eigelb allerdings in der französischen Variante.
Als nasalierende Crème bavaroise ist der Eierrahm seit Jahrhunderten ein internationaler Süßspeisenklassiker für Lecker-

mäuler jeder Herkunft. Und spielt bis heute so manchen modernen Nachspeisen-Schnick-Schnack kalorienreich, aber locker-luftig an die Wand.

Der bisher auf internationalem Parkett entwickelte Variantenreichtum dieses wohl einzigartigen Beitrags Bayerns zur kulinarischen Hochkultur ist gewaltig: Anreichern kann man die Eiercreme mit so ziemlich jeder pürierbaren Obstsorte, aromatisieren kann man sie mit so ziemlich jedem Alkoholischen. Und je raffinierter die Zutaten und die Zubereitung daherkommen, desto eindrucksvoller die Bezeichnung: Hinter einer Crème bavaroise à l'impératrice verbirgt sich eine mit Weingelee chemisierte Dessert-Form, die mit Kirschen, Vanillecreme und Pistazien gefüllt wird. Hinter einer Crème bavaroise à la florentine eine Mandelcreme, die mit kirschwassergeschwängerter Sahne garniert und mit Pistazien bestreut wird. Und eine Crème bavaroise Malakoff begeistert mit einer Vanillecreme, die mit gewürfelten und mit Maraschino getränkten Löffelbiskuits, gehackten Mandeln und wahlweise Korinthen angereichert wird.

Und wer hat sie erfunden, die Crème bavaroise? Nein, eben nicht die Italiener. Isabeau de Bavarière (1371–1435) soll es gewesen sein. Und das war keine Italienerin. Aber auch keine Französin, auch wenn sie sich so anhört. Wer Französisch oder lesen kann, erkennt: Aus Bayern kam sie, wo man sie bodenständig Elisabeth nannte. Tochter des Herzogs Stephan von Bayern-Ingolstadt war sie. Ihre Mutter war eine Tochter des blutrünstigen und von manischer Sexuallust getriebenen Mailänder Herrschers Barnabas Visconti. Von ihrer Mutter hatte Elisabeth den Charme, die Leidenschaft, die Sinnlichkeit, das Temperament und das blonde Haar. Von ihrem Vater die kurzen Beine. Und die Prunksucht.

Vater wollte sie eigentlich treu deutsch verheiraten. Mit

irgendeinem Fürsten. Doch ihr Onkel hatte Größeres mit ihr vor: Mit Karl VI., dem 17-jährigen französischen Thronfolger, wollte er sie vermählen. Königsgattin zu werden war natürlich nicht schlecht. Das fand auch Vater. Einziger Nachteil in diesem Fall: Krieg. Genauer: Hundertjähriger Krieg zwischen Frankreich und England um die rechtmäßige Thronfolge in Frankreich. Aber mein Gott, Königin! Das war doch beeindruckend. Also Treffen arrangiert. Und bumms, einmal gesehen, die Elisabeth, da war's geschehn um den französischen Karl. Liebe auf den ersten Blick. Also wurde die nackte Elisabeth von den Hofdamen auf Gebärfähigkeit hin untersucht, für fähig befunden, einen Thronfolger zu zeugen, und vom Karl geheiratet. Zarte 15 Jahre alt war die zierliche blonde Elisabeth da. Und wurde fortan Isabeau genannt.

Großes Glück hatten die beiden, denn ihre wichtigsten Interessen waren sehr ähnlich gelagert: kräftig feiern, bis die Schwarte kracht. Karl musste zwischendurch zwar immer mal wieder ein bisschen Krieg führen. Dann aber kam er wieder nach Hause und dann wurde wieder kräftig gefeiert. Viel Essen, viel Trinken, Musik und Tanz und mehr.

So viel zum Glück. Jetzt zum Pech: Der Franzosen-Karl war zwar ein drahtiges durchtrainiertes Kerlchen, aber leider auch ein bisschen geisteskrank. So geisteskrank, dass er hin und wieder die eigenen Leute erschlug. Später erkannte er seine eigene Frau nicht mehr. »Wer ist dieses Weib, deren Anblick mich verfolgt? Erkundet, ob sie etwas braucht, und befreit mich von ihren Nachstellungen und Belästigungen«, soll er seine Gefolgsleute in geistiger Umnachtung angewiesen haben. In den immer selteneren lichten Momenten seiner geisteskranken Existenz allerdings gab er den Nachstellungen seiner Frau durchaus gerne nach: Zwölf Kinder gebar die schöne Isabeau ihrem Karl. Viele starben jedoch, bevor man sich Gedanken machen konnte, was aus ihnen hätte werden können. Der letzte potenzielle männliche Thronerbe, Karl VII., wurde schließlich Opfer des allgemeinen Gerangels um den französischen Thron.

Während Isabeaus Mann in geistiger Umnachtung und »von Läusen und Unrat zerfressen« zunehmend verwahrloste, versuchte sich seine Frau in den ausbrechenden innenpolitischen Machtkämpfen zwischen dem Haus Orleans und Burgund zu behaupten. Alles in allem erfolglos. So erfolglos, dass sie schließlich den englischen Heinrich V. als Thronerben anerkennen musste, nachdem Heinrich angesichts der innerfranzösischen Zustände 1415 einfach in Frankreich einmarschiert war und die Franzosen bei Azincourt fürchterlich verprügelt hatte.

Den Verrat Frankreichs an England nahm man Isabeau am französischen Hof natürlich übel. Wie sie überhaupt nicht sehr beliebt war. Auch und schon gar nicht im Volk. Als eine »reine maudite« empfand man sie, als eine »verfluchte Königin«. Was aber nicht nur an der Kapitulation vor dem englischen Heinrich lag. Dass sie zur Kompensation all ihres Unglücks nach wie vor für dekadent verschwenderische Feste das Geld mit beiden Händen zum Fenster rauswarf, während Frankreich unterging und das Volk hungerte, das nahm ihr eben dieses Volk krumm. Ein Augustiner-Mönch las ihr die Leviten: »Die Dame Venus regiert allein an Eurem Hof. Trunkenheit und Ausschweifungen sind ihre Gefährten, die bei ausgelassenem Tanz die Nacht zum Tage machen. Dieses höllische Gefolge verdirbt die Sitten und verletzt die Herzen. Wisset, noble Königin, dass man über diese Zustände und vieles mehr spricht.«

So war sie, die edle Elisabeth von Bayern. Ein geisteskranker Gatte, Throngerangel, Trunkenheit und Ausschweifung waren ihre höllischen Gefährten. Da braucht man Nerven. Und Nervennahrung. Etwas Süßes zum Beispiel. Ob nun für ihr angeschlagenes Nervenkorsett oder zur kulinarischen Bereicherung

irgendeiner der beklagten Ausschweifungen: Sie soll's erfunden
haben, das Urrezept der Crème bavaroise, der Bayerischen
Creme. Vielleicht hat sie das Urrezept der Rahmsulz aber auch
aus Bayern einfach nur mitgebracht. Zu häufig und zu tief in
die prall gefüllten Desserttöpfe scheint sie jedenfalls allemal ge-
langt zu haben. Restlos übergewichtig bis hin zur Unbeweg-
lichkeit soll sie ihren Lebensabend von Gicht geplagt verbracht
haben, bis sie schließlich 1435 in Paris starb.

Arme Elisabeth. Aber wenigstens die Schwarte hat sie krachen lassen. Und der französischen Küche hat sie einen kleinen,
frühen und vor allem bayerischen Beitrag für die Erlangung
späterer, höherer Weihen geschenkt. Das ist doch auch was.

CRÊPE SUZETTE

… wie ein englischer Bonvivant königlichen Geblüts und ein juveniler Küchenlehrling aus einer einfachen bretonischen Arme-Leute-Speise einen kulinarischen Mythos machten …

Lange bevor schließlich auch Frankreich, die stolzeste Bastion des guten Geschmacks auf europäischem Kontinent, vor der Übermacht amerikanischer Fast-Food-Ketten ächzend in die Knie ging, beherrschten landesweit Crêperien die einfache Gastroszene. Crêpes waren ungemein beliebt. Und zwar als appetitliche Allzweckwaffe. Eingesetzt wurden sie (und werden sie, wenn auch weit weniger als früher) im Straßenkampf gegen den kleinen und großen Hunger, als magenfüllender Vollgang mittags oder abends ebenso wie für die berühmte Kleinigkeit zwischendurch – als Take-away-food auf die Hand. Die hauchdünnen Pfannekuchen aus Weizenmehl, Milch und Eiern bieten sich ideal dazu an. Sie sind einfach herzustellen, preiswert und in unendlichen Varianten zubereitbar – in der 0/8/15-Ausführung ebenso wie als phantasievoll-raffinierte Nascherei, süß ebenso wie salzig-herzlich.

Selbst im Curry-Pommes-Mayo-Deutschland ließen erste Crêperien gegen Ende der Siebziger ihre Stahlplatten heißlaufen, besonders in Studentenstädten. Das war mutig. Vielleicht auch töricht. Jedenfalls haben Pizza Hut, Burger King und McDonald's mit ihrer globalen Einheitspampe in Deutschland das ambitionierte Crêperie-Unternehmen schnell und gründlich aus der einfachen kulinarischen Angebotspalette wegplaniert. Schneller und gründlicher als in Frankreich. Und wo in irgendeiner Fußgängerzone dereinst noch ein einsamer Pfannkuchenbäcker tapfer sein Haupt erhob, schlug man ihm die Döner um die Ohren, bis er crêpierte oder mit einem mobilen Handkarren verschämt in den Straßenverkauf auswich – Essen auf Rädern, Crêpes mit Nougat und Banane.

Nicht dass Crêpes besonders funkelnde Sterne am Firmament der Kulinarik wären. Im Gegenteil: Ursprünglich waren Crêpes ein einfaches Arme-Leute-Essen. Aber ein traditionsreiches. Keimzelle der Crêpe-Tradition war und ist die Bretagne. Hier stellte man über viele Jahrhunderte lang den Pfannkuchenteig aus Wasser und dem sehr billigen (weil steuerbefreiten), schnell reifenden Buchweizen her. (Buchweizen ist jedoch kein Weizen, sondern ein aus Asien stammendes und dem Knöterich verwandtes Gewächs.) Der Teig wurde auf einem heißen Stein, den man »jalet« nannte, gebacken. Die Buchweizenfladen nennt man dementsprechend bis heute Galette, und sie werden in Frankreich vornehmlich mit Pikantem gefüllt.

Die Rolls-Royce-Ausführung aus Weizenmehl, die in Frankreich vorzugsweise mit Süßem kombinierten Crêpes, wurden in ihrer Heimat erst vor etwas mehr als 100 Jahren richtig populär. Bis dahin war Weizenmehl fürs gemeine Volk noch zu teuer. Als der Preis fürs Weizenmehl dann stimmte, setzten sich die Crêpes schnell durch. Natürlich auch in der Bretagne. Man hatte schließlich nicht umsonst Jahrhunderte lang die Billigausführung durch die Luft gewirbelt. In der Bretagne soll es hier und da auch heute noch üblich sein, dass die Braut am Hochzeitstag eine Crêpe backt: Fällt beim Wenden der Teiglappen mit der richtigen Seite in die Pfanne, gibt's eine gute Ehe. Wenn nicht, gibt's Eheverträge und Scheidungsanwälte.

Napoleon soll in der Kunst des Crêpe-Backens von seiner Joséphine Beauharnais unterwiesen worden sein. Gemeinsam mit seiner Frau wetteiferte er vor Gästen, wer mehr Crêpes auf einmal wenden konnte – ausnahmsweise mal eine relativ ungefährliche Kompensation seines Short-man-Syndroms. Der kleine Korse soll es auf vier Stück gebracht haben. Immerhin! Alle Versuche, eine fünfte hinzuzunehmen, scheiterten allerdings. Als Napoleon dann den berühmten Russlandfeldzug von 1812 mit der Einnahme Moskaus beendete, soll er der Legende nach angesichts der von den Einwohnern in Flammen gesetzten Stadt zu seinem Marschall Michel Ney gesagt haben: »Dies ist meine fünfte Crêpe.« Nun ja, über große Männer der Geschichte erzählt man sich gerne kleine Geschichten.

Was als Volksspeise so weit verbreitet war und in Teilen noch ist wie die Galettes und Crêpes in Frankreich, das schreit nach einer Veredlung durch einen ganz Großen seines Fachs, durch irgendeinen berühmten Spitzenkoch, der die Armen- und Alltagsspeise zur sternegekrönten Königin adelt. Diese Crêpe-Königin dürfte zweifelsfrei die berühmte »Crêpe Suzette« sein. Mittlerweile gibt es zwar eine Vielzahl von Zubereitungsvarianten, doch geschmackgebender Kern der zu »Quarts de plaisir« (Vierteln der Freude) zweimal zusammengeklappten Teigfladen ist und bleibt der Einsatz von Orangenfilets, karamellisiertem Zucker, von eingekochtem Sud aus Orangensaft und Pomeranzenlikör und vor allem das abschließende Flambieren mit Pomeranzenlikör (Cointreau, Grand Marnier) und wahlweise Curaçao oder auch Cognac. So wird eine Arme-Leute-Speise tatsächlich zu einer raffinierten Verführung, der sich auch ein Witzigmann in den Glanzzeiten seiner legendären, sternebehangenen Münchner Aubergine (1978–1993) nicht entziehen konnte. Von Witzigmann stammt auch die Kombination der Suzette mit Waldbeeren und Vanilleeis – eine unwiderstehliche Köstlichkeit.

Nach Jahren der Versenkung feiern die Crêpes Suzette nun

in Deutschland ein kleines Comeback. Erneut betreten sie das Rampenlicht durch die Küchentüren der Besten, schon titelt man von der »Rückkehr eines kulinarischen Mythos«. Und den Mythos gibt es in der Tat. Mehrere wahrhaft legendäre Figuren haben an ihm gestrickt. Wenngleich der ganze Zauber um die Suzette nicht unumstritten ist. Hinter den Kulissen des am meisten kolportierten Entstehungsmythos wird bis heute, und wahrscheinlich bis ans Ende aller Tage, darüber diskutiert, wer denn nun wirklich das Rezept für das Flammküchlein erfand und woher der süße Feuerzauber seinen Namen hat.

Die populärste Geschichte führt in das Jahr 1895 und in das Café de Paris von Monte Carlo. Zu Gast waren an jenem denkwürdigen Abend der englische Prince of Wales, Albert Eduard von Sachsen-Coburg-Gotha (1841–1910), der später (1901) als Edward VII. König von Großbritannien werden sollte, eine Entourage aus einem guten Dutzend nobler Herren sowie eine junge Dame, über deren Herkunft noch zu sprechen sein wird. Der Prinz und seine Gefolgschaft amüsierten sich prächtig, die Stimmung war ausgelassen – und in der Küche schwitzte sich die Mannschaft einen Affen, um den als Lebemann bekannten Prinz »Bertie« kulinarisch zufriedenzustellen. Für das Dessert hatte man den 14-jährigen, noch in der Ausbildung befindlichen Henri Charpentier abkommandiert, der sich der nun folgenden Ereignisse genauestens erinnerte.

Charpentier war gerade dabei, an einer Heizplatte die gewünschten Crêpes zuzubereiten, als sich versehentlich und äußerst schicksalhaft die zur Aromatisierung über den Nachtisch gegossenen Alkoholika entzündeten und den Teller lichterloh in Brand steckten. Charpentier war entsetzt. Die hohen Herren warteten! Ein neues Dessert anzusetzen hätte geheißen, das königliche Geblüt warten zu lassen. Unmöglich! Charpentier spielte schon mit dem Gedanken, seinem jungen Leben ein schnelles freiwilliges Ende zu bereiten, probierte zuvor aber vorsichtshalber das Ergebnis seines Missgeschicks – und stellte zu seiner Begeisterung fest, dass sich die flüssigen Ingredienzien durch den Flammenzauber zu einer köstlichen Melodie an Aromen, zu hinreißenden Geschmacksharmonien verbunden hatten. Also schob er alle suizidalen Gedanken beiseite und Prinz »Bertie« den Teller unter die anglo-adelige Nase.

Prinz »Bertie« zeigte sich begeistert, ließ sich zum Schluss gar einen Löffel reichen, um die im Teller verbliebenen Reste des Sirups aufnehmen zu können. Als Charpentier an den Tisch kam, fragte der Prinz nach dem Namen der gerade verzehrten Köstlichkeit. Charpentier gedachte dem Prinzen seine Ehre zu erweisen, indem er spontan sein gelungenes Küchenmalheur als »Crêpes Princess« anpries. Der Prinz realisierte zwar, dass die feminine Crêpe das Geschlecht des Beinamens zur Prinzessin machte und dass das Kompliment eigentlich ihm galt. Gleichwohl fand der Prinz die Taufe der Süßspeise ein wenig ungalant, befand sich doch eine junge Dame am Tisch. Ob denn der Herr Charpentier etwas dagegen habe, wenn man den Nachtisch nach der anwesenden Lady »Crêpes Suzette« benennen würde.

Die frisch gebackene Pfannkuchen-Prinzessin lief vor Scham rot an, stand verschüchtert auf, spreizte mit ihren Händen ihr Kleidchen und machte einen ordentlichen Knicks, wie es sich in Anwesenheit von Mitgliedern königlichen Geschlechts gehört. Am nächsten Tag erhielt der junge Charpentier als kleine Aufmerksamkeit einen Juwelenring, einen Spazierstock und einen Panamahut.

So soll es sich zugetragen haben. So sollen die berühmten Crêpes Suzette – einem Unfall geschuldet – entstanden sein. Und diese Geschichte zu bezweifeln, würde bedeuten, einen der bekanntesten Meisterköche des 20. Jahrhunderts der Lüge zu zeihen. Denn Henri Charpentier (1880–1961) hat sie selbst so in seinen Memoiren, »Life a la Henri – Being the Memories of Henri Charpentier« 1934 zu Papier gebracht (1991 neu aufgelegt) und seinem Publikum geschworen, dass es sich so und nicht anders zugetragen habe.

Eine tolle Geschichte. Und alle Zutaten stimmen. Da gibt es erstens einen berühmten Koch: Charpentier hatte sich als junger Mann ja nicht nur im Café de Paris in Monte Carlo ausbilden lassen. Er lernte in den bekanntesten Häusern Europas (Savoy in London, Maxim's und Tour d'Argent in Paris, Metropol in Moskau, Vier Jahreszeiten in München etc.) und bei den Besten ihres Fachs: u.a. dem Hotel-König Cesar Ritz und dem Küchen-Kaiser Auguste Escoffier. Anfang des 20. Jahrhunderts ging er schließlich nach Amerika und kochte in seinen Restaurants für die bekanntesten Persönlichkeiten aus Politik, Business und Unterhaltung.

Und es gibt zweitens einen Prinzen, und zwar einen, der sich für eine solche Zuckergussgeschichte bestens eignete. Denn Prinz Albert war beizeiten allüberall dafür bekannt, eine ausgesprochen hedonistische Seele zu sein, ein Dandy, ein Snob, der so ziemlich allem Weiblichen nachstellte, was nicht bei drei auf dem Baum saß. Ein Mann, der das Leben in vollen Zügen genoss, der kein Glas Champagner stehen ließ, der als vergnügungsprofessioneller Schönling durch die High Society zog, legendäre Partys schmiss, dessen Pferde die berühmtesten Rennen gewannen – ein Bonvivant von königlichem Format, dem man aus genau diesem Grund im eigenen Haus nicht so recht über den Weg traute und ihn deshalb zum Dauerthronfolger degradierte. Seine letzte Geliebte war übrigens Alice Keppel, eine Ur-Ur-Großmutter von Camilla Parker Bowles. (Was Prince Charles ermutigen sollte, die Hoffnung auf den Thron nicht aufzugeben. Auch Prinz Albert ließ man erst mit 59 Jahren ans königliche Ruder. Und da machte er keine gar so schlechte Figur. Jedenfalls verlieh man ihm wegen seiner internationalen Bemühungen um Ausgleich im Vorkriegseuropa den Beinamen »Peacemaker«.)

Und da war schlussendlich noch ein junges Mädchen. Allem Anschein nach hieß sie Suzette. Manieren hatte sie, und recht hübsch soll sie gewesen sein. Weshalb man bis heute spekuliert, wer sie denn nun wohl gewesen sei. Spekulationen schossen ins Kraut. Sie sei eine Geliebte des Prinzen gewesen. Möglich, aber durch keine Zeugenaussage erhärtet. Andere behaupten, sie sei die Tochter des Prinzen gewesen. Auch hübsch die Idee. Doch keins der zwischen 1864 und 1871 von seiner chronisch schwangeren Gemahlin Alexandra von Dänemark geborenen sechs Kinder hieß Suzette. Am wahrscheinlichsten: Sie war die Tochter eines der im Café de Paris anwesenden Herren.

Das also ist der Entstehungsmythos der Crêpes Suzette, der bisweilen auch mit abenteuerlich verdrehten Personal- und Ortsangaben erzählt wird. Doch nicht erst seit der emigrierte Küchenmeister 1961 in Kalifornien verstorben war wurde aus berufenem Mund von Küchenhistorikern die Charpentier-Version in Zweifel gezogen. So wird hartnäckig immer wieder auf jene Schauspielerin namens Suzanne Reichenberg verwiesen, die 1897 in der Pariser Comédie Française eine Rolle als Bedienstete gespielt haben soll. Bestandteil ihres Auftrittes war es, Abend für Abend eine Platte mit Pfannkuchen zu servieren. Die Crêpes wurden von dem benachbarten Restaurant Marivaux geliefert. Und dessen Chef, ein gewisser M. Joseph, soll eines Abends die Idee gehabt haben, die Crêpes mit einem Glas Cognac zu flambieren, um so dem Publikum zu demonstrieren, dass die Pfannekuchen auch echt waren.

Durchaus möglich, sagen die einen. Könnte so gewesen sein. Völliger Unsinn, sagen andere. Schon mal was von Jean Redoux gehört? Nein? Aha! Der soll's aber gewesen sein. Jedenfalls wenn man der bereits im Jahre 1667 veröffentlichten Schrift »Parfait Confiturier« folgt. Die weist nämlich den französischen Koch Redoux als einen wahren Crêpes-Könner und eigentlichen Urheber der Crêpes Suzette aus. Benannt worden sein sollen sie nach der Prinzessin von Carignan, die als angebliche Verehrerin von Ludwig XIV. im Château de Juvisy südlich von Paris zwischenzeitlich ihren Wohnsitz hatte.

Und nicht zuletzt wird auch Auguste Escoffier (1847–1935), der wohl größte Küchen-Revolutionär und Geschmacks-Innovator aller Zeiten, als Urheber verdächtigt. 1934 veröffentlichte er in seinem Buch »Ma cuisine« ein Suzette-Rezept. Die berühmten Suzette-Pfannkuchen sollen auch während seines Regiments im Savoy in London auf der Karte gestanden haben. Vollständig unübersichtlich gestaltet sich der ganze Suzette-Mythos angesichts der Tatsache, das Charpentier bei Escoffier im Savoy in die Lehre gegangen war und dass besagter M. Joseph, der Crêpes-Lieferant fürs Pariser Theater und die Schauspielerin Suzanne Reichenberg, just zu dem Zeitpunkt im Savoy Hotelmanager war, als Escoffier dort als Küchenchef arbeitete.

Fazit: Es wird wohl noch einer ganzen Brigade an Historikern, Anthropologen und Archäologen bedürfen, um all diese hübschen Geschichten und Geschichtchen zu entflechten, um Wahrheiten von Halbwahrheiten zu trennen und schließlich das wahre Geheimnis der Suzette zu lüften.

Wir hauen uns derweil ein Ei ins Mehl, rühren uns eins und fackeln die Küche ab – und erheben bis auf weiteres das Glas auf Henri Charpentier. Denn er schwor, auf dem Totenbett liegend: »Ich war's!«

De mortuis nil nisi bene!

DRAMBUIE

… wie ein Nationalheld königlichen Geblüts auf der
Flucht im Weiberrock den wilden Schotten ein süßes
Whisky-Likörchen als Erinnerung an ein sehr
ambitioniertes Schlachtenunternehmen hinterließ …

Es steht auf der Flasche. »Cuimhnich an tabhartas orionnasa«.
Das ist schottisch. Besser gesagt altschottisch. Also gälisch. Und
lässt sich von einem Nicht-Schotten ohne Zungenkrampf
kaum über die Lippen bringen. Es sei denn, man hätte zuvor
den 40-prozentigen Inhalt geleert. Dann geht's. Vielleicht. Und
was heißt das? »Cuimhnich an tabhartas orionnasa« heißt so
viel wie: Erinnere Dich des Prinzen Geschenk. Das Geschenk,
von dem die Rede ist, befindet sich in der Flasche. Es ist ölig
und golden honiggelb, es schmeckt süß und gekräutert und
nachdem sich die honigliche Süße ein wenig zurückgezogen
hat, hebt deutlich ein schottischer Whisky sein stolzes Haupt
auf Zunge und Gaumen. Der Name des Geschenks, das heute
in nahezu jedem Barregal steht, ist »Drambuie«. Was entweder
»Gelbes Getränk« oder, abgeleitet von »an dram buidheach«,
»Getränk, das zufrieden macht« heißt. Man weiß es nicht genau. Die Sprachwissenschaft streitet noch. Ist eben nicht ganz
einfach, dieses Alt-Schottisch-Gälisch. Aber was in Schottland
ist schon einfach? Nichts. Nicht die Sprache und ihre gälische
Herkunft, nicht die karge, unwirtliche und unendliche schöne
Einsamkeit der Highlands, nicht die knorrigen Menschen und
ihre bizarren Eigenarten, nicht ihr Eigenwille und schon gar
nicht ihre stolze und traurige Geschichte. Alles kompliziert.

Und im Drambuie fließt all das zusammen: Die Sprache, die Natur, die Menschen, ihre Traditionen und vor allem ihre Geschichte. Denn Drambuie ist die in Alkohol konservierte Erinnerung an den brutalen Schlussakkord der schottischen Bemühungen um Unabhängigkeit Mitte des 18. Jahrhunderts. Mit Drambuie trinkt man die süßen Tränen tiefster schottischer Trauer um die verlorene und blutige Schlacht von Culloden Moor, jener berühmten Schlacht gegen herzlos agierende englische Truppen, in der alle Hoffnungen der Hochlandclans zu Grabe getragen wurden, die schottische und englische Krone für das Haus Stuart zurückzuerobern. Das alles steckt in diesem mit Hochlandkräutern aromatisierten und mit Honig gesüßten Whisky-Likör. Denn das Ur-Rezept für Drambuie war die Hinterlassenschaft jenes letzten Hoffnungsträgers, der eine verwegene schottische Hochlandtruppe in die Schlacht von Culloden führte. Es war ein Geschenk von Charles Edward Stuart, dem schönen Charlie, auch Bonnie Prince Charlie genannt.

Prince Charlie war, wie sein offizieller Name verrät, ein Stuart. Also ein Abkömmling jenes schottischen Geschlechts, das im 12. Jahrhundert vom schottischen König mit dem Amt des Steward of Scotland beauftragt worden war und durch Einheirat in die damals herrschende königliche Familie den Anspruch auf den schottischen Thron erwarb. Über viele Jahrhunderte herrschten die Stuarts im Königreich Schottland. Allerdings unter dem Strich nicht wirklich glücklich. Denn im Süden gab es noch ein zweites mächtiges Königreich, das von England. Und zwei Königreiche auf einer Insel bedeutet mächtig Stress. Die Stuarts rieben sich leidenschaftlich auf in Kämpfen und Kriegen gegen das starke England, dass seine Krallen immer wieder über Schottland gefährlich ausfuhr.

Man pflegte aber auch eine von besonders herzlichen

Hinterhältigkeiten getragene Beziehung zu den eigenen sehr
mächtigen schottischen Adelsfamilien und Clanchefs. Denn
die verfügten über riesigen Landbesitz. Landbesitz macht un-
abhängig und eigenwillig. Solche Menschen tanzen ungern
nach der Pfeife von irgendwem. Mit anderen Worten: Es lief
nicht sonderlich rund im hohen Norden der britischen Insel.
Mord und Totschlag waren an der Tagesordnung. Kaum ein
Stuart starb im Bett. Und die Erben waren in der Regel un-
mündige Kinder. Bester Stoff für Dramen. Bester Stoff für Sha-
kespeare und Co.

Erst zu Beginn des 17. Jahrhunderts gelang es, über einen
genealogischen Zufall beide Königskronen in Personalunion
auf einen Stuart (Jakob I. von England und gleichzeitig Jakob
VI. von Schottland) zu vereinen. Für England und Schottland
fand man sogar einen neuen Namen: Great Britain. Und den
Union Jack als Flagge. Und 1707 begann mit dem sogenannten Unionsvertrag gar die Einsicht Früchte zu tragen, dass allein »eine feste und vollständige Union … zu Frieden, Sicherheit und Glück in England und Schottland beitragen« würde.
Tolle Idee, die Personalunion nunmehr in eine Realunion zu
überführen.

Allein, das in Great Britain herrschende königliche Personal
aus dem Hause Stuart war kurz zuvor übelst aus dem Land ge-
prügelt worden. Dabei war weniger die schottische Frage ausschlaggebend gewesen. Es ging um die zunehmende Macht des
englischen Parlaments und vor allem um die Frage nach der
rechten Religion. Über diesen auch Glorious Revolution genannten Prozess stolperte der Stuart Jakob VII. von Schottland
(und gleichzeitig II. von England) im Jahre 1688. Der hatte sich
nämlich gegenüber dem Parlament als ein ziemlicher Despot
erwiesen. Zudem wollte er Great Britain rekatholisieren, was in
einem Land mit einer recht antikatholischen anglikanischen

Staatskirche, mit mächtigen calvinistischen und presbyteriani-
schen Tendenzen ganz schlecht ankam. Also wurde er verjagt,
der Jakob. Auf seinen Thron setzte man seine Tochter Maria,
die letzte Stuart auf einem Thron überhaupt, daneben deren
Mann, den protestantischen Wilhelm von Oranien.

Und nun war Schluss mit lustig. Jedenfalls für die Jakobiten,
die Parteigänger des vertriebenen Stuart. Die gab es nämlich. Einige wenige in England und Wales, einige mehr in den schottischen Lowlands und sehr einflussreiche unter den mächtigen
katholischen Clanchiefs in den Highlands, die alle einen katholischen Stuart auf dem Thron sehen wollten – auf dem schottischen und auf dem englischen, in Personalunion. Über die folgenden gut 60 Jahre sollten die Jakobiten Great Britain mit
permanenten Aufständen und Scharmützeln in Atem halten.

Als der vertriebene Jakob II. 1701 im französischen Exil
starb, setzten die Jakobiten in alter Tradition auf seinen 13 Jahre
alten Sohn, Jakob III., der auch als »Old Pretender«, als alter,
aber erfolgloser Prätendent, in die Geschichte eingehen sollte.
Die Jakobiten hatten gar eine eigene Form des Loyal Toasts auf
den Sprössling entwickelt: Die Gläser wurden während der
Trinkrituale über eine Schale oder Karaffe mit Wasser geführt,
eine Andeutung darauf, dass der legitime Thronfolger, Jakob
III., »the little gentleman in black velvet«, jenseits des Kanals im
Exil in Frankreich verweilte. Doch alle Bemühungen, den Unionsvertrag zu torpedieren, alle militärischen Interventionen
und Invasionen, ob mit oder ohne ausländische Hilfe, waren
Flops. Ausnahmslos.

Und dann kam Prince Charles Edward Stuart, Enkel des
1688 verjagten Jakobs II. und Sohn von Jakob III., des »Old
Pretender«. 1720 war er in Rom geboren worden und hatte die
typische Ausbildung eines Adeligen seiner Zeit genossen. Bonnie Prince Charlie war der letzte Stuart, der es noch mal ver-

suchte. Er war jung, er war abenteuerlustig und er fühlte sich
berufen, England anzugreifen, um beide Kronen zurückzuführen in den Schoß der Stuarts. Also setzte er am 16. Juli 1745 von
Frankreich aus über. Zur großen Invasion Schottlands. Mit
immerhin zwei Schiffen. Von denen aber nur eins ankam. Das
andere hatte sich mit einem englischen Kriegsschiff gestritten
und musste beschädigt zurücksegeln. Und mit ihm ein Haufen
Soldaten und jede Menge militärische Ausrüstung. Egal, Bonnie Prince Charlie segelte weiter und ging auf der Hebriden-
sel Eriskay an Land. Dort wurde er von einem MacDonald mit
dem Hinweis empfangen, vielleicht doch besser wieder nach
Hause zu segeln. Woraufhin Prince Bonnie antwortete, dass er
ja gerade nach Hause gekommen sei. Aus solchem Stoff werden
Mythen gestrickt.

Der schöne Charlie schickte sofort Briefe an die Hochlandclans und sammelte eine kleine Armee von zunächst nur 1200
Soldaten um sich. In Glenfinnan schließlich ließ er im August
die Stuart-Standarte in den Boden rammen und sich zum Re-
genten ausrufen.

Was folgte, war ein abenteuerlicher Feldzug. In mehreren
Schlachten besiegte er englische Armeen, die sich ihm ent-
gegenwarfen. Seine mittlerweile auf gut 5000 Mann angewach-
sene Armee marschierte von den Highlands über Edingburgh
immer weiter Richtung Süden, über Lancaster und Manchester
schließlich bis nach Derby. Seine Truppe lag nun gerade einmal
150 Kilometer vor London! In London brach deswegen Panik
aus. König Georg II. saß bereits auf gepackten Koffern, zumal
das Gerücht die Runde machte, dass der alte Erzfeind Frankreich noch zusätzliche 10 000 Mann im Süden Englands hatte
anlanden lassen, um den schönen Charlie zu unterstützen.

Bonnie Prince Charlie jedoch griff London nicht an. Er kniff
und zog sich auf Anraten seiner Berater zurück in den Norden.

Es mangelte hier unten im englischen Süden an Zuspruch, außerdem zogen ihm zwei frische englische Armeen entgegen. Es erschien sinnvoll, im Norden neue Kräfte zu sammeln. Diese Zeit aber nutzte auch die Gegenseite unter der Führung des Herzogs von Cumberland, eines Sohnes des englischen Königs, um sich militärisch neu zu formieren und den Schotten nachzustellen.

Auf dem Weg nach Norden konnten die Schotten sich in kleineren Gefechten noch einmal durchsetzen. Aber es zeichnete sich ab, dass irgendwann eine Entscheidung herbeigeführt werden müsste. Östlich von Inverness, im Moor von Culloden, das man damals noch Drummossie Moor nannte, sollte es schließlich zur Entscheidungsschlacht kommen. Dass Charlie London nicht angegriffen hatte, mag der erste Fehler gewesen sein. Sich auf das Schlachtfeld Culloden Moor einzulassen, war der viel größere. Es war ein flaches, übersichtliches Gelände, dass alle strategischen Vorteile dem disziplinierten und mit einer intakten Artillerie ausgestatteten Gegner überließ. Während die übliche Angriffstaktik der Schotten – kurze furiose und furchterregende Angriffe im Nahkampf – auf einem solchen Schlachtfeld kaum auszuführen war, hatten die Artilleriegeschütze und die geordnet angetretenen Gewehrschützen der Engländer freies Schussfeld, um ihre Gegner auf Distanz zu halten und ihnen somit schwere Verluste zuzufügen.

Hinzu kam, dass die schottische Armee von dem langen Feldzug restlos erschöpft war. Massive logistische Probleme hatten zudem Verpflegungsengpässe hervorgerufen. Mit anderen Worten: Die Schotten waren restlos am Ende, eine ausgehungerte und demotivierte Truppe lag da im Moor von Culloden. Und nicht zuletzt war sie restlos übermüdet. Denn auf Anraten eines Beraters, der die Nachteile des Gefechtsfeldes offenbar erkannte, hatten die Schotten in der Nacht vor der eigentlichen Schlacht versucht, einen Überraschungsangriff auf das Lager der englischen Truppen auszuführen. Also machten sie sich im Dunkeln auf die Suche nach den englischen Rotröcken. Man fand sie nicht. Erschöpft kamen die Soldaten zurück ins Lager. Viele legten sich einfach auf der Straße nach Inverness schlafen und wurden erst wach, als man ihnen am nächsten Morgen die Hälse durchschnitt.

Der nächste Morgen war der 16. April 1746. Den knapp 5000 müden Schotten standen auf englischer Seite knapp 9000 ausgeruhte englische Topsoldaten gegenüber, 6500 Mann Infanterie und ca. 2500 berittene Soldaten, dazu bestens ausgebildete Kanoniers, die ihre todbringenden Geschütze über die gesamte Schlachtlinie aufgebaut hatten. Gegen elf Uhr wurden die beiden Armeen erstmals einander angesichtig. Die große Bataille konnte beginnen.

Die Schotten hatten nicht den Hauch einer Chance. Die englischen Kanonen rissen mit Kartätschen-Geschossen, die mit gehacktem Eisen, Nägeln und Kugeln gefüllt waren, in die bis zu sechs Mann tief gestaffelten Reihen der Schotten blutige Schneisen. Den Schotten blieb zunächst nichts übrig, als sich zusammenschießen zu lassen. Mangelhafte Befehlsstrukturen und Kommunikationsprobleme führten dazu, dass zunächst überhaupt kein Gegenangriff ausgeführt wurde. Als dann der Befehl zum Kampf Mann gegen Mann erteilt wurde, erreichte er nicht die ganze schottische Linie, sodass nur Teile der schottischen Infanterie (Kavallerie war kaum vorhanden) auf die englischen Linien losging.

Cumberland jedoch hatte seine Truppen auf den Nahkampf mit den Schotten bestens eingestellt. Er wusste aus der Zusammenarbeit mit schottischen Truppen in Flandern, wie man den Ansturm der mit einem sehr stabilen Schild bewehrten Schotten parieren musste. Seine Infanteristen waren gehalten, nicht den jeweils direkt gegenüberstehenden und durch den Schild geschützten Mann anzugreifen, sondern das Bajonett in die offene Flanke des jeweils rechts agierenden Gegners zu stoßen. Eine Taktik, die in Kombination mit der zahlenmäßigen Überlegenheit eine verheerende Wirkung zeitigte. Nach einer knappen Stunde war alles vorbei.

Was dann folgte, war Historikern zufolge eine bis dahin nicht gesehene Schande, die die englische Armee auf sich lud. Cumberland erwarb sich mit seinem brutalen Vorgehen bis heute den Ruf als »the Butcher«, als Schlächter. Er ließ auf dem Schlachtfeld alle verwundeten Schotten ermorden. Auf der Straße nach Inverness richtete er ein zweites Blutbad unter den fliehenden Soldaten an. Aber auch unter der gleichermaßen fliehenden Zivilbevölkerung, darunter Frauen und Kinder. Wer auch immer im Verdacht stand, Anhänger der Jakobiten zu sein, wurde ermordet, verfolgt, sein Haus angezündet, Familien von ihrem Land vertrieben. Die Clans wurden in den darauffolgenden Monaten entwaffnet, das Tragen von Kilts und selbst das Dudelsack-Spielen wurden verboten. Es war das endgültige Ende der schottischen Unabhängigkeit.

Und unser Bonnie Prince Charlie? Er soll mit Tränen in den Augen auf einem Schimmel vom Schlachtfeld geführt worden sein. Seine Flucht vor den nachstellenden englischen Suchtrupps währte insgesamt fünf Monate, während der er auf den Hybriden und in den Highlands, von Parteigängern unterstützt, sein Heil suchte. Er wurde nicht gefasst, obgleich die für damalige Verhältnisse unvorstellbare Summe von 30 000 Pfund (15 Millionen Pfund nach heutiger Währung) auf seinen Kopf ausgesetzt waren.

Charlies Flucht und die Tatsache, dass er mehr oder weniger mittellos auf die Hilfe der Highlander angewiesen war, verdanken wir schlussendlich die Existenz des heute in Flaschen abgefüllten, weltweit bekannten Whiskey-Likörs. Seine Flucht führte ihn nämlich auch auf die Insel Uist, wo er bei Flora MacDonald Unterschlupf fand. Selbige Flora, die noch heute in der schottischen Folklore einen gefeierten Platz innehält, beschloss, den verfolgten Stuart in Frauenkleidung zu stecken und als ihre Zofe Betty Burke über das Meer auf die Insel Skye zu rudern. Hier gelangte er auf Umwegen an Captain John MacKinnon, der ihn über den Sund von Sleat nach Mallaig ruderte. Nach einigen weiteren Stationen setzte Bonnie Charlie schließlich über nach Frankreich. Er starb schließlich als Alkoholiker in Rom.

Captain John MacKinnon, der, wie auch Flora MacDonald, für seine Fluchthilfe einige Zeit im Gefängnis verbrachte, hatte der schöne Charlie als Dank für seine Hilfe so ziemlich das einzige gegeben, was er noch hatte: das Rezept seines persönlichen Kräuterlikörs. Es war zu jener Zeit für einen Adeligen, der wie Charlie bei Hofe aufgewachsen war, keine Außergewöhnlichkeit, als Digestif einen solchen Kräuterlikör zu trinken. Und Bonnie Prince Charlie führte ein Fläschchen mit seinem persönlichen Lieblingslikör auch während des schottischen Abenteuers immer mit sich.

Die MacKinnons auf Skye nahmen das Rezept dankend entgegen und experimentierten in den darauffolgenden Jahren ein wenig mit dem Ursprungsrezept, bis sie schließlich für den Eigenbedarf und später für den spärlichen Verkauf an den einen oder anderen Interessenten auf der Isle of Skye einen wohlschmeckenden Whisky-Likör zu produzieren in der Lage waren. Einer der größeren Interessenten war seit den 1870er Jahren John Ross, der Besitzer des Broadford Inn auf Skye, der die MacKinnons bat, größere Mengen zu produzieren, damit er den schon damals Drambuie genannten Digestif an seine Gäste ausschenken konnte. Vermutlich hat John Ross sogar selbst nach dem Rezept der MacKinnons Drambuie hergestellt. Jedenfalls ließ der Sohn von John Ross, James Ross, 1893 wegen der zunehmenden Popularität des Getränks den Namen Drambuie in weiser Voraussicht ins Handelsregister eintragen und das Rezept patentieren.

Einige Jahre später entschied Malcolm MacKinnon, sein berufliches Glück in Edingburgh zu versuchen und trat in die Dienste eines Wein- und Spirituosenhändlers, dessen Partner er alsbald wurde. Als man entschied, den Whiskyhandel auszubauen, befand MacKinnon, dass es an der Zeit sei, das Geschenk des Prinzen kommerziell zu vermarkten. Die Witwe von James Ross und Inhaberin des Patents und Namensrechtes war nach dem Tod ihres Mannes ebenfalls von Skye nach Edingburgh gezogen. MacKinnon nahm Kontakt zu ihr auf und hatte nicht viel Mühe, sie zu überreden, das Patent und die Handelsmarke an ihn zu übertragen.

Im Jahre 1909 wurden die ersten Flaschen Drambuie offiziell zum Verkauf angeboten. Seitdem ist das Unternehmen in Familienbesitz, wobei traditionell das Rezept streng geheim und darüber hinaus in den Händen der weiblichen Familienmitglieder blieb. Bis in die 1980er Jahre hinein entwickelte sich Drambuie zu einem weltweit erfolgreichen Unternehmen mit einem weltweit erfolgreichen Markennamen, vergleichbar mit Mercedes oder Gucci, wie so mancher Wirtschaftsexperte und das Unternehmen selbst finden. Es folgten einige Jahre, in denen aufgrund von Managementfehlern in den Bilanzen einige Turbulenzen zu verzeichnen waren. Doch diese Zeiten sind vorbei. Die Bilanzen stimmen wieder.

Heute setzt man bei Drambuie nicht mehr so sehr auf das überholte Image, ein Nach-dem-Dinner-Getränk zu sein, dass man zu einer Zigarre im Herrenzimmer pur oder einfach auf Eis zu sich nimmt. Der Trend richtet sich mehr auf Drambuie als geschmackgebendem Bestandteil von Long-Drinks und Mixgetränken.

Und da gibt es in der Tat einige Rezepte, die eine Sünde wert sind. Da gibt es zum Beispiel den »Drambuie Dolce Vita« aus drei Teilen Champagner und einem Teil Drambuie. Oder den »Drambuie Sour«, bestehend aus einem guten Schuss Drambuie auf Eis in einem Whiskyglas mit Limonensaft aufgefüllt und mit einem Schuss Angostura Bitter abgerundet. Oder den »Skye Dive«, der aus 35 ml Drambuie, 15 ml Campari, 25 ml Limonensaft und einem Schuss Angostura Bitter geschüttelt, in ein Martiniglas abgeseiht und mit einem Stück Limone serviert wird. Auch der »Rusty Nail«, eine Kombination aus Drambuie und Scotch, im Rührglas mit Eis gerührt und in einen Tumbler abgeseiht, kann ein Erlebnis sein. Heftig streiten die Rusty-Nail-Fans über das Mischungsverhältnis von Scotch und Drambuie. Das kann je nach Geschmack von 3:2 (Scotch zu Drambuie) bis zu einem Verhältnis von 8:1 gehen. Und so weiter und so fort. Man kann ihn aber auch ganz einfach und klassisch auf Eis, vielleicht mit einem Schuss Soda und einem Stück Limone servieren.

Und was ist nun genau drin im Drambuie? Erlesene, zum Teil 17 Jahre alte Malts, Heidehonig und Kräuter. Mehr weiß man nicht. Und keiner wird je Genaueres wissen. Das Rezept ist, wie gesagt, fast ein Staatsgeheimnis. Bei Drambuie kursiert nicht umsonst die fiktive Idee für einen möglichen Werbespot, der auf das Geheimnis der Drambuie-Rezeptur abzielt: Kommt ein Gast in eine Bar und bestellt einen Drambuie. Der Barkeeper stellt ihm den Drink auf den Tresen. Fragt der Gast: »Was ist da drin?« Antwortet der Barkeeper: »Drambuie, Eis, Soda und ein Limonenstück. Wenn ich mehr verraten würde, müsste ich Sie leider erschießen.«

So sind sie drauf, die Schotten. Also fragen wir lieber nicht.

DUXELLES

*… wie der in Vergessenheit geratene französische
Küchengroßmeister Varenne dem Filet des berühmten
englischen Feldherrn Wellington geschmacklich mit ein
paar Champignons auf die Sprünge half …*

Wissen Sie, was eine Duxelles ist? Die Freunde Siebecks wissen es. Seit gut 30 Jahren. Überhaupt: Alle, deren Kochkunst knapp über dem deutschen Durchschnitt angesiedelt ist (also irgendwo über Siedewürstchen und Tiefkühlpizza), wissen es. Sie wissen auch, dass eine Duxelles in die Kategorie jener Bestandteile eines Gerichts gehört, die zur ewigen Nebenrolle verdammt sind. Und das, obwohl sie die eigentlichen Stars sind. Diese Nebenrollen werden von Saucen, Füllungen, Marinaden und allem, was sich zum Überbacken eignet, gespielt. Ohne diese Nebenrollen würden die klassischen Hauptrollen – Fisch oder Fleisch – bisweilen sehr blass und unscheinbar daherkommen. Manche dieser geschmackhebenden Nebenrollen sind sogar Oscar-verdächtig. Und in diese Besetzungskategorie gehört zweifelsfrei die Duxelles. Küchentechnisch ist sie relativ einfach herzustellen. Man muss nur wissen, dass es sie gibt. Dann kann man sie im Theater des Wohlgeschmacks für viele Rollen vorsehen.

Hauptbestandteil der Duxelles sind Champignons (ca. 125 g pro Portion). Die sollten entweder durch die feinste Scheibe des Fleischwolfes gedreht oder mit einem Küchenmesser sehr klein gehackt werden. Klein gehackt heißt in diesem Fall allerdings *sehr* klein gehackt. Sonst wird's nichts mit der Duxelles.

Anschließend legt man die kleinstgehackten Pilze auf ein Kü-
chentuch oder auf Küchenpapier, schlägt oder dreht sie ein und
drückt bzw. presst alle Flüssigkeit aus dem Pilzmus, bis nur
noch ein braun-graues Klößchen verbleibt, das aussieht, als
wolle es einem das Essen für immer abgewöhnen.

Dann schneidet man pro Portion eine Schalotte in sehr (!)
kleine Würfel, die man anschließend in reichlich Butter glasig
dünstet. Dabei sollte man darauf achten, dass die Schalotten
nicht braun werden. Sind sie glasig, fügt man den trockenen
Pilzklumpen dazu und verteilt ihn mit einem Kochlöffel in der
Pfanne. Die trockenen Champignons sind allerdings sehr but-
terdurstig. Deshalb: Reichlich Butter nachlegen, egal, was auch
immer Sie zur todbringenden Wirkung von Cholesterin jemals
gelesen haben sollten. Ohne Butter wird's nämlich nichts mit
der Duxelles. Sollten Sie tatsächlich zu viel Butter eingerührt
haben, können Sie die Pilz-Schalotten-Mischung in einem Sieb
abtropfen lassen. Abschließend erhöhen Sie die Hitze und braten die Champignons ca. drei bis fünf Minuten. Dabei mit einigen Zitronensafttröpfchen, Salz und Pfeffer abschmecken –
fertig.

Wahlweise kann man die Duxelles vorsichtig auch noch mit
etwas Tomatenmark (ein Teelöffel auf 250 g Champignons) abschmecken. So liebt es Siebeck. Man kann sie aber auch mit diversen Kräutern, mit Knoblauch oder Weinbrand aromatisieren – vieles ist möglich, nicht alles macht wirklich glücklich. Ob
in der einfachen Ausführung oder in der gemarkten Siebeck-
Variante oder mit einer um weitere Bestandteile angereicherten
Duxelles kann man schließlich Fleischstücke diverser Größe
und Qualität bestreichen und anschließend überbacken. Man
kann aber auch ausgehöhlte Tomaten oder andere, geschmacklich nicht zu aufdringliche Gemüse damit füllen. Man kann sie
zu gekochten Eiern essen oder mit ein wenig Wein und Bouil-

lon Saucen und Suppen daraus zaubern. Dann tritt die Duxelles aus dem Dunklen ins Rampenlicht des Gaumens.

Die eigentliche Idee und das erste Rezept für die Duxelles stammt von einem längst Vergessenen, aber ganz Großen der französischen Kochkunst. Küchenhistoriker zählen ihn zu den ersten wirklich bedeutenden Küchenreformatoren in Frankreich. Françoise-Pierre de la Varenne (1618–1678) hatte seine Laufbahn am Hofe Heinrich IV. begonnen, wo florentinische Köche die althergebrachten Küchenpläne schon seit längerem auf links gedreht hatten. Es waren ja, man vergisst das leicht, die Italiener, die den Franzosen erst einmal beibringen mussten, wie man kocht. Katharina von Medici (1519–1589) hatte, als sie 1533 Heinrich von Orléans, den späteren französischen König Heinrich II. (1547), heiratete, mit ihren Köchen und Konditoren im Gepäck die fortschrittliche *Art culinaire* gerade einmal ein Jahrhundert zuvor nach Frankreich mitgebracht, wo man bis dahin ebenso wie in Deutschland noch recht barbarisch zu Topfe ging.

Varenne war einer von jenen französischen Köchen, die begriffen hatten, was Katharina ihnen da mitgebracht hatte. Er sammelte Rezepte, verfeinerte sie, entwickelte gänzlich neue Kreationen. Varenne fegte die mittelalterlichen Restbestände aus der Küche, zerschlug gleichzeitig aber auch den übertriebenen Zierrat der Florentiner, ihren Hang zum Gedrechselten. Mit all dem legte er schließlich den Grundstein für den späteren guten Ruf der berühmten französischen Küche. Varenne also verdanken wir das so vielseitig verwendbare Pilzpüree, dass er als Koch des Marquis d'Uxelles seinem Arbeitgeber zu Ehren als Duxelles bezeichnete. Ihm verdanken wir darüber hinaus auch die Bekanntschaft mit dem Blätterteig und das Rezept des berühmten Bœuf à la mode (Böfflamott, s. S. 273). Er soll auch das Klären von Gelees mit Eiweiß und die berühmte, dem Marquis von Béchamel gewidmete Mehlschwitze, die Béchamelsauce, erfunden haben – wenngleich die Erfindung der letzteren viele für sich beanspruchen, nicht zuletzt die Florentiner. Varenne hinterließ allerdings auch ein paar kulinarische Grausamkeiten wie die Varennes-Eier, die in Zuckerwasser schwimmend aufgetragen wurden – aber bitte, die Küche ist ein Experimentallabor, da kommt es hin und wieder auch mal zu üblen Fehlreaktionen.

Obwohl Varennes erstes Kochbuch, »Le Cusinier François«, das er im Alter von 33 Jahren schrieb (1651), insgesamt 30 Mal aufgelegt wurde und das seinerzeit populärste Kochbuch überhaupt war und obwohl weitere Kochbücher folgten, starb er schließlich 1678 in Dijon verarmt und vergessen. Was sehr, sehr ungerecht war und ist, denn allein mit seiner Duxelles hat er der kochenden und genießenden Menschheit einen unschätzbaren Dienst erwiesen. Selbst einem Klassiker wie dem berühmten Filet Wellington, das sich mit dem Namen eines allseits bekannten Feldherrn schmückt, hilft Varenne posthum mit seiner Duxelles geschmacklich in lichte Höhen: Die Duxelles spielt in einer mittlerweile klassischen Wellington-Variante nämlich eine geschmacklich ganz entscheidende Nebenrolle. Aber eben nur eine Nebenrolle. Womit wir wieder einmal den typischen und oben erwähnten Fall haben: Alle Welt kennt Filet, alle Welt kennt Wellington. Sie sind die Stars. Sie stehen vorne im Licht. Ernten den ganzen Beifall. Und dennoch: Ohne die Duxelles wären sie nichts.

In den Sechzigern und Siebzigern des letzten Jahrhunderts hatte Wellington als Filet seine Hochzeit. Präsident Nixon soll es geliebt haben. Siebeck nahm es mit der Duxelles-Variante 1976 in seine »Kochschule für Anspruchsvolle« auf und sprach feierlich vom »Staats- und Prachtbraten«. In den Achtzigern und Neunzigern geriet es ein wenig in Vergessenheit, ver-

schwand – wie andere Klassiker auch – von der Bildfläche.
Heute ist es wieder da. Seltener auf Speisekarten als in Kochbüchern. Schuhbeck hat es in seiner Mini-Agenda der Klassiker,
Tim Mälzer, bekennender Küchenprolet und vox-geklonter Ja-
mie-Oliver-Verschnitt, legt es seinen Küchenanalphabeten in
abgespeckter Version ebenfalls wärmstens ans Herz. Und ein
Blick ins Internet belegt: Das Interesse an Rezepten ist gewaltig
– das Angebot auch. Zum Teil mit Zutaten und Zubereitungsformen, die nur noch den Namen mit dem Original gemein haben können.

Dabei weiß eigentlich keiner genau, wann, von wem und in
welcher Zubereitungsart das Filet Wellington erfunden wurde.
Einig ist man sich lediglich, dass es nach Arthur Wellesley, dem
Herzog von Wellington, benannt war. Und da hätte man sich
aus englischer bzw. irischer Sicht seinerzeit tatsächlich kaum einen Besseren aussuchen können. Denn der in Irland geborene
Wellington war zeitlebens so etwas wie ein nationaler Klassen-
primus. Seine Schule war erst Eton, dann so ziemlich jedes
Schlachtfeld dieser Erde.

Im ersten Koalitionskrieg nahm er zunächst an dem völlig
erfolglosen Feldzug gegen Napoleon 1794/95 in den Niederlanden bzw. Flandern teil und lernte dort, »wie man es nicht
machen sollte«. Als Oberst ging er anschließend 1796 nach Indien, um sich hier mit der Maratha-Konföderation im Namen
seiner britischen Hoheit herumzuschlagen. Hier lernte er allerdings, wie man es richtig macht – wofür man ihn adelte und ins
Parlament schickte.

Kurze Zeit später rückte er jedoch erneut aus, um gegen Napoleon in Hannover (1805/06) und in Dänemark (1807) zu
kämpfen. Dann half er den Spaniern (1808–1814), sich von
den französischen Truppen zu befreien, und drängte den Kor-
sen über die Pyrenäen zurück. Dafür liebte man ihn. In Groß-

britannien reicht das in der Regel, um zum Herzog ernannt zu werden.

Was ihm jedoch Jubel, Unsterblichkeit und mehrere Regalmeter historischer Literatur bescherte, war der bedeutendste militärische Sieg seiner Karriere: Die Schlacht von Waterloo im Jahre 1815, 15 Kilometer südlich von Brüssel, wo eine Koalitionsarmee unter seiner und der Führung des alten Eisenfressers Blücher Napoleons »Herrschaft der Hundert Tage« und dessen Karriere als Weltenlenker endgültig beendete. Noch heute werden auf dem Schlachtfeld nach langen Regenperioden Munitionsteile und die Knochenreste von zusammenkartätschten Soldaten freigespült.

Der Legende zufolge soll Wellington nach der Schlacht für den verletzten Blücher ein Essen gegeben haben. Wellingtons Koch servierte zu dieser Gelegenheit und zu Ehren des Herzogs angeblich das erste Filet Wellington. Dabei soll es sich um ein halbgebratenes, dann ausgekühltes Rinderfilet gehandelt haben, dass anschließend mit einer Duxelles und/oder Trüffelpaste eingestrichen, mit hauchdünnen Speckscheiben umwickelt, in einem Blätterteig schließlich gebacken und mit einer Trüffelsauce serviert wurde. Perfekt!

Zu perfekt, sagen Küchenhistoriker! Diese Geschichte sei so stereotyp, dass man sie beim besten Willen einfach nicht glauben könne. Dementsprechend meldet man große Skepsis an. Zunächst zweifelt man, dass das gebackene Filet überhaupt vom Küchenstab Wellingtons erfunden wurde. Wellington war eher bekannt dafür, ein langweiliger Kostverächter gewesen zu sein. Sein Job als Feldherr hatte zwar viel mit dem eines Schlachters gemein, was aber auf dem Teller lag, war ihm wohl weitestgehend gleichgültig. Seine Köche sollen deshalb auf der permanenten Suche nach irgendeiner schmackhaften Idee gewesen sein, um dem Herrn Feldmarschall den Mund wässrig zu machen. Meist vergebens. Ob der geringen Wertschätzung ihrer Bemühungen sollen sie phasen- und reihenweise dementsprechend frustriert den Dienst quittiert haben.

Vermutlich hat Wellington einfach eine damals durchaus gebräuchliche Zubereitungsform von Fleisch besonders wertgeschätzt, die man dann irgendwann aus diesem Grund mit seinem Namen schmückte. Vermutlich handelte es sich bei seiner
Leib- und Magenspeise um ein Stück Fleisch, dass ungebraten
in einem einfachen Teig aus Mehl und Wasser gebacken wurde
– was seinerzeit eine verbreitete und beliebte Zubereitungsart
darstellte. Wellington soll angeblich seine Köche sogar angewiesen haben, bei jedem offiziellen Anlass solch einen Fleischkuchen aufzutragen. Es war eben das Einzige, was er wirklich
mochte.

Auch über eine ursprüngliche irische Herkunft des Wellington-Filets wird spekuliert. Von einem irischen »Steig Wellington« behauptet man, es sei das Leib- und Magengericht des
herzöglichen Waterloo-Veteranen gewesen. Und hin und wieder verweist man auch auf eine besonders skurrile Variante der
möglichen Filet-Taufe, derzufolge das Fleisch im Teigmantel
nur deshalb Filet oder Beef Wellington genannt wurde, weil es –
braun gebrannt aus der Heizröhre gezogen – in Form und Farbe
dem sogenannten Wellington-Stiefel so ähnlich sah, einem von
Wellington entwickelten, wasserdichten und ursprünglich aus
Leder, heute aus Gummi bestehendem Stiefeltyp.

Die eigentlichen Verfeinerungen, wie wir sie heute kennen,
erfuhr der Wellington-Braten vermutlich erst jenseits des Kanals, im Land Varennes, wo man ein im Teigmantel zubereitetes Filet auch »filet de bœuf en croute« nannte. Hier kannte
man auch Dank Varenne eine Duxelles, war zudem im Umgang mit Blätterteig, mit Trüffeln und Stopfleberpastete durchaus geübter als auf der Kanalinsel. In Frankreich also wurden

vermutlich jene verführerischen Varianten entwickelt, die nach dem Braten und Abkühlen des Fleisches das Einstreichen mit einer Trüffelpaste, mit Foie gras und/oder einer Duxelles vorsahen. Und erst sehr viel später hielt das Filet Wellington Einzug in die bekannten Kochbücher. Manch einer behauptet gar, das entscheidende Rezept sei erst 1930 auf der internationalen Kochkunstausstellung ZIKA in Zürich von dem Schweizer Küchenchef Charles Senn »erfunden« worden.

Wie dem auch sei: Das Filet Wellington, der »Staats- und Prachtbraten«, ist es durchaus wert, neu entdeckt und gefeiert zu werden. Und zwar in der Duxelles-Version. Die ist im Vergleich mit der Trüffel- und Foie-gras-Variante nicht nur bezahlbar, sondern selbst für relativ ungeübte Küchengeister auch machbar. Zumal man heute auch den Blätterteig nicht mehr unbedingt selbst auswalken muss, sondern auf relativ gut verwertbare Tiefkühlprodukte zurückgreifen kann.

Und man sollte sich immer darüber im Klaren sein: Wellington war bedeutend, sicher; ein Filet ist mit das Beste vom Tier, natürlich; aber die Duxelles ist doch der eigentliche Knaller. Also gedenken wir bei jedem Bissen lieber Varennes und seines Marquis' als eines Feldmarschalls, dessen größter Beitrag zur Zivilisation ein paar Stiefel waren, mit denen man trockenen Fußes über blutgetränkte Schlachtfelder waten konnte.

FLATULENZ

*… wie eine natürliche Genussreaktion zur
beneidenswerten Kunst geraten kann, und welche Mühen
die Wissenschaft gleichwohl aufwendet, um den Ursachen
und Folgen ihre Brisanz zu nehmen …*

In aller Öffentlichkeit furzen und dafür auch noch tosenden
Beifall erhalten – wie viele Männer mögen davon träumen?
Den meisten würde es wahrscheinlich schon reichen, wenn sie
von ihrer Frau in den eigenen vier Wänden nicht wegen jedem
Pups zurechtgewiesen würden. Dabei gab es das tatsächlich ein-
mal, das öffentliche Furzen unter tosendem Beifall. Doch zum
Trost für alle flaturierenden Männer: Es handelte sich dabei um
höchste Kunstfurzerei. Da wurde nicht einfach so profan in die
Welt geblasen. Lieder wurden gefurzt, fröhliche Lieder, Mär-
sche, Nationalhymnen. Auch Stimmen wurden imitiert, Ker-
zen ausgeblasen. Das war Leibeswindkunst für die große
Bühne.

Erste Blähartisten werden schon bei Augustinus (354–430)
gemeldet, der in seinem *De civitate Dei* davon berichtet, dass es
Menschen gäbe, die »nach Belieben Laute in so großer Zahl geben, dass man meinen könnte, sie sängen auch von dieser Seite
her«. Der italienische Arzt Girolamao Cardano (1501–1576)
unterschied bei seinen Beobachtungen vier Grundtöne und 58
Variationen derselben. Auf europäischen Jahrmärkten und öffentlichen »Konzerten« gaben die Blähartisten ihre seltsame
Windkunst vor einem verzückten Publikum zum Besten. Und
das nicht nur in Europa. Auch in Asien lösten sie Begeiste-

rungsstürme aus. Von einem gewissen japanischen Kirifuri wird aus dem 18. Jahrhundert berichtet, seine Fertigkeiten seien einmalig, würden ihresgleichen in der Geschichte Japans suchen: »Was für eine Kunst! Was für Fürze!«

Der ungekrönte König der europäischen Pétomanen, wie man die gaukelnden Darmwindakrobaten nannte, war allerdings der in Marseilles geborene Joseph Pujol (1847–1945), dessen Wirken mit am besten dokumentiert ist. In ganz Europa tingelte er durch die Theater, über Jahrmärkte und Rummelplätze. Seit 1892 trat der hochaufgerichtete, etwas traurig dreinblickende und blasse Pujol gar im berühmten Pariser Moulin Rouge auf, feierte hier seine größten Triumphe. Später eröffnete der zu großem Reichtum gekommene Profi-Pupser (man behauptete, er habe sich zum Millionär gefurzt) sein eigenes »Théâtre Pompadour«. Seine Spezialität bestand unter anderem darin, mit einem Orchester aufzutreten und einen Marsch zu spielen. Pujols Hintern übernahm dabei die Bassposaune. Mit flatternder Rosette imitierte er das Knattern eines Maschinengewehrs, das Grollen der Schwiegermutter, das Seufzen einer Jungfrau hinter den Mauern eines Erziehungsheims und den Furz des Maurers (trocken und ohne Mörtel!).

Mit einem eingeführten Schlauchstück konnte er nicht nur eine Zigarette rauchen, sondern mittels einer befestigten Flöte auch kleine Musikstücke zum Besten geben, zum Beispiel »Au clair de la lune«. Schlussendlich blies er zum allseitigen Vergnügen die Gaslampen der Prominentenloge aus. Die Publikumsreaktionen waren enthusiastisch, Lachkrämpfe bemächtigten sich der Anwesenden, man »schrie, brüllte, quietschte vor Vergnügen«. Vor allem Frauen gerieten völlig außer sich (sic!), »viele fielen ohnmächtig zu Boden und mussten wiederbelebt werden«.

Der wohl letzte größere Auftritt von Pétomanen ist noch gar nicht so lange her. Als André Heller 1987 in Hamburg seine

»Luna Luna«-Show inszenierte, traten auch Kunstfurzer im sogenannten »Palast der Winde« auf und entfalteten zu diversen
Musikstücken ihre erstaunliche Tonfülle. Ein Kritiker zeigte
sich von der Interpretation des Radetzkymarsches in einem Ar-
rangement für Violine und zwei Hinterteile derart begeistert,
dass er die Version in Blech wohl nie wieder würde hören wollen. Seither ist es ruhig geworden um die Pétomanen.

Was Pujol und Co. zur Kunst geriet, ist für den Normal-
sterblichen das profane Ergebnis von Verdauung, mit dem man
sich – mehr oder weniger – alltäglich rumzuschlagen hat. Flatulenz ist die zwangsläufige Folge der Tatsache, dass wir essen.
Nur in ihrer Qualität ist sie bisweilen auch die Folge dessen,
was wir essen.

Doch auch wenn die Verdauung und ihre Erzeugnisse un-
mittelbar mit dem Genuss von wie auch immer zubereiteten
Lebensmitteln zusammenhängt, findet sie in der Poesie der Kulinarik einfach nicht statt. Kein Gastrokritiker geriete darüber
ins Schwärmen, wie entzückend es doch ist, wenn das von der
Magenwand freigegebene Pepsin langen Eiweißketten eines gerade verspeisten Etouffé-Täubchens in kurze Aminosäureket-
ten zerschneiden darf. Keine Verbalakrobatik wird bemüht, um
das bunte Treiben der im Dickdarm fröhlich zu Werke gehen-
den Bakterien zu beschreiben, die sich an die genüssliche Aufspaltung der Ballaststoffe im grünen Spargel und im Rote-Bete-
Püree machen – und sich dabei als Windkraftwerk offenbaren.

Verdauung hat eben nichts mit sinnlicher Wahrnehmung zu
tun. Die findet eine Etage höher statt, mit Zunge, Gaumen,
Nase und mit den berühmten Augen, die mitessen. Die untere
Etage ist Betrachtungsgegenstand von Ärzten, Ernährungswis-
senschaftlern, Hypochondern und einer reichhaltigen Ratge-
berkultur, die sich allerdings mit den Problemen rund um
Darm und Po in Bestsellerränge schreibt.

Ob man nun bei irgendeiner Kochmütze Kalbsnierchen im
Salzmantel mit Bärlauch-Dijonsenf-Sauce und Chicoree-Blätt-
chen oder auf dem Feuerwehrfest eine Bohnensuppe zu sich
nimmt: Kein Gourmet, kein Gourmand bleibt von Darmwin-
den verschont. Und das in nicht unerheblichen Mengen. Der
westliche Durchschnittsmensch produziert nämlich tagtäglich
bis zu 15 Liter (!) Gase. Dass der Mensch angesichts solcher
Mengen nicht als Fesselballon über den Erdball schwebt, ist allein der Tatsache geschuldet, dass der größte Teil der Gase in
den Blutkreislauf diffundiert und über die Lungen geruchsfrei
(!) abgeatmet wird. Was übrig bleibt, sind je nach individueller
Verdauungsausstattung und je nach verspeisten Nahrungsmit-
teln ca. 0,6 bis 1,5 Liter Gase, die in einer über den Tag verteil-
ten Frequenz von ca. zwölf bis 25 hoffentlich fröhlichen Winden (im Durchschnitt 15) zu je 40 Milliliter ihren Weg in die
Umwelt finden.

Nun ist es unter Männern allgemein bekannt, dass Frauen
nicht furzen. Es knattert nie aus einem Kleid! Kleider knattern
einfach nicht. Es rummst immer nur in Hosen. Männer dürfen
in dieser Hinsicht jedoch fortan emanzipiert aufatmen. Es
scheint lediglich eine Frage der Lautstärke und eine Frage der
von Frauen gewählten Gelegenheit zu sein. Die Wissenschaft
behauptet jedenfalls, dass Frauen den gleichen Gasanteil wie
Männer produzieren. Männer kriegen die weibliche Flatulenz
nur einfach nicht mit. Das ist das ganze Geheimnis.

Aus Sizilien gilt es in dieser Hinsicht noch von einer techni-
schen Besonderheit zu berichten, an deren breitere Vermark-
tung findige Unternehmer eine Überlegung verschwenden
sollten: Dass nämlich die Männer in Sizilien selbst nächtens
nichts von entspannt entweichenden Winden ihrer Gemahlin
vermerken, soll dem in der Toskana lebenden Schriftsteller James Hamilton-Paterson zufolge einem bis vor kurzem noch im

Handel erstehbaren Gerät namens »Piritera« zu verdanken sein. Dabei handelt es sich um eine Art Wasserpfeife, die ihren angestammten Platz im Nachtschränkchen hat. Das Wasserfläschchen ist mit einem Schlauch versehen, an dessen Ende sich eine Art »Mundstück« aus Bernstein befindet. Selbiges kann sich gnädige Frau bei Bedarf in betreffende Körperöffnung führen. Aus dem Nachtschränkchen zeugt dann lediglich ein leises und vor allem geruchsfreies Gluckern von der erfolgreichen Ventilierung der Gattin.

Was da aus den dunklen Tiefen des männlichen und weiblichen Gastrointestinaltraktes zum Lichte oder in die Wasserpfeife drängt, sind nichts weiter als die Abgase eines auf Hochtouren laufenden Motors, dessen Leistungen gar nicht hoch genug geschätzt werden können. Bis zu 30 Tonnen fester Nahrung verbrennt ein solcher Verdauungsmotor in einem durchschnittlichen Leben. Da wird die Nahrung mit Salzsäure überschüttet, da werden Zellen gesprengt, Fette und Eiweiße werden von Enzymen gespalten, die Zuckeraufnahme von Insulin gesteuert, Tunnelproteine angeln sich kurzgehackte Eiweißketten aus dem Darminhalt und können dabei bis zu 8000 verschiedene Strukturen voneinander unterscheiden, ein gefaltetes Dünndarmepithel mit der Fläche eines Tennisplatzes und Abermillionen von spezialisierten Bürstensaumzellen garantieren eine qualitativ sortierte Aufnahme von Nahrungsbestandteilen. Und nicht zuletzt sorgen unzählige Bakterien im Dickdarm dafür, dass unverdauliche Ballaststoffe aufgespalten werden. Ca. 100 Milliarden von schätzungsweise mehr als 400 verschiedenen Arten solcher Bakterien siedeln in einem einzigen Milliliter Dickdarmflüssigkeit.

Es wird schnell klar: Ein solches Aggregat braucht einen veritablen Auspuff. Vornehmlich in der bakteriellen Endstufe nämlich, beim Abbau hartnäckiger Reststoffe entstehen sie, die

Gase – je nach Nahrungsmittel und individueller Ausstattung des körpereigenen Chemielabors mehr oder weniger geruchsfrei und in entsprechend unterschiedlichen Mengen. Empfindliche Naturen neigen auf bekanntermaßen windige Lebensmittel zu monströsen Reaktionen. Ob Blumenkohl oder Knoblauch, ob hart gekochte Eier oder Hülsenfrüchte – ein gewaltiges Donnerwetter ist die Folge. Man kann die Verursacher böser Nachrede zwar meiden. Aber leider nicht immer. Wer wollte den Gastgeber, der sich mit Champagner-Kutteln auf Lauchgemüse in der Küche abgemüht hat, mit einem Hinweis auf übel riechende Flatulenzen vor den Kopf stoßen? Solche Dinner enden in der Regel für die Betroffenen mit stimmungstötenden Unterleibsschmerzen und einer grandiosen Windjammerparade auf dem Nachhauseweg.

Manche Gas-Treiber sind zudem fester Bestandteil nationaler Küchenpläne. Ob englische baked beans oder Tex-Mex-Chilis, ob Irish Stew oder asiatisches Sojabohnengemüse, der Kontakt mit den Blähmeistern und ihren fatalen Folgen ist häufig einfach nicht zu umgehen. Bisweilen gerät deren gastreibende Wirkung gar zur Existenzbedrohung. Wenn zum Beispiel, wie geschehen, die amerikanische Armeeführung ihren Soldaten im Irak mexikanische Bohnen verabreicht. Der Versuch, sich lautlos an feindliche MG-Nester heranzuschleichen, geriet da manchem Truppenteil zum lebensgefährlichen Desaster. Das unterminiert die Moral der Truppe.

Bohnen haben in der Tat eine wahrhaft dramatische Wirkung. Besonders Sojabohnen, dicke Bohnen, rote, schwarze oder auch Limabohnen. Sie sind in der Lage (ebenso wie Erbsen oder Linsen), die Gasproduktion auf das Zehnfache (!) des normalen Volumens zu treiben. Schuld daran ist die Raffinose, ein Zucker, der sich aus der chemischen Verknüpfung von Fruktose, Glukose und Galaktose zusammensetzt. Das Pro-

blem ist die Galaktose, für deren Aufspaltung der menschliche
Verdauungsapparat leider kein Enzym besitzt. Also wandert sie
im Rohzustand in den Dünndarm, wo sich Escheria-coli-Bak-
terien über sie hermachen. Und dabei werden Wasserstoff,
Kohlendioxid und Methan in erheblichen Mengen freigesetzt –
mit der bekannten Begleiterscheinung.

Es ist also den Schweiß der Edlen Wert, sich mit der Besänf-
tigung solcher Grundnahrungsmittel zu beschäftigen. Angesichts der weltweiten Verwendung von Bohnen als einem der
größten Flatulenzerzeuger nimmt es nicht Wunder, dass sich
die Wissenschaft der Entschärfung ausgerechnet dieser Hülsenfrüchte zum Wohle der Menschheit besonders zuwendet.
Aus Indien erreichte die flatulenzgeplagten Bohnenfans vor
nicht allzu langer Zeit eine aufsehenerregende Nachricht. Wissenschaftler hätten mittels radioaktiver Bestrahlung die Ge-
ruchsprobleme der Bohnen verringern können. Respekt, aber
erstens konnten sie sie nicht gänzlich lösen, die Inder, und
zweitens beschleicht den aufmerksamen Beobachter des Welt-
geschehens ein grundsätzliches Unwohlsein, wenn man in Indien mit radioaktiver Strahlung experimentiert.

Rettung hingegen versprach kurze Zeit später eine Meldung
aus Venezuela. Forscher des Labors für Nahrungsmittelanalyse
in Caracas sind zu der Erkenntnis gekommen, dass eine denkbar einfache Methode zum nahezu gänzlichen Abbau der blähenden Bohnenstoffe führt. Es handelt sich dabei um eine
Form der natürlichen Fermentation, die man ganz einfach da-
durch erzielt, indem man die Bohnen an der frischen Luft der
Sonneneinstrahlung aussetzt. Nach 48 Stunden nimmt die
Konzentration der blähenden Galaktose bereits um 70 Prozent
ab, nach 96 Stunden lassen sich nur noch fünf Prozent nachweisen. Der betreffende Zucker und Eiweiße werden während
des Fermentierungsprozesses durch Enzyme innerhalb der

Bohne einfach abgebaut. Was wir nicht können, muss die
Bohne eben selbst verrichten.

Das Bohnenproblem scheint damit vom Tisch. Wer fortan
furzfrei seiner Bohnenlust nachgehen will, legt die frisch auf
dem Markt erstandenen Bohnen einfach auf den Balkon oder
in den Garten und lässt sie dort vier Tage vor sich hin fermentieren. Im Winter hilft nur eins: Einweichen und anschließend
das Einweichwasser wegkippen, womit sich jedoch eine Vielzahl von Rezepten erledigt, die allesamt bei der weiteren Zubereitung der Bohnen das Einweichwasser zur Geschmacksinten-
sivierung einsetzen.

Doch damit nicht genug der Flatulenzen Ungemach. Aus einem ganz anderen Loch droht der Menschheit ein weiteres
übles Ärgernis, das ursächlich ebenfalls mit der menschlichen
Nahrungsaufnahme verknüpft ist. Es geht um den menschlichen Fleischverzehr. Der ist bekanntermaßen so hoch, dass
die Fleischproduzenten auf allen Kontinenten sich zur Haltung
gigantischer Fleischressourcen genötigt sehen. Diese global be-
triebene Massentierhaltung wiederum liefert neueren Erkenntnissen zufolge einen erstaunlichen Beitrag zur Erderwärmung
und zum Treibhauseffekt: Denn die gut drei Milliarden rund
um den Erdball auf Wiesen und in Ställen stehenden Wiederkäuer furzen und rülpsen gewaltige Mengen Methan in die
Athmosphäre. Schätzungen zufolge jährlich in einer Größenordnung von 100 Millionen Tonnen. Denn im Gedärm von
Schaf und Kuh zersetzen, wie beim Menschen, Bakterien die
zellulosereiche Nahrung und produzieren dabei das übelrie-
chende Sumpf- oder Faulgas Methan (das im übrigen einen
Furz auch brennbar macht. Kinder vom Land treiben mit dieser Kenntnis üble Späße, indem sie mittels Feuerzeugen den
After der Kuh zum nächtlichen Windlicht machen.)

Methan jedoch ist ein rund 20 Mal stärkeres Treibhausgas als

das gefürchtete CO_2 (Kohlendioxid). Als besondere Dreck-
schleudern erweisen sich naturgemäß die Rinder- und Schafna-
tionen Australien und Neuseeland. In Australien machen die
Tierfürze mittlerweile gut 15 Prozent der nationalen Treibhaus-
gasemissionen aus, in Neuseeland sind es sage und schreibe 50
Prozent. Für die Australier mit ihren 114 Millionen Schafen
und 27 Millionen Rindern Grund genug, eine Lösung des Pro-
blems zu suchen.

Gefunden haben sie eine Hoffnung – und zwar im Känguru.
Denn das Känguru ernährt sich wie Schaf und Kuh, erzeugt jedoch beim bakteriellen Verdauen kein Methan, sondern Ace-
tat, welches nicht als Gas daherkommt und obendrein den
nützlichen Mikroben als wiederverwertbare Energiequelle
dient. Nunmehr sind australische Wissenschaftler also auf der
Suche nach den Acetat-Bakterien im Känguru. Einige hat man
bereits gefunden und in künstlichen Mägen erprobt. Und man
ist guter Dinge, irgendwann die Känguru-Bakterien auf die au-
stralischen Rinder- und Schafsmägen übertragen zu können –
auf dass sie fortan keine Klimakiller mehr furzen.

Auch eine flächendeckende Impfung gegen Methanbakte-
rien wäre denkbar. Erste Testimpfungen stimmen die Forscher
zuversichtlich. Bis 2012 will man mehrere Millionen Tiere in
ein solches Impfprogramm aufnehmen – ein ambitioniertes
Unternehmen. Doch bei aller Mühe: Gemessen an den Mengen menschlich erzeugter Treibhausgase stellt sich das tierische
Methangebläse nach wie vor dar wie ein – nun, sagen wir: kleiner Pups.

FRENCH PARADOX

*… oder warum die Bemühungen der Wissenschaft, den
Jahrtausende alten Alkoholgenuss des Menschen vom
Stigma der Sünde und des gesundheitlichen Niedergangs zu
befreien, unter dem Strich doch eher ernüchternd sind …*

Gesoffen wurde immer. Und (fast) überall. Die Geschichte
der Menschheit ist von Anbeginn an von der Liebe zu Alkoholischem flankiert. Die behaarten Vorgänger des Menschen
berauschten sich, wie es viele Tiere noch heute tun, an faulen-
den und vergorenen Früchten, die einen Alkoholgehalt auf-
wiesen, dem der Mensch bis heute im Bier und Wein die
Treue hält.

Met – ein Zufallsprodukt aus vergorenem Honig – ist wahrscheinlich eines der ältesten alkoholischen Getränke der
Menschheit, wenn nicht gar das erste, mit dem man sich bereits
zu Zeiten des menschlichen Nomadentums hin und wieder be-
rauschte. Auch Bier und Wein begleiten den Menschen seit vielen Jahrtausenden. Wobei der auch ohne menschliches Zutun
vergorene Traubensaft vermutlich noch vor dem Bier als
Rauschquelle gedient haben dürfte.

Bier, dessen gezielte Herstellung mit der Sesshaftwerdung
des Menschen im Zweistromland des Vorderen Orients einher-
geht, soll in Mesopotamien erstmals ca. 8000 v. Chr. aus Getreide »gebraut« worden sein. Die Anthropologie stellte natürlich die Frage, wofür der Mensch seine bis dahin bevorzugte
nomadenhafte Lebensführung auf- und sich der unendlichen
Plackerei der Fruchtbarmachung des Bodens, der Aussaat und

der Ernte hingab. Und die einhellige Lehrmeinung war lange Zeit: Es war Hunger! Der Hunger auf Brot! Überbevölkerung zwang zum gezielten Getreideanbau.

Doch da darf man auch anderer Meinung sein. Jedenfalls hat der Anthropologe Salomon Kratz von der Universität von Pensylvania den Kultursprung des Menschen vom Jäger und Sammler zum sesshaften Landwirt eine sehr viel fröhlichere Motivation zugrunde gelegt: Durst! Genauer: Durst auf Berauschendes, auf Bier! Das soll die eigentliche Motivation zum Getreideanbau beim alten Sumerer gewesen sein. Demnach wäre Alkohol die Triebfeder für den Sprung in die entscheidende Kulturstufe des Menschen gewesen. Egal, was nun die Ur-Motivation tatsächlich gewesen sein mag, die Sumerer in Mesopotamien verwandten jedenfalls ein sagenhaftes komplettes Drittel ihrer gesamten Getreideernte allein für die Herstellung von Bier. Es wurde gesoffen, was das Zeug hielt.

Aber es waren nicht nur Honig, Getreide und Weintrauben, die der Menschheit im Laufe der Geschichte (auch in abenteuerlichen Mischformen) ein rauschhaftes Vergnügen bereiteten. Insgesamt hat man über 200 Pflanzen gezählt, aus denen man Gärstoffe und damit alkoholische Rauschmittel rund um den Globus (mit wenigen Ausnahmen) hergestellt hat. Wenn's darum ging, sich zu benebeln, war der Mensch offenkundig stets erfinderisch.

Und Gründe, Alkoholisches zu trinken bzw. sich zu berauschen, gab es genug. Über Jahrtausende hinweg waren Bier und Wein zunächst und ganz profan für breite Bevölkerungskreise ein hochwertiges Lebensmittel, das den hart arbeitenden Körper mit Energie, Vitaminen und Spurenelementen versorgte. Die Bezeichnung »flüssiges Brot« ist keine gar so spaßige Bezeichnung für Bier. Die Sumerer saßen mit Strohhalmen gemeinsam um riesige Krüge Bier und schlürften den Biersud.

(der spätgermanische und postzivilisatorische Auftritt des Germanen am mallorquinischen Ballermann ein paar Jahrtausende später stellt also definitiv keine Innovation oder neuzeitliche Bereicherung menschlichen Trinkgebarens dar). Im alten Ägypten erhielten die Tempelarbeiter traditionell täglich zwei Krüge Bier (nebst fünf Broten).

Nicht nur im Mittelalter und nicht nur in Europa waren alkoholische Getränke auch aus einem weiteren Grund eine Frage der Gesundheit. Das zur Verfügung stehende Trinkwasser war nicht selten bedenklich mit Keimen kontaminiert. Alkoholische Getränke hingegen waren weitestgehend sauber (weshalb in Europa bis ins 19. Jahrhundert allein aus diesem Grund Alkohol getrunken wurde). Selbst Karl der Große (747–814), der Trunkenheit nicht nur für seine eigene Person verabscheute und mit Erlassen zu bekämpfen suchte, förderte aus gesundheitspolitischen und ökonomischen Gründen die Bier- und Weinproduktion. Den Durst erhöhte zudem der damals sehr hohe Salzverbrauch, was insgesamt zu vergleichsweise gigantischen Flüssigkeitsbedürfnissen führte. Die täglichen fünf Liter Bierrationen der Fratres in St. Gallen aus dem 10. Jahrhundert sind ebenso verbrieft wie legendär. Wasser zu trinken galt zudem als eine etwas überspannte Form von Asketentum oder als ein Zeichen tiefster Armut.

Auch und vor allem die unterschiedlichen Religionen trieben den Alkoholbedarf – eingebunden in Rauschriten – in schwindelerregende Höhen: Von den ägyptischen Tempelpriestern weiß man, dass sie gemeinsam mit dem Pharao und den höchsten Beamten in kultischer Einigkeit bis zur Bewusstlosigkeit zechten. Von den Germanen wusste Tacitus 100 n. Chr. zu berichten, dass sie alles ertragen könnten, aber am wenigsten den Durst. Die legendären und streng ritualisierten germanischen Trinkgelage hatten zuvorderst magisch-sakralen

Charakter, sie dienten der Entgrenzung der eigenen mentalen Beschränktheit, um aus den Niederungen des profanen Weltlichen in die Höhen des Göttlichen vorzudringen, um so den Bund mit den Göttern zu bestätigen. Getrunken wurde aus Büffelhörnern und Schädeln erschlagener Feinde. Skol! (Skol geht übrigens nicht, wie vielfach behauptet wird, auf das englische Wort »skull« für »Schädel zurück«, sondern auf ein altes germanisches Wort, das so viel wie »dich sehen und teilen« bedeutet.) Natürlich kam es während der Gelage auch zur germanischen Kraftmeierei. So mancher Hüne blieb auf dem Schlachtfeld eines solchen Gelages nicht nur restlos besoffen, sondern zu seinem sehr viel größeren Bedauern auch ziemlich kopflos im eigenen Blut liegend zurück.

Und schließlich und endlich war auch tiefe soziale Armut über Jahrtausende hinweg immer wieder Grund genug, um zum Alkohol zu greifen. Am gravierendsten zeigte sich diese Motivation in der englischen Gin-Epidemie bzw. in der deutschen Branntweinpest im 18. und 19. Jahrhundert. Mit dem Zusammenbruch des alten feudalen Ständestaates war ein Heer von ärmsten und landlosen Proletariern seiner ursprünglichen Lebensformen verlustig gegangen. Sie vagabundierten in die Städte und taten das, was man angesichts des gigantischen Elends, der Hoffnungslosigkeit, der Entwurzelung und Perspektivlosigkeit zu tun pflegt: Sie betäubten sich. In England mit Gin, der vor allem wegen der gleichzeitig erhöhten Biersteuern zum bevorzugten Narkotikum der Armen wurde. In Preußen waren es die im ersten Jahrzehnt des 19. Jahrhundert eingeführte Gewerbefreiheit, die wegfallenden Brennereibeschränkungen und der neue Rohstoff Kartoffel, die zur Produktion und zum Verzehr erheblicher Branntweinmengen führten. Was wiederum den Arzt Christoph Hufeland bereits 1802 dazu veranlasste, die sogenannte Branntweinseuche zu geißeln und Alkohol als verschreibungspflichtig zu deklarieren. Die Folgen für die Gesundheit der Betroffenen waren verheerend, die Kindersterblichkeit lag bei 75 Prozent. Und so oder ähnlich spielte es sich in vielen Teilen Deutschlands, in Skandinavien, in Irland und in den USA ab.

Gründe, zum Alkohol zu greifen, gibt und gab es also durch die gesamte Menschheitsgeschichte viele. Doch der Alkohol hatte immer auch Feinde, bisweilen sehr mächtige Feinde. Pharaonen, Kaiser, Könige und Fürsten versuchten es mit unterschiedlich strengen Strafkatalogen, um die hin und wieder durch Alkohol ins Wanken geratene öffentliche Ordnung wiederherzustellen.

Einer der mächtigsten Feinde war jedoch das Christentum. So versuchte man im Zuge der Missionierung der Heiden nördlich der Alpen mit dem Kampf gegen den Alkohol vor allem den sakralen und heidnischen Charakter der Saufgelage zu brechen und zu tilgen. Das Saufen wurde als Todsünde gebrandmarkt, die eine Vielzahl weiterer Sünden wie Totschlag und Unkeuschheit nach sich ziehen würde. Zumal sich im Vollrausch befindliche Germanen wohl besonders sperrig zeigten, Wotan und Co. gegen den einen Christengott einzutauschen. Also blies der heilige Columban im Jahre 600 bei einem Wodansfest angeblich das »heilige Bierfass« um. Was sicher sehr imponierend war, aber nicht darüber hinwegtäuschen konnte, dass auch alle weiteren Bemühungen von Seiten des Christentums, auf das Trinkverhalten der Menschen grundsätzlich mäßigend einzuwirken, relativ erfolglos war. Das christliche Ideal der Mäßigkeit jedenfalls wurde allenthalben nur von Minderheiten gelebt, der Rest der Menschheit trank beim Diskurs über das rechte Maß fröhlich weiter.

Martin Luther und sein protestantischer Kampf wider den »Saufteufel« verschärften nochmals das christliche Vorgehen gegen die Sauflust der Menschen. Mäßigkeitsorden wurden ge-

stiftet, die gegen das »teuflisch, verdammlich, … ,viehisch und
säuisch, … und schädlich Laster des Zutrinkens« agierten. Den
von Calvin heimgesuchten Genfern wurde gar streckenweise
jedweder Wirtshausbesuch untersagt.

Jenseits des Atlantiks war die große (und unter dem Strich
restlos erfolglose) US-amerikanische Prohibitionsbewegung
des 19. Jahrhunderts mit ihrem schließlich bundesweit durch-
gesetzten Alkoholverbot von 1920 bis 1933 im Wesentlichen
ebenfalls religiös-moralisch motiviert. Der alte puritanische
Traum der amerikanischen Erstbesiedler aus England, hier ein
neues Jerusalem zu errichten, fand auch in dem fanatischen
Kampf wider den »Teufel Alkohol« seinen Ausdruck.

Auch in Europa, maßgeblich in England und in Deutschland, entstanden im 18. und vor allem 19. Jahrhundert gegen
die Branntweinkatastrophe Mäßigkeits- und Abstinenzbewegungen, die sich in Deutschland gar zu einer der größten sozialen Bewegungen des Vormärz entwickelten. Über eine Million
Mitglieder zogen über das Land und predigten dem Volk das
Evangelium der Nüchternheit, ein Kreuzzug, der hin und wieder gar pogromartige Ausmaße annahm.

Neben Frömmigkeit und Moral kamen im 19. Jahrhundert
aber zwei entscheidende Komponenten im Kampf gegen den
Alkoholmissbrauch hinzu: Erstens fokussierte sich das Interesse
durch die sich zunehmend verwissenschaftlichende Medizin
auf die Gesundheitsschäden des Alkohols (um 1900 begreift
man Alkoholismus als medizinisch behandelbares Suchtphänomen). Und zweitens rückten in der kapitalistisch-industriali-
sierten Welt die ökonomischen Folgeschäden durch den exzessiven Branntweinkonsum vornehmlich der Arbeiterschaft in
den Vordergrund der Temperenz-Propaganda. Beides führte
schließlich in Verbindung mit Steuergesetzgebung, restriktiver
Schank- und Herstellungslizenzierung zu einem Rückgang des

Branntweinkonsums. In den Vordergrund rückten nun wieder mehr Wein und Bier.

Auch wenn alle Temperenz- und Abstinenzbewegungen den Drang des Menschen zu Alkoholischem nie wirklich haben bremsen können: Der mittlerweile von der WHO weitergeführte programmatische Kampf gegen den Alkohol und die in der breiten Öffentlichkeit immer wieder diskutierte medizinische Frage nach den Folgeschäden selbst moderaten Alkoholkonsums hinterließ seine Spuren. Nicht unbedingt in den Verzehrmengen, aber doch in den Köpfen der Menschen. Zwar vervierfachte sich nach der recht nüchternen unmittelbaren Nachkriegszeit der Alkoholkonsum in Europa seit den fünfziger Jahren bis in die achtziger Jahre. Es wurde also eigentlich ganz normal weitergetrunken. Aber zunehmend mit schlechtem Gewissen! Seither ist der ständige Begleiter einer Flasche Bier die klammheimliche Angst vor den allenthalben durch WHO und Hausarzt angedrohten alkoholbedingten Krankheiten: Herzinfarkt, Schlaganfall, Speiseröhren-, Darm- oder Leberkrebs u.v.m.

In diese von permanenten Bedrohungsszenarien gekennzeichnete, aber gleichwohl nach wie vor recht trinkfreudige Stimmung platzte schließlich ein Professor aus Frankreich. Professor Serge Renaud vom Staatlich französischen Institut für gesundheitliche und medizinische Forschung gab 1991 in einer amerikanischen Sendung ein Interview, in dem er von der segensreichen Wirkung des Rotweins auf die Gesundheit seiner Landsleute berichtete: Trotz erheblichen Fettkonsums, trotz hartnäckiger Sportabstinenz, trotz Rauchen, Bluthochdruck und hoher Cholesterinwerte sei die Herzinfarkt- und Schlaganfallrate in Frankreich sehr viel geringer als zum Beispiel in den USA. Hier würde eben auch kaum Wein getrunken. Und in der Tat wurde und wird der alkohol- und weinfeindliche »bible belt« (Bibelgürtel) in den Südstaaten der USA von den Ärzten auch gerne »stroke alley« (Straße der Schlaganfälle) genannt. Zwei bis drei Gläser Rotwein am Tag riet Renaud als angenehme Schutzdosis vor Herzinfarkt und Co.

Die Wirkung in der Öffentlichkeit war beeindruckend. In Amerika schnellten innerhalb einer Woche nach der Ausstrahlung des Interviews die Verkaufszahlen von Rotwein um 40 Prozent in die Höhe. Robert Mondavi, der berühmteste kalifornische Winzer, steigerte den Verkauf seiner Cabernet-Weine gar um 50 Prozent. Von Amerika ausgehend, begann nun auch in Europa eine breit angelegte Diskussion über das Für und Wider dieser Theorie. Die wiederum war nicht einfach aus der Luft gegriffen, sondern basierte im Wesentlichen auf der Auswertung einer ausgerechnet von der WHO 1978 aufgelegten großen Studie (MONICA) zur Erforschung von Herz-Kreislauferkrankungen.

In Deutschland wurden die Lektoren in den Verlagen, die erste Veröffentlichungen zum Thema angekündigt hatten, telefonisch von herzbesorgten Männern belagert. Man möge ihnen doch schon vorab einmal sagen, welcher Rotwein denn nun tatsächlich gegen Infarkt helfe und wo man den bekomme. Man sei schließlich schon 70 Jahre alt und müsse doch sofort beginnen, Rotwein zu trinken – bevor es zu spät sei. Man habe doch noch so viel vor. Selbst Infarktpatienten riefen aus Reha-Kliniken an, um möglichst rasch an die Namen der begehrten roten Röhren zu kommen.

Plötzlich waren Begriffe wie Antioxidantien, Flavonoide, Phenole, Resveratrol und Quercetin in vieler Munde. Die Kernaussage war ja auch mehr als revolutionär, sie war höchst erfreulich: Saufen konnte gesund sein! Das war »die« Sensation. Die ganze Miesepeterei von WHO und Hausarzt, von Kirche und Gesundbetern war ad absurdum geführt. Der Saufteufel war plötzlich der eigentliche Gesundheitsapostel.

Die Öffentlichkeit reagierte je nach Trinkgewohnheit interessiert bis aufgeregt. Die seinerzeit schwer unter Einfluss der skandinavischen Anti-Alkoholbewegung stehende WHO weigerte sich wie unter Schock grundsätzlich, jeden Nutzen von Alkohol überhaupt anzuerkennen. Der Biertrinker drehte sich mit einem Achselzucken an den Tresen zurück und bestellte die nächste Runde. Und der gediegene Rotweintrinker lehnte sich entspannt am Kaminfeuer zurück, zog den Korken aus der Flasche, strich sich über seine Wohlstandsbeule und sagte sich selbstzufrieden: »Ich hab's immer gewusst! Rotwein! Gesundbrunnen! Keine Mark umsonst!«

Dann drangen weitere Erkenntnisse in die Öffentlichkeit. Studien über Studien waren weltweit ins Leben gerufen oder auf die Theorie des »French Paradox« hin ausgewertet worden. Und es verdichtete sich der Verdacht, dass Resveratrol, ein Pflanzenstoff, der in der Beerenhaut vorkommt und den Rebstock gegen Pilzbefall schützt, den größten Anteil an der gesundheitsfördernden Wirkung von Rotwein habe. Ihm hauptsächlich sei es zu verdanken, dass das Blut nicht verklumpe und zum Gefäßverschluss führe. Er also schütze vor Infarkt und Schlaganfall. In Japan, China und Korea stieß man auf eine Medizin namens »kojo-kon«, in der ebenfalls Resveratrol enthalten war. Man setzte sie gegen Fußpilz ein. In China aber hatte man das aus Knöterich gewonnene Resveratrol bereits auch gegen Entzündungskrankheiten und Arteriosklerose verschrieben.

Die höchsten Resveratrolgehalte weisen Weine aus den oft wolkenverhangenen (Pilzbefall!) Weinanbaugebieten Burgund und Bordeaux auf. Die Weine aus den heißen Anbauländern Spanien, Kalifornien und Italien wiesen hingegen keine nennenswerten Anteile des feuchtigkeitsliebenden Resveratrols auf. Vor allem die Burgunder Pinot-Noir-Traube schien ein hervorragender Lieferant, ebenso die Cabernet-Sauvignon-Traube, die aber nur, wenn die betreffenden Weine aus dem Bordeaux stammten. Und als nicht ganz unwichtig erschien auch die Art und Weise der Weinherstellung. So konnte in besonders intensiv gefilterten Weinen der gesuchte Pflanzenstoff kaum noch in nennenswerten Größenordnungen wahrgenommen werden. Und es wurde geforscht und geforscht. Und man fand heraus, dass Rotwein angeblich auch Demenz vorbeugt und dass Rotweintrinker seltener an Schnupfen und Erkältung erkranken. Und so weiter und so fort.

Das French Paradox schien so etwas wie die Seligsprechung des alten verdammten Saufteufels. Die Menschheit schien erlöst! Endlich konnte man sogar für die Gesundheit zechen. Dass alle Studien und ihre Auswertungen stets darauf hinwiesen, dass sich der Benefit des roten Rebensaftes nur bei moderatem Konsum bemerkbar machte (ein bis zwei Gläser täglich), hatten viele Rotweinliebhaber gerne überhört.

Doch für die Alkohol trinkende Menschheit kam es ja noch viel besser. Es meldeten sich, aufgeschreckt von dem ganzen Hype um die Franzosen und ihren Rotwein Wissenschaftler zu Wort, die Zweifel an der Rotweintheorie anmeldeten. Aber nicht, wie man als Liebhaber von Alkoholischem hätte befürchten können, weil sie die gesundheitsfördernde Wirkung von Rotwein bestreiten wollten. Nein, es kam tatsächlich noch besser: Sie bestritten nur die Wirkung der Pflanzenstoffe und wiesen auf den schon lange bekannten Zusammenhang von Gesundheit und Alkohol generell hin. Während die Wein-Forscher diesen Zusammenhang nicht leugneten, gleichwohl auf der zusätzlichen segensreichen Wirkung der Flavonoide im Wein bestanden, behauptete das Lager der Alkohol-Puristen, nicht Resveratrol sei der Gesundbrunnen, es sei allein der Alkohol selbst.

Bereits 1926 hatte der amerikanische Biologe Raymond Pearl die berühmte U-Kurve beschrieben, die besagt, dass völlige Abstinenz in etwa die gleiche Sterblichkeitsrate aufweist wie das Trinken von nicht unerheblichen Mengen Alkohol von ca. vier bis fünf Gläsern pro Tag. Bei einem täglichen Alkoholkonsum von zwei bis drei Gläsern pro Tag sank hingegen die Gefahr, an einer Herzkrankheit zu sterben, und damit die Sterblichkeitsrate insgesamt um bis zu 40 Prozent im Vergleich zum Abstinenzler. Eine Aussage, die im harschen Klima der Prohibition wie eine blanke Blasphemie anmutete und deshalb in der breiten Öffentlichkeit keine Karriere machen konnte.

Aber es wurde weitergeforscht: Eine Vielzahl von Studien, die seither bis in die Gegenwart hinein durchgeführt wurden, bestätigten die erlösende Korrelation. Quintessenz: Wer moderat Alkohol trinkt, lebt länger! Die Art des alkoholischen Getränks spielt dabei offenbar keine nennenswerte Rolle. Das ließ nun auch den Bier- und Cross-over-Trinker aufhorchen und kräftig nachbestellen.

Zumal: Auch das »ordinäre« Bier wurde rehabilitiert. Ein bis zwei Gläser steigern angeblich das Gedächtnis, es schützt vor Gallen- und Nierensteinen, Diabetes, Demenz, beugt Parkinson und Magengeschwüren vor und reguliert den Elektrolythaushalt. All diese von einer sensationsdurstigen Presse in die Öffentlichkeit kolportierten Erkenntnisse schienen mit einem mal das Tor ins Paradies aufzustoßen. Wie weggeblasen war das von Gesundbetern und Moralaposteln über die Zeiten hinweg evozierte schlechte Gewissen.

Und man legte nach: Eine Gruppe von Medizinern der Harvard School of Public Health in Boston wies neuerdings darauf hin, dass der mittlerweile anerkannte Zusammenhang zwischen moderatem Alkoholkonsum und einer Senkung des Herzinfarktrisikos offenbar sehr viel komplexer ist als bisher angenom-

men. Offenkundig hängt der gesundheitliche Nutzen nämlich
von der jeweiligen genetischen Ausstattung ab. Die wiederum
bestimmt, ob man den zugeführten Alkohol schnell oder langsam abbaut, ob man also ein sogenannter langsamer »Oxidierer«
oder ein schneller »Oxidierer« ist. Alkohol wird nämlich im
Körper von einem Enzym namens Alkohol-Dehydrogenase
(ADH) abgebaut, das von einem Gen (ADH3) codiert wird, das
offenbar in zwei verschiedenen Varianten vorliegen kann.

Während ADH-Gamma 1 für eine schnelle Oxidation des
Alkohols sorgt, bewirkt ADH-Gamma 2 eine langsame Oxida-
tion. Doch kein Grund zur Beunruhigung: Nach Aussage des
Forscherteams wiesen moderate Trinker mit einer schnellen
Oxidation immerhin ein um 36 Prozent niedrigeres Risiko für
Herzerkrankungen auf als Abstinenzler (was die bisherigen Er-
kenntnisse über die Wirkung von Alkohol in etwa bestätigt).
Doch jetzt kommt's: Die Schnecken unter den moderaten Trin-
kern wiesen ein um sage und schreibe 86 Prozent geringeres
Risiko als Abstinenzler auf, an einem kardiovaskulären Herz-
leiden zu erkranken!

Die Studienergebnisse scheinen zudem erneut zu belegen,
dass es vor allem der Alkohol selbst ist, der den Menschen gesundheitlichen Benefit angedeihen lässt. Denn die positive
Wirkung des gemäßigten Trinkens scheint vor allem mit der
Länge der Verweildauer des Alkohols im Körper einherzugehen
und nicht mit der Art des Getränks. Einziger Wermutstropfen:
Um herauszubekommen, ob Sie zu den herzgesunden Alkohol-
schnecken gehören, müssten Sie zunächst von einem Institut
ihres Vertrauens eine ordentliche Gen-Untersuchung vornehmen lassen. Denn zu welcher Gruppe von Menschen Sie gehören, lässt sich leider nur über ein genetisches Testergebnis feststellen. Andere Anhaltspunkte dafür, ob man langsamer oder
schneller Oxidierer ist, gibt es nicht. (Zum Vergleich: In Ame-

rika sind dem Forscherteam zufolge 30 bis 40 Prozent der weißen Bevölkerung schnelle Alkohol-Oxidierer, 15 bis 17 Prozent
langsame Oxidierer und der Rest liegt dazwischen.)

Hin wie her: Die Dämonisierung des Alkohols hat dank der
aufklärerischen Bemühungen der Wissenschaft ein versöhnli-
ches Ende gefunden. Man darf nun also mit Lust und Laune
trinken! Moderat, ja, aber man darf trinken – ohne schlechtes
Gewissen. Endlich.

Doch auf all den Freudentaumel folgte eine ziemlich hu-
morlose und alle bisher gewonnenen Erkenntnisse relativie-
rende Ernüchterung! Eine Ernüchterung, die allerdings von der
breiten Öffentlichkeit nur noch bedingt oder überhaupt nicht
zur Kenntnis genommen wurde. Was nicht weiter wundert:
Ein Forscherteam an der London School of Hygiene and Tro-
pical Medicine kam bei der Analyse einer bereits schon früher
durchgeführten Studie zu einem wahrhaft niederschmettern-
den Ergebnis: Der so oft postulierte Gesundheitsvorteil von
moderatem Alkoholkonsum sei ganz entscheidend von Alter
und Geschlecht abhängig. Dass Frauen weniger (etwa die
Hälfte, also nur ein Glas Wein oder zwei Gläser Bier pro Tag)
trinken sollten als Männer, war schon lange bekannt. Diese Erkenntnis wurde nun aber auch altersabhängig differenziert.
Demnach ist Alkohol nur für Männer über 34 und für Frauen
über 54 der Gesundheit zuträglich. Und nur wer älter wird,
darf auch mehr trinken. Bei jüngeren Zeitgenossen hingegen
steigt demnach schon mit dem ersten Glas das Sterberisiko –
statistisch jedenfalls.

Die vom Forscherteam empfohlenen Verzehrmengen lassen
folglich eine seltsam verzerrte Methusalem-Genusskultur der
Zukunft erahnen:

Frauen bis 44 sollten demnach höchstens ein Glas Wein oder
Bier pro Tag goutieren. Bis 74 (!) dürfen es aber immerhin

schon zwei Glas sein. Ab 74 (!!) können die Damen dann zu-
langen: Drei Gläser sind erlaubt.

Männer hingegen sollten bis zum 34. Geburtstag, wenn
überhaupt, nur ein Glas konsumieren, bis 44 zwei, bis 54 dürfen es dann drei sein. Bis 84 (!) sind vier Gläser das Maß der
Dinge. Aber ab 85 können sie es richtig krachen lassen, die
Herrschaften: Fünf Gläser sind erlaubt. Ab 85!!!

Na toll. Da bedanken wir uns recht herzlich. Das sind wahrlich
Aussichten. Wenn wir solcherlei Schabernack in unserer pro-
gnostiziert sich überalternden Gesellschaft ernst nehmen, werden alsbald die Jungen, die Vitalen zu Hause hocken und
Brause schlabbern. Sie werden sich in ihrer Freizeit nicht auf
Afterwork-Partys zusammenfinden und den Bürostress mit
dem einen oder anderen Cocktail hinunterspülen. Sie werden
Tischdeckchen häkeln und Memory spielen. Sie werden sich
am Wochenende nicht mehr zum gemeinsamen Dinner mit
Aperitif und Champagner und Bier und Schnaps und Wein
und Digestiv zusammenfinden. Nein, sie werden sich wochen-
ends an bunten Abenden über die neuesten Ikebana-Trends
austauschen und dabei am Roibush-Tee nippen.

Altenheime hingegen werden das tägliche Wettkampfsaufen
als Standardbestandteil in ihre fröhlichen Unterhaltungspro-
gramme aufnehmen müssen. Die Kneipen werden mit 80-Jäh-
rigen in Rollstühlen geflutet. Randalierende 90-Jährige werden
nächtens unter lautem Absingen schmutziger Lieder durch die
Straßen wanken und die nüchterne Generation der jungen
Leistungsträger um ihren Schlaf bringen. Am Ballermann werden zahnlose Greise mit Strohhalmen, wie einst die alten Sumerer, um Sangria-Eimer sitzen und sich die Kante geben, um
anschließend komatös im Sand dahindämmernd ihre faltigen
Tatoos in der Sonne zu rösten.

Darf man sich so oder ähnlich die neue gesunde Zukunft wohl vorstellen? Ist das das Ende vom Lied? Dafür all die Forscherei und Studiererei? Und: Was würden wohl die alten Germanen zu all dem sagen?

»Es gibt Studien, die sollte man einfach ignorieren. In jungen Jahren jedenfalls.« Das würden sie sagen, die ollen Germanen. Wir sind ihre Nachkommen. Hören wir also auf die Altvorderen und ihre Weisheiten.

GALLIANO

*… wie man als italienischer Kriegsheld im Schnapsregal
landet, und wie ein kalifornischer Surfer ihm zu
Weltruhm verhalf …*

Als sich der Pulverdampf über dem Schlachtfeld lichtete, lag
der große italienische Held hingestreckt und ziemlich tot auf
blutgetränkter äthiopischer Erde. Maggiore (Major) Giuseppe
Galliano (1846–1896) war eines der rund 11 000 italienischen
Opfer jenes grauenhaften Gemetzels, das die Armee des Negus
(Kaisers) Menelik II. von Äthiopien mit einer restlos unterlegenen italienischen Kolonialtruppe am 1. März 1896 in der
Schlacht von Adua (Adwa) veranstaltet hatte. Der zuvor bereits
mehrfach wegen Tapferkeit ausgezeichnete Maggiore Galliano
hatte bis zur letzten Patrone gekämpft. Und war schließlich
doch gefallen – für die ambitionierten kolonialen Phantasien
seiner italienischen Heimat. Maggiore Galliano war ein tragischer Held!

Und heute? Heute steht er im Schnapsregal, der Held. In
schlanker, hoher Flasche, als gelber und ziemlich klebrig-süßer
Kräuterlikör. »Galliano« steht auf dem Etikett. Eine Flasche
unter vielen Flaschen, unaufgeregter Bestandteil jener Likör-
und Schnapsbatterien, aus denen die Bartender ihre bunten
Träume rühren und schütteln. Doch kaum ein Barmann, der
seine Cocktails mit dem dreißigprozentigen italienischen Helden anreichert, kaum ein Bargast, der einen »Golden Cadillac«
oder einen »Harvey Wallbanger« bestellt, wüsste noch Substantielles zu berichten über den tapferen Maggiore, der einst in

ganz Italien für seinen Mut und sein Durchhaltevermögen fre-
netisch gefeiert und verehrt wurde.

Als Freiwilliger war Galliano 1887 nach Äthiopien gegangen,
zur dort stationierten italienischen Kolonialtruppe. Äthiopien,
an der Nasenwurzel Afrikas, hatte man in Rom als potenzielle
Kolonie anvisiert. Denn Äthiopien war noch zu haben fürs italienische Vaterland, die verspätete Nation. Ganz ähnlich wie das
ebenfalls in seiner nationalen Seinswerdung verspätete Deutschland wollte auch Italien endlich mitspielen an der Sonne kolonialer Herrlichkeit, wollte den dicken Maxe machen, wie die
ganz Großen unter den Kolonialmächten, wie Frankreich oder
Großbritannien. Was allerdings ein bisschen vermessen war, ein
bisschen italienische Großmannssucht. Und was unter dem
Strich in ein ziemliches Desaster mündete. Das wiederum hätte
man ahnen können. Italien aber wollte von solcherlei Ahnun-
gen nichts wissen und suchte nach einer geeigneten Spielwiese.
In Äthiopien glaubte man sie gefunden zu haben.

Seit der Eröffnung des französischen Suezkanals im Jahre
1869 erschien ja der südliche Zugangsbereich des Kanals, also
die Küste des Roten Meeres, tatsächlich als ein durchaus inter-
essantes Zielgebiet. Also nahmen 1872 italienische Truppen an
der eritreischen Küste die Stadt Assab ein, 1885 schließlich die
noch wichtigere Hafenstadt Massawa. Vom eritreischen Küs-
tensaum aus versuchte Italien nunmehr, sich das äthiopische
Hinterland unter den kolonialen Nagel zu reißen. Nach der
Berliner Kongo-Konferenz 1884/85, dem Startschuss für den
europäischen Run auf den schwarzen Kontinent, trommelte
vor allem der 1887 neu ins Amt gewählte italienische Ministerpräsident Francesco Crispi für die imperiale Herrlichkeit
Italiens auf kolonialer Basis, für Glanz und Gloria und »Viva
Italia«.

Ganz in diesem Sinne unterstützten die Italiener zunächst

den neuen äthiopischen Negus Menelik gegen die konkurrierenden militärischen Ambitionen der afrikanischen Nachbarn:
gegen den Sudan und das britische Ägypten. Jede Menge mo-
dernster Waffen lieferten die Italiener dem äthiopischen Heer.
In schönster europäischer Überheblichkeit glaubte man in
Rom, sich auf diese Weise die Dankbarkeit des Negus zu erkau-
fen. Der Negus zeigte sich in der Tat dankbar. 1889 schloss er
mit Italien den Vertrag von Utschalli, in dem er sich mit Land-
abtretungen als durchaus großzügig erwies. Allein die Dankbarkeit ging nicht so weit, die Annexion seiner äthiopischen
Heimat durch Italien zu gewähren. Einen dahingehend inter-
pretierbaren, aber allein in Italienisch gehaltenen und mithin
vom Äthiopier nicht lesbaren Passus hatten die Italiener in bester macchiavelistischer Tradition in den Vertrag mit eingebaut.

Als Menelik dieses Passus' und der italienischen Ambitionen
gewärtig wurde, machte ihn das sehr, sehr zornig. Und wenn Könige zornig werden, neigen sie nicht selten zum Ausrufen großer
vaterländischer Kriege. Um allerdings einen Krieg solcher Bedeutung führen zu können, musste Menelik zunächst die Seinen
einen. Er ließ sich über alle innenpolitischen Neidereien hinweg
zum »König der Könige« ausrufen und stellte schließlich eine gewaltige Armee von nahezu 200 000 Mann auf. Diesem Heer
gegenüber stand eine Kolonialtruppe unter der Leitung des italienischen Generals Baritieri – ganze 25 000 Mann.

Das Aufgebot des Negus sollte also reichen, die Italiener heftig zu verprügeln und aus dem Land zu treiben. Verunsichert
von der offenkundigen äthiopischen Übermacht versuchten
die Italiener zunächst ihre Truppenteile zusammenzuziehen.
Der größte Teil der Armee grub sich schließlich 1895 in abwar-
tender Haltung in Adigrat ein. Giuseppe Galliano, unserem
Likörhelden, hatte man 1895 die Leitung des Forts von Enda
Jesus übertragen, das er mit einer kleinen Truppe von ca. 2300

Mann gegen ein 80 000 Mann starkes äthiopisches Belage-
rungsheer halten sollte, um erstens äthiopische Kräfte zu bin-
den und zweitens das Sammeln der italienischen Kräfte zu sichern. Nach mehr als 40 Tagen Belagerung wurde ihm und
seinen Männern schließlich von Menelik freier Abzug gewährt.
In Italien war man begeistert von so viel Standhaftigkeit und
Durchhaltevermögen. Vom italienischen König wurde Galliano für diese Leistung mit einer Auszeichnung in Silber und
einer Beförderung belohnt.

Galliano vereinte seine Einheit nach dem Abzug aus Enda
Jesus mit den übrigen italienischen Truppenteilen, die sich
schließlich trotz aller zahlenmäßigen Unterlegenheit im Norden Äthiopiens bei Adua im Jahre 1896 zur Entscheidungsschlacht gezwungen sahen. Dies nicht zuletzt aufgrund eines
Telegramms des italienischen Ministerpräsidenten Crispi, der
ungeduldig und in hochnäsiger Unterschätzung des äthiopischen Gegners, General Baratieri dazu gedrängt hatte, endlich
für klare Verhältnisse zu sorgen. Für klare Verhältnisse sorgten
dann die Äthiopier.

In der berühmten Schlacht von Adua traf ein über 100 000
Mann starkes äthiopisches Heer auf ca. 20 000 Soldaten unter
italienischem Befehl. Das Desaster war vorprogrammiert, zumal sich italienische Truppenteile beim Aufmarsch – ausgerüstet mit nur miserablem Kartenmaterial – verliefen und im
unübersichtlichen Gelände orientierungslos umherirrten. Nie-
dergemetzelt wurden sie schließlich von der Übermacht der
äthiopischen Infanterie, die mit modernen Waffen und mit
Speeren ausgerüstet war, sowie von den berüchtigten Oromo-
Reitern, die mit ihrem gefürchteten Schlachtruf »Ebalgume!«
(Mähen wir sie nieder!) Angst und Schrecken und mit jedem
Angriff eine Schneise von Toten und Verwundeten in den italienischen Reihen hinterließen.

Das Ende vom Lied waren die vollständige Anerkennung der Unabhängigkeit Äthiopiens (das damit so ziemlich als einziger Staat Afrikas eine Kolonialherrschaft verhindern konnte), der Sturz der italienischen Regierung unter Ministerpräsident Crispi und das vorläufige Ende der italienischen Großmachtträume auf kolonialer Basis (der »Duce« ließ das koloniale Feuer 1935/36 als späte Rache noch einmal in Äthiopien auflodern). Sowie eine weitere Ehrung in Gold – und in memoriam – für den gefallenen tapferen Helden Maggiore Giuseppe Galliano.

Doch so flüchtig wie Alkohol ist bisweilen auch das Gedenken der Menschen an ihre nationalen Ikonen. Dass Galliano nicht gänzlich diesem Erosionsprozess kollektiver Vergessenheit anheim fiel, verdankt er nicht zuletzt der Tatsache, dass ihm ein Likörhersteller ein ehrendes und seinerzeit sehr werbewirksames Gedenken widmete. Just im Jahr der wohl bittersten kolonialen Niederlage Italiens experimentierte Arturo Vaccari, ein Likörhersteller aus dem toskanischen Livorno, mit einer neuen Likörmischung. Seit 1880 hatte er im Likörhandel und Importgeschäft des Vaters gearbeitet. Im Jahre 1896 schienen ihm die Zeit und der Markt reif für eine neue Likörkreation. Ein Kräuterlikör mit heimischen Kräutern, Wurzeln, Beeren und Blüten wie Wacholder, Lavendel und Pfefferminze sollten sich vereinigen mit exotischen Ingredienzien wie chinesischem Sternanis, Zimt und vor allem der geschmacklich sehr vordergründigen Vanille.

Im November 1896 stellte er seine Kreation den Honoratioren der Stadt Livorno vor: Einen Likör, komponiert aus einer geheim gehaltenen und deshalb nicht weiter bestimmbaren Anzahl verschiedener heimischer und exotischer Ingredienzien in einer schlanken sich nach oben verjüngenden Flasche, die mit ihrer Gestaltung an römische Säulen erinnern sollte (und bis heute ihre Form beibehalten hat). Das Gelb des Inhalts soll eine Anspielung auf das im 19. Jahrhundert so sehr begehrte Gold gewesen sein, dessen sagenhafte Vorkommen in Kalifornien und Kanada zunehmend auch viele Italiener nach Übersee lockte. Den Likör im Gepäck, sollten sie fern der Heimat eine hochprozentige Erinnerung an Bella Italia mit sich führen.

Und weil Vaccari ein glühender Verehrer des italienischen Kriegshelden war und nicht zuletzt auch an seine Bilanzen denken musste, benannte er seine Likörkreation »Galliano«. Und so ziert bis heute der Name eines italienischen Kolonialkriegers das Etikett dieses Traditionsdestillats. Vaccari hingegen ist vom Etikett verbannt, abgefüllt wird das gelbe Gold mittlerweile vom Spirituosenmulti Remy Cointrau.

Seine Süße und sein intensives Vanillearoma machen den Galliano zu einem hervorragenden Cocktaillikör. Selten trinkt man ihn pur, Süßmäuler hin und wieder gerne auf Eis. Aber seine wahre Stärke liegt mehr in der Veredlung verschiedenster Drinks, denen er bisweilen sogar zu Weltruhm verhalf wie zum Beispiel dem eigentlich recht phantasielosen »Screwdriver«, der aus einer relativ langweiligen Kombination aus Orangensaft und Wodka besteht. Mit einem Teil Galliano hingegen gelangte selbst diese Kombination zu Weltruhm. An letzterem mag allerdings auch die Legende von der Entstehungsgeschichte des nunmehr »Harvey Wallbanger« genannten Drinks verantwortlich sein.

Ein kalifornischer Dock-Arbeiter und begnadeter Surfer namens Harvey soll daran maßgeblich beteiligt gewesen sein. Irgendwann in den Sechzigern oder Siebzigern (die Fachwelt streitet) des 20. Jahrhunderts soll er nach dem Ausschluss von einem Surfwettbewerb oder nach einem misslungenen Surfwettbewerb (die Fachwelt streitet) in seiner Stammbar am Newport Beach oder am Manhattan Beach (die Fachwelt streitet) bei einem Barmann namens Bill Doner oder Donner (die Fachwelt streitet) nach größeren Mengen und vor allem einer verschärften Variante seines bevorzugten »Screwdrivers« verlangt haben. Der Barmann ließ daraufhin auf die Orangensaft-Wodka-Mischung einen Teil Galliano laufen. Harvey zeigte sich begeistert von der neuartigen Mischung und langte nach Surfermanier richtig zu. Auf dem Nachhauseweg soll Harvey anschließend, glückselig und alle Surferschmach vergessend, von Hauswand zu Hauswand (wall) getorkelt sein, nicht ohne jeweils heftig am Mauerwerk anzuschlagen (bang!). Das war die Geburt des »Harvey Wallbangers«.

Auch im »Golden Nipple« (mit Baileys) oder im »Screaming Multiple Orgasm« (mit Baileys und Cointreau) hat Galliano, der italienische Nationalheld, seinen Platz gefunden. Vaccari hätt's wohl amüsiert. Vielleicht würde er sich aber auch im Grab umdrehen. Die Fachwelt streitet.

KARTOFFELN À LA PARMENTIER

… wie die Kartoffel als vergammelter Gallenstein von Südamerika aus in europäische Kochtöpfe wanderte, und mit welchen Marketingstrategien ein Militär-Apotheker in Frankreich für deren Reputation sorgte …

Man nehme Kartoffeln, lege sie auf eine Strohmatte oder einfach auf eine Wiese und lasse sie über Nacht frieren. Tagsüber brauchen die Kartoffeln schön viel Sonne. Sie sollen schwitzen. Diese Prozedur von abwechselndem Frieren und Schwitzen vollziehe man so lange, bis die Kartoffeln weich und runzelig aussehen. Also so, dass man geneigt ist, sie als vergammelten Küchenabfall einem Komposthaufen zu überführen. Was man aber nicht tut. Statt dessen ziehe man sich die Socken aus und trete auf die weichen, runzeligen Kartoffeln, um sie zu entsaften, denn der Großteil der in ihnen noch vorhandenen Flüssigkeit soll ihnen so ausgetrieben werden.

Dann ziehe man sich die Socken wieder an. Die ganze Prozedur mit Frieren, Schwitzen, Treten wiederhole man mehrmals. Schließlich kann man sich entspannt zurücklehnen und die verschrumpelten und zertretenen Knollen an der Luft trocknen lassen. Oder man taucht sie nach dem Frieren und Schwitzen zwei Monate lang in eiskaltes Wasser und lässt sie dann erst trocknen. Das Trocknen dauert. Lange. Und das Ergebnis besteht schließlich aus grau-schwarzen bzw. hellgrauen Kieseln, die aussehen wie verschimmelte Gallensteine.

Diese Gallensteine sehen zwar nicht sonderlich appetitanregend aus, haben aber einen großen Vorteil: Man kann sie quasi ewig aufbewahren. Ewig! Mindestens aber ein paar Jahre. Dann kann man sie in Wasser aufweichen, kochen und verzehren. Da kommt dann Freude auf. Jedenfalls in den südamerikanischen Anden, bei der indianischen Bevölkerung des Altiplano in Peru und Bolivien in über 3000 Metern Höhe. Die Gallensteine nennen die Hochlandbewohner hier Chuño. Und diese altertümliche Form der Gefriertrocknung haben sie bereits betrieben, als zu Beginn des 16. Jahrhunderts die ersten spanischen Konquistadoren auf der Suche nach Gold Südamerika besuchten und dabei das Inka-Reich der Hochlandindianer übelst penetrierten.

Als die Konquistadoren durch die Anden und die Hütten der Ureinwohner zogen, entdeckten sie irgendwann natürlich auch die Gallensteine und nahmen ein erstes Pröbchen. Und weil Gold suchen und dabei auch noch Leute totschlagen ziemlich hungrig macht, gerierte man sich nicht sehr zimperlich und befand, dass das schmeckt. Die Kartoffel kam also aus Südamerika in europäische Töpfe und nicht aus Mittelamerika, wie man eine Zeitlang vermutete. Was Kolumbus in Westindien, also Mittelamerika, bestaunte und von dort mitbrachte, war eine Süß- und keine echte Kartoffel. Denn die war nun mal in den Anden beheimatet.

Und nur da oben, in der *terra fria* genannten Höhenzone mit frostigen Nachttemperaturen, frühlinghaften Morgentemperaturen, sommerlichen Mittagstemperaturen und herbstlichen Nachmittagen ist auch die beschriebene Gefriertrocknung der Kartoffel möglich. Die Besiedlung dieser Höhenlagen durch andine Indianer war ohne Kultivierung und Anbau der Kartoffel überhaupt nicht denkbar. Denn hier oben gedeiht kein Mais mehr, wovon man sich als andiner Indianer eigentlich ernährte. Mit Kartoffeln aber ging's. Schon gut 1000 Jahre bevor die Europäer die Neue Welt mit ihrer

Anwesenheit beglückten, stellte die Kartoffel bereits eine ihrer Hauptnahrungsquellen dar. Denn der andine Indianer aß (und isst) ziemlich vegetarisch. Lediglich das eine oder andere Meerschweinchen bereicherte den Speiseplan. Die Liebe zum Meerschweinchen und zur Kartoffel hat sich im Wesentlichen bis heute so gehalten. Eine Art wilde Urkartoffel soll in den Anden allerdings bereits vor 4000 Jahren verzehrt worden sein. Also eine ziemlich olle Knolle, die »papa«, wie die Anden-Indianer in der Inka-Sprache Ketschua ihre Erdäpfel nannten.

Pedro Cieza de León, spanischer Chronist der Eroberung des Inka-Reiches, hat mit als erster 1553 die Kartoffel beschrieben. Für die Reisen heim ins spanische Reich galt sie den Matrosen schnell als idealer Proviant, auch wenn sie Pedro Cieza zufolge damals noch so klein wie Erdnüsse waren. Aber auch die machten offenbar satt. Und so kam die Kartoffel vermutlich in den dreißiger Jahren des 16. Jahrhunderts nach Spanien. Bis sie sich in Europa als Grundnahrungsmittel und damit als ein Lebensretter in Zeiten der Not – und davon gab es reichlich – erwies, hatte die olle Andenknolle allerdings noch einen langen Weg vor sich.

Von Spanien aus, wo man einen ersten agrarischen Nutzanbau gegen Ende des 16. Jahrhunderts nachweisen kann, nahm sie ihren Weg zunächst nach Belgien (Fritten, Fritten, Fritten!), was nicht weiter wundert, denn Belgien schimpfte sich damals noch »südliche Niederlande« und gehörte als solches wie Spanien zum Habsburger Reich. In Belgien wurde die Kartoffel schon gegen Ende des 17. Jahrhunderts in Größenordnungen angebaut, dass erste Exporte nach England möglich waren. Nach England soll die Kartoffel der Legende zufolge auch über ein gekapertes oder gestrandetes Schiff der Großen Armada an Land gegangen sein.

In Spanien wanderte die Kartoffel langsam nach Galizien und gelangte schließlich bis nach Italien, von wo aus sie ihren Weg vom späten 16. Jahrhundert an über die Alpen in den deutschen Herrschaftsbereich nahm, der sich damals noch als ein politisch bunter Flickenteppich darstellte, was ihrer Verbreitung keinen sonderlichen Vorschub leistete. Vermutlich – nichts Genaues weiß man nicht – infiltrierte sie aber von Deutschland aus schließlich Frankreich. Das legt jedenfalls die Sprachforschung nahe. Denn aus Italien kommend, nannte man sie in Deutschland zunächst »taratoufli« und »tartüffeln«, was sich vom italienischen »tartufolo« ableitet. In Italien nannte man sie so, weil die ersten Kartoffeln den schrumpeligen Trüffeln (»tartufo«) sehr ähnelten (in Italien verbot sich zudem das indianische »papa« schon allein wegen der sprachlichen Nähe zum höchsten geistlichen Papa der Christenheit). In Frankreich bezeichnete man die Kartoffeln in sprachlich auffälliger Nähe zu Deutschland und Italien auch »tartoufle«. In bestimmten Dialekten Frankreichs heißt die Kartoffel noch heute so. Aus dem t wurde in einem Dissimilation genannten Sprachprozess zunächst im Südfranzösischen ein c bzw. k, dann auch im Deutschen. Vielleicht war es aber auch einfach ein schnöder Satzfehler in irgendeinem Buch der Wissenschaft.

Denn die war es, die sich zunächst eingehender mit der Kartoffel beschäftigte. Man beschrieb und zeichnete sie und gab ihr einen lateinischen Namen (*Solanum tuberosum*). Das ernährungsbezogene Anbauinteresse, wie es sich in Spanien und Italien bereits früh entwickelt hatte, war in den weiter nördlich gelegenen Ländern zunächst jedoch kaum von Interesse. Hier waren die Kartoffeln erst einmal kleine Stars in den Zier- und Lustgärten weltlicher und geistlicher Fürsten. Weil sie so hübsch und bunt blühten (was die damaligen Sorten im Vergleich zu den heutigen reichlich taten).

Auch einen medizinischen Nutzwert glaubte man erkannt zu haben, weshalb man sie gleichermaßen in den Heil- und Kräutergärten der Klöster und Universitäten antraf. König Philipp II. von Spanien hatte einige Kartoffeln bereits 1565 an den unter Rheumatismus leidenden Papst Pius IV. mit besten Genesungswünschen geschickt. Auch als Aphrodisiakum wurde sie in einschlägigen Kreisen gehandelt. Das aber ergeht allen Lebensmitteln so, die selten und unbekannt sind – bis heute. Der Bevölkerungszuwachs des 19. Jahrhunderts in den Kartoffelländern Irland, Deutschland und England hatte jedenfalls weniger etwas mit magischen Kartoffelkräften zu tun als mit der Tatsache, dass die Kartoffel sättigt. Und wer satt ist, pflanzt sich gerne fort. Was sich beim Menschen nicht anders als beim Karnickel darstellt.

Bis die nährende Kartoffel schließlich Ende des 18. Jahrhunderts auf breiter Basis den Getreidebrei als europäisches Leitgericht ablöste, war es allerdings immer noch ein weiter Weg. Kriege, schlechte Getreideernten und Hungersnöte steigerten zwar nach und nach die Einsicht. Doch man lebte nach wie vor in Zeiten des Aberglaubens und der Hexenverbrennung. Und was hat man der Kartoffel nicht alles angedichtet: Lepra sollte sie hervorrufen, Aussatz, Wahnsinn, Rachitis, Schwindsucht, Magengrimmen, Blähungen und vieles mehr. Und geschmacklich fand man zunächst auch keinen Gefallen an der Knolle. Das war was für Schweine. Wer sonst konnte so was essen?

Es bedurfte also neben Krieg und Hunger noch des beherzten Zugriffs durch tatkräftige Männer, es bedurfte der Marketingstrategien und der Macht einiger echter Überzeugungstäter, um all diese Widerstände und all den Aberglauben zu überwinden. In Bayern erwarb sich Graf Rumford Meriten, indem er als Kriegsminister den Soldaten befahl, Kartoffelfelder anzulegen, in der begründeten und bestätigten Hoffnung, dass sie dann auch privat Kartoffeln anbauen würden. Zudem erfand er als Armenspeisung eine sättigende und berühmt gewordene Kartoffelsuppe (von zweifelhaftem Geschmack und Ruf – jedenfalls für verwöhnte Gaumen).

In Preußen mühte sich um 1720 der Vater des Alten Fritz, Friedrich Wilhelm I., per Dekret den Kartoffelanbau bei seinen Untertanen durchzusetzen. Letztere weigerten sich dennoch und zeigten erst Einsicht, als man ihnen drohte, Nasen und Ohren abzuschneiden.

In Frankreich schließlich, dass im europäischen Vergleich als Kartoffelnachzügler gilt, war es ein Apotheker, der sich mit seinem Einsatz für die Kartoffel unsterblich machte. In Deutschland findet man seinen Namen seltener auf den Speisekarten. Im französisch sprechenden Raum hingegen trifft man bis heute auf Antoine Auguste Parmentier. Wann immer man also auf der Speisekarte den Namen Parmentier erblickt, darf man sicher sein: Es handelt sich um ein wie auch immer geartetes Kartoffelgericht.

Antoine Auguste Parmentier, 1737 bei Montdadier geboren, hatte sich als junger Mann zunächst der Agronomie zugewendet, war als Waise jedoch gezwungen, seine Studien abzubrechen und als Militärapotheker zur Armee zu gehen. Hier geriet er in den Wirren des Siebenjährigen Krieges (1756–1768) bei Hannover in preußische Gefangenschaft. Und hier konnte er die Bedeutung der Kartoffel für die Volksernährung (auch am eigenen Leibe) eingehend studieren, zählte doch der alte Preußenfritz zu den vehementesten europäischen Kartoffelfans.

Nach Frankreich zurückgekehrt, widmete sich Parmentier fortan intensivst der Erforschung und Propagierung der Kartoffel in Frankreich. Was freilich schon einige andere französische Wissenschaftler vor ihm getan hatten. Doch Parmentiers

Marketingstrategie wirbelte einfach mehr Staub auf. Und das wiederum hatte Gründe.

Im Jahre 1770 befand sich Frankreich versorgungstechnisch im Würgegriff einer Hungersnot, die durch eine Getreidemissernte hervorgerufen worden war. Diese erneute Hungersnot war für die Akademie von Besançon Anlass, einen Wettbewerb auszuschreiben mit dem Thema »Ernährung in Zeiten der Hungersnot«. Parmentier nahm daran mit der Schrift »Examen chymique des pommes de terres« teil – und gewann. Neben der Kartoffel pries er darin auch Rosskastanien, Gladiolen und Ahornsamen an. Zu diesem Zeitpunkt leitete Parmentier im Majorsrang das Heereslabor des Hôtel des Invalides. Und in diesem Rang hatte er einen leichteren Zugang zum Hof als andere Forscher, die ebenfalls den Kartoffelanbau propagierten.

Parmentier nutzte seine Möglichkeiten und bat um eine Audienz bei Ludwig XVI., die ihm auch gewährt wurde. Parmentier warb bei ihrer Hoheit um die Vorzüge der Kartoffel derart überzeugend, dass Ludwig ihm mehrere Äcker zum Kartoffelanbau zur Verfügung stellte und Parmentier zum Baron erklärte. Mit Unterstützung des Königs organisierte Parmentier auch eine Art Marketing-Gala, zu der alles, was Rang und Namen hatte, eingeladen wurde: Benjamin Franklin, der damals Botschafter in Frankreich war, Antoine Lavoisier, der Begründer der modernen Chemie, Cadet de Vaux, Voltaire und viele andere Schöngeister und Wissenschaftler. Gereicht wurden zwanzig verschiedene Kartoffelgerichte, selbst das Brot und der Kaffee waren Kartoffelerzeugnisse. Voltaire schrieb Parmentier anschließend begeistert von seinen erfolgreichen Brotbackversuchen mit Kartoffelstärke. Kartoffeln waren in einschlägigen Kreisen mit einem Mal der letzte Schrei.

Am französischen Hof trieb die Kartoffellust ganz besondere Blüten. Marie Antoinette und ihre Hofdamen sollen sich an-

lässlich eines Balls gar mit Kartoffelblüten die Haarpracht und
das Dekolleté geschmückt haben, die Herren trugen Kartoffelblüten im Knopfloch. Der Morgenrock der Königin war angeblich mit Kartoffelblütenmustern bestickt und die königlichen
Service wurden von Manufakturen mit ebensolchen Mustern
bemalt – Kartoffelmania.

Um das Interesse an der Kartoffel aber nicht nur bei denen
zu wecken, die in der Regel von keiner Hungersnot betroffen
waren, wandte sich Parmentier auch der ganz erdigen Angelegenheit des Erdäpfelanbaus zu. Denn »die Nahrung des Volkes«
war Parmentiers Anliegen, »deren Qualität zu verbessern und
den Preis zu senken« war sein Herzenswunsch. Und um die
Kartoffel im Volk noch beliebter zu machen, als sie dies ansatzweise und in einigen französischen Regionen schon war, bediente er sich eines feinpsychologischen Tricks: Als auf den vom
König zur Verfügung gestellten Äckern die Zeit der Ernte
nahte, ließ er Warntafeln aufstellen und Gendarmen auflaufen,
die tagsüber die Felder bewachen sollten. Nachts hingegen
wurden sie in ihre Kasernen zurückbeordert. Was derart auffäl-
lig bewacht wurde, musste doch sehr wertvoll sein, dachte sich
die Landbevölkerung – und rupfte über Nacht die Knollen aus
dem Boden. Mit diesem Taschenspielertrick soll Parmentier
der Kartoffel tatsächlich zum flächendeckenden Durchbruch
im 19. Jahrhundert verholfen haben – in Frankreich.

Dieselbe Geschichte – deckungsgleich – erzählt man sich
allerdings auch vom Alten Fritz und Preußen. Was stutzig
macht. Doch wie es zu der legendären Deckungsgleichheit
kommt, bleibt Spekulation: Vielleicht hatte Friedrich II. die
Urheberrechte an der Soldatennummer. Der soll flankierend
auch noch auf dem Balkon seines Palastes in aller – und vor allem vor staunender – Öffentlichkeit sehr werbewirksam Kartoffeln gegessen haben. Parmentier könnte die Story während

seiner Gefangenschaft in Preußen zu Ohren gekommen sein. Dann hätte er sie in Frankreich einfach nur 1:1 umsetzen müssen. Vielleicht ist auch eine von beiden Geschichten pure Kartoffelfolklore. Vielleicht auch beide.

Wie dem auch immer gewesen sein mag. Parmentier hätte auch auf anderen Gebieten durchaus reüssieren können. Über das Kartoffelthema hinaus meldete er sich in insgesamt über 90 Büchern und Streitschriften zu den verschiedensten Themen, nicht nur aus dem Nahrungsmittelbereich, zu Wort. Vor allem sein Eintreten für die Pockenschutzimpfung in der Armee war aller Ehren wert. Doch was blieb, war seine posthume Berühmtheit als der Welt wohl größter Kartoffelsympathisant. Zu Lebzeiten allerdings wollte man ihm den größten Triumph nicht zubilligen: Als sein Freund, der Staatsmann und Schriftsteller François de Neufchâteau, vorschlug, die Kartoffel nach ihm zu benennen, traf er damit auf keine große Resonanz.

Benannt sind nach Parmentier, der 1813 in Paris starb, eine Menge Rezepte für Kartoffelzubereitungen, und manch ein Rezept soll von Parmentier selbst stammen. Solcherlei Vermutungen sollte man aber mit Vorsicht genießen. Am bekanntesten ist wohl die nach ihm benannte Suppe, die Potage Parmentier, die man heute als Kartoffel-Gemüse-Rahmsüppchen auch von Schuhbeck und Co. TV-gerecht in Szene gesetzt bekommt. Aber auch die Kartoffeln à la Parmentier haben als Beilage einige Berühmtheit erlangt. Dabei handelt es sich um in kleine Würfel geschnittene rohe Kartoffeln, die in Butter goldbraun gebraten und anschließend mit Salz und Schnittlauchröllchen bestreut werden – keine wirkliche Küchenrevolution und auch keine besondere Raffinesse, aber durchaus lecker.

Selbst die Erfindung der Pommes Frites hat man dem guten Parmentier andichten wollen. Da aber beginnt ganz Belgien laut aufzuheulen. Denn das ist wohl mal klar: Fritten kommen aus Belgien! Hier hat man schon Kartoffeln angebaut, als die Franzosen noch auf den Bäumen hockten – also zumindest kartoffeltechnisch gesehen.

KIWI

… wie eine ausgebrannte neuseeländische Lehrerin beim
Besuch einer schottischen Mission in China die Kiwi
entdeckte und ihrer Heimat posthum zu glänzenden
Exportbilanzen verhalf …

Es gibt da so ein Vorurteil. Über Lehrer. Und Lehrerinnen.
Dieses Vorurteil vom bestbezahlten Halbtagsjob im großen
Freizeitpark der Beamtenschaft. Dass die viel zu viel Ferien
haben. Und bei jeder Kleinstdepression frühpensioniert werden. Und wenn's für die Frühpension nicht reicht, dann doch
wenigstens für ein Sabbatical. Ein Jahr mal ausspannen. Zu
Hause. Oder in der Toskana.

Populismus ist das. Üble Verleumdung. Fragen Sie mal
einen Lehrer! Die haben in Wirklichkeit nämlich einen wirklich knüppelharten Job. Auch die Lehrerinnen. Morgens zum
Beispiel. Da müssen die echt früh aufstehen. Und dann den
ganzen Tag die Kinder. Wissen Sie, wie laut Kinder sein können? Unerträglich laut. Und dann nachmittags: Ein giganti-
sches Konferenz-Gebirge will da abgetragen sein. Eine einzige
Hetzjagd zwischen Notendiskurs und Elternsprechstunden ist
das. Alle und jeder wollen irgend etwas. Wie Parasiten saugen
Schüler, Eltern und Schulverwaltung das Energiezentrum des
Lehrers aus. Auch das der Lehrerin. Ehrlich: Das ist ein Scheiß-
job. Der macht einen völlig mürbe. Den »übt« man nicht aus,
den »hält« man aus!

So was Ähnliches wird sich auch die Neuseeländerin Mary
Isabel Fraser im Jahre 1903 gesagt haben. Also vor etwas mehr

als 100 Jahren. Die Frau war Lehrerin. Und völlig fertig. Burn-out-Syndrom. Flasche leer. Opfer an der Front des damals größten neuseeländischen Mädchenpensionats. Aufgerieben zwischen mangelhafter Ausstattung und selbstlosem Einsatz als Rektorin. Da half nur eins: Urlaub. Nein: Sabbatical. Mal ganz raus. Ein halbes Jahr. Vielleicht auch länger.

Und dem Herrn sei Dank: Er wurde ihr gewährt, das Sabbatical. Denn ohne diese Auszeit könnten Sie heute in Ihrem Obstsalat lange nach jenen erfrischenden grünen süßsauren Fruchtstückchen suchen, die seit den späten Siebzigern bei uns eingeführt werden und mittlerweile zum Standardobstrepertoire gehören – und Sie würden nichts finden. Die bunte Obstsalat-Welt und Neuseelands Volkswirtschaft verdanken allein Isabel Fraser die Existenz eines kleinen braunen und eigentlich ziemlich hässlichen, aber auch ziemlich leckeren Exportschlagers: der Kiwi. Und das kam so.

Mary Isabel Fraser war 1863 als älteste von drei Töchtern in Dunedin in der Provinz Otega geboren worden. Die Geburt der Töchter fiel in die atmosphärisch ungemein aufgeheizte Zeit des (zumindest in Neuseeland) berühmten Otega Goldrush. Und es scheint, als sei Isabel vom Pioniergeist ihrer Geburtsstunde fortan infiziert gewesen. Ihre in London geborene Mutter und ihr neuseeländischer Vater, der die Familie als Sattler ernährte, ermöglichten zwar allen drei Töchtern eine akademische Ausbildung. Was schon außergewöhnlich genug war. Doch während die jüngere Schwester als graduierte Krankenschwester im Krankenhaus von Dunedin landete und die jüngste Schwester, Katie Fraser, als Lehrerin 1896 in die schottische Mission nach Yichang in China (nahe dem heutigen Drei-Schluchten-Damm) ging, machte sich Isabel auf den Weg, eine für damalige Verhältnisse ungewöhnlich emanzipierte Reformpädagogin zu werden.

Nach einem abgeschlossenen Lehrer- und Physikstudium (Letzteres mit Auszeichnung! Als Frau! Damals!), zwei Anstellungen als einfache Lehrerin übernahm sie schließlich als Rektorin das Mädchenpensionat Wanganui. Und stellte hier 17 lange Jahre alles auf den Kopf. Weil sie, wie alle Lehrer und Lehrerinnen, ihren Job sehr ernst nahm. Allein, Mädchen vernünftig auszubilden, und sei es für ihr konventionelles Schicksal als Ehefrau, kindererziehende Mutter und Haushaltsfee, war zu diesen Zeiten noch nicht so en vogue wie heute. Doch Isabel ließ sich nicht beirren. Egal, ob für den für Frauen sehr eingeschränkten männlichen Arbeitsmarkt oder fürs häusliche Glück: Frauen sollten aufs Leben bestens vorbereitet werden.

Also führte sie vor allem ein, was man heute als eine perfide Institutionalisierung einer zutiefst reaktionären Rollenzuweisung in Grund und Boden zu verdammen geneigt wäre: Kochkurse, Nähkurse und Erste-Hilfe-Kurse (für die Fehlversuche in den beiden ersten Kursen). Zu einer guten Allround-Erziehung gehörte ihrer Meinung nach aber auch die Fähigkeit zur Konversation. Welcher Mann will schon ein kochendes und strickendes Dummchen? Man will sich doch auch mal unterhalten. Also wurden Konversationskurse eingeführt. Auch Mal- und Musikseminare.

Und weil Wäsche waschen und Fenster putzen nichts für leptosome Weicheier ist, wurde zur Köperertüchtigung sogar Sport für die Mädchen eingeführt: Hockey, Basketball, Tennis, Cricket, Gymnastik. Selbst ein Pool wurde angelegt, damit die Damen schwimmen lernten. Männersport im Mädchenpensionat! Heute ist man als Mann ja daran gewöhnt, unter Frauenfußball zu leiden. Aber damals? Das war damals alles ziemlich aufsehenerregend. So viel Theater für die Ausbildung von Mädchen! Selbst aus dem fernen England kamen namhafte Pädagoginnen, um in Augenschein zu nehmen, welch ungeheuer progressives Erziehungsprogramm Frau Fraser hier realisierte.

Doch wo viel Licht, da auch viel Schatten. Natürlich war der Vorstand, also die Pensionatsleitung, männlich. Und mithin ein wenig beschränkt. Natürlich hatte die Schule kein Geld. Natürlich stand zu wenig Personal zur Verfügung. Natürlich waren Gebäude und Areal zu klein. Also musste Isabel Fraser neben ihrer Tätigkeit als Lehrerin, Rektorin und Verwaltungsleiterin auch noch für größere Gebäude und tagtäglich um jedes müde neuseeländische Pfund kämpfen. Und das alles für erbärmliche 300 Pfund Salär im Jahr.

Da ist man irgendwann einfach alle. Leer. Ausgepumpt. Burn-out. Also Antrag auf Sabbatical beim Vorstand. Erst abgelehnt, dann eingesehen: Geht nicht mehr, Frau am Ende. Also Koffer gepackt und nach Japan gesegelt. Hier traf Isabel ihre Schwester und Missionslehrerin Katie. Gemeinsam inspizierten sie ein paar Missionsschulen (Pädagogen sind *immer* im Einsatz!) und setzten schließlich über nach China, um in Yichang die schottische Missionsschule der Schwester am mittleren Yangtse-Fluss, von Shanghai aus ca. 1600 Kilometer flussaufwärts, zu besuchen.

Hier, in China, kam Isabel Fraser endlich ein wenig zur Ruhe. Hin und wieder machte sie Spaziergänge vor den Toren der Stadt und dort eines Tages Bekanntschaft mit einer seltsam dreinsehenden Frucht, die man in China bis dahin nur als »Yang tao« kannte. Einige Samen dieser Frucht nahm sie schließlich mit, als sie 1904 wieder zurück nach Neuseeland ging, um hier in treuer Pflichterfüllung weitere sechs Jahre das Mädchenpensionat zu führen. Sie hatte ja keine Ahnung, dass sie mit den Samen in ihrer Manteltasche der neuseeländischen Volkswirtschaft, der europäischen Nouvelle cuisine der Siebziger und Achtziger und schließlich all jenen Vorzimmerdamen in den Büros dieser Welt, denen ein Schüsselchen Obstsalat ein einsames sommerliches Tages-High- und Kalorienlight ist, einen unschätzbaren Dienst erweisen sollte. Das war selbst im Jahr ihres Todes 1942 noch nicht einmal ansatzweise absehbar.

Denn es dauerte noch ein wenig, bis die Kiwi-Welle richtig ins Rollen kam. Isabel hatte die Samen zunächst ihrem Nachbarn, dem Rechtsanwalt und Hobbygärtner Thomas Allison, gegeben, der sie wiederum seinem Bruder Alexander, einem gescheiterten Obstbauern weiterreichte. Alexander begann mit der milden Gabe zu experimentieren. Und schließlich waren erste Züchtungserfolge in Alexanders Gärten zu verzeichnen, die als »Chinesische Stachelbeeren« verkauft und von anderen Züchtern weiter veredelt wurden. Man kann mit Fug und Recht behaupten, dass nahezu alle heutigen auf dem Markt befindlichen Kiwi-Sorten genetisch auf die ersten von Isabel Fraser aus China mitgebrachten und von Alexander Allison züchterisch weiterentwickelten Samen zurückgehen.

Die heute in unseren Breitengraden meist angebotene Sorte »Hayward Giant Kiwi Berry« (ca. 80 Prozent der Weltproduktion) geht auf Hayward Wright zurück, einen berühmten neuseeländischen Pflanzenzüchter, dem die Welt unter anderem auch die Nektarine »Goldmine« verdankt. Um 1924 erwarb er sich neben der Samenlieferantin Isabel Fraser mit der Züchtung der grünfleischigen Kiwi-Sorte als zweiter Neuseeländer höchste historische Kiwi-Ehren.

Die Amerikaner – sonst immer die Nase im Wind, wenn's ums große Geschäft geht – hatten im Fall der Kiwi offenbar einen Popel im kapitalistischen Riechschlauch. Im gleichen Jahr, in dem Isabel Fraser in der Manteltasche Kiwi-Samen nach Neuseeland importierte, hatte China Samen nach Chico in Kalifornien geschickt. Die Amis experimentierten mit der strauchartigen Schlingpflanze allerdings ein wenig einseitig:

Während der Feldversuche wurden maßgeblich männliche Re-
benpflanzen eingesetzt. Früchte tragen aber ausschließlich die
weiblichen. Die wiederum müssen über Liebesboten mit dem
Samen der männlichen Pflanzen bestäubt werden. Das ist die
berühmte Geschichte mit den Bienchen usw. Hatte sich vielleicht in Kalifornien noch nicht rumgesprochen. Nun gut, man
kann ja nicht alles wissen.

Die Amerikaner hatten aber wenigstens maßgeblichen Einfluss auf die marketingtechnisch geniale Namengebung der bis
dahin auch in Neuseeland noch »Chinesische Stachelbeere« genannten Frucht. Als 1959 die neuseeländischen Obsterzeuger
und der größte Exporteur »Turners and Growers« glaubten,
den amerikanischen Markt mit ihren behaarten Chinabeeren
sturmreif schießen zu können, stießen sie mit ihren Namen-
vorschlägen »Chinesische Stachelbeere« oder alternativ »Melo-
nette« bei dem amerikanischen Importeur Norman Sondag auf
Widerstand: Erstens sähe die komische Stachelbeere echt
scheiße aus. Zweitens sei die Verbindung mit China verkaufs-
technisch eine Katastrophe. Weil: China war Mao. Mao war
Kommunismus. Und Kommunismus konnte man in Amerika
nicht leiden, damals. Weil, man führte ja Kalten Krieg. Und die
kleinen braunen Obsteier »Melonetten« zu nennen, war auch
nicht das Gelbe vom Ei, weil Melonen mit viel zu hohen Ein-
fuhrzöllen belegt waren.

Also setzte man sich bei »Turners and Growers« zusammen
und verfiel irgendwann auf das National- und Wappentier
der Neuseeländer: Einen kleinen, ziemlich hässlichen braunen flugunfähigen Vogel, den die Ureinwohner, die Maori,
»Kiwi« nannten. »Kiwi« fand Sondag klasse. Kiwi lasse sich
super vermarkten. Da sei es auch egal, dass die Frucht scheiße
aussähe. Mittlerweile haben sich Name und Frucht nahezu
weltweit durchgesetzt. In Europa tauchten Kiwis in den Sieb-

zigern in einigen Spezialitätenläden auf, wurden schließlich von der Nouvelle cuisine als exotische Beigabe auf Nachspeisetellern, aber auch zu Fleisch entdeckt. Mittlerweile ist die einstmals bestaunte und ziemlich teuer bezahlte Kiwi aber auch hierzulande als Löffelobst, als Füllung in Enten oder als Kuchenbelag zu einem ziemlich normalen Früchtchen geschrumpft.

Die Neuseeländer verdienen ca. 105 Millionen Euro jedes Jahr mit dem Export von ca. 80 Millionen Kiwi-Kisten à 3,3 Kilogramm und halten damit immerhin noch ein Drittel des Weltmarktes. Den Rest teilen sich mittlerweile viele Erzeugerländer, von den USA angefangen, über Italien, Chile, Frankreich bis hin zu solchen Exoten wie Deutschland und Großbritannien. Selbst nach China werden jedes Jahr an die 800 000 Kisten exportiert. Der Chinese nennt die Kiwi auch nicht mehr wie zu Frasers Zeiten »Yang tao«, sondern einfach »Giyi guo«. Was nichts weiter heißt als – Kiwi.

Und damit liegt er streng genommen schon wieder falsch. Jedenfalls wenn er neuseeländische Kiwis kaut. Die haben nämlich seit Beginn der Neunziger einen neuen Markennamen: Zespri. Der Schriftzug klebt als kleines Zettelchen mittlerweile auf jeder Kiwi, die aus der verantwortlichen Anbau- und Verkaufskooperative stammt, zu der ca. 2500 der 3000 neuseeländischen Kiwibauern gehören.

Zespri. Man kann das gut finden. Zespri. Man kann aber auch sagen: Was für ein grenzenloser Blödsinn. Kein Mensch wird jemals zu einer Kiwi Zespri sagen. Eher nennt man eine Chiquita einfach nur Banane. Das wird sich niemals durchsetzen. Kann man sagen. Und man wird vermutlich Recht haben damit. Zespri hat ja auch ein Computer ausgesucht. Auf die Idee müssen Männer gekommen sein: Man füttert den Computer mit Attributen, die Verbraucher mit einer Kiwi assoziieren: spritzig, attraktiv, unverwechselbar, energiegeladen usw. Der Computer begann kräftig zu arbeiten und zu brummen. Und heraus kam: Zespri. Was will man machen?

Ruft der Markenname mehr Magengrummeln als Euphorie hervor, so ist das Produkt doch ein wahrer Gesundbrunnen. Wenn man der Ernährungswissenschaft glauben darf. Kiwis erhöhen die Zahl der Abwehrzellen des Immunsystems um das bis zu Zwölffache, das Enzym Actinidin kann bei rheumatischen Beschwerden helfen, indem es Schadstoffe aus dem Körper spült, die Proleolytsäure senkt die Cholesterinwerte, Kiwis schützen vor Infektionen, halten die Haut jung, wirken aufmunternd und kreislaufanregend. Kiwis haben einen höheren Kaliumgehalt als Bananen (gut gegen Krämpfe und Herzrhythmusstörungen), einen doppelt so hohen Vitamin-C-Gehalt als Orangen und so weiter und so fort. In China gelten sie sogar als eine Art vitamin-c-haltige anibiotische Wunderwaffe. Als im Jahre 2003 die Vogelgrippe SARS in China für Aufregung sorgte, waren Kiwis jedenfalls für eine Weile komplett ausverkauft.

Und wenn man sich jetzt mal überlegt, dass das alles nur dem Zufall zu verdanken ist, der Reise einer engagierten, aber restlos ausgebrannten neuseeländischen Lehrerin nach China, wo sie beim Besuch einer schottischen Mission eher beiläufig ein paar Fruchtsamen in die Tasche steckte und damit ihrem Heimatland posthum zu glänzenden Exportbilanzen verhalf. Mal ehrlich, da kann man doch auf Gedanken kommen. Man sollte wirklich nicht mehr so viel schimpfen, auf die Lehrer. Und auf die Lehrerinnen. Schon gar nicht auf die deutschen. Man sollte sie vielleicht mal wieder in Urlaub schicken. Drei-, viermal im Jahr. Und ruhig für länger, also für zwei oder drei, auch mal für sechs Wochen. Am Stück. Oder noch besser: ins Sabbatical. Ein ganzes Jahr.

Wie jetzt, das tun wir ja schon?

Ja, richtig. Ja, kann dann vielleicht mal irgendeiner erklären, was die im Urlaub den ganzen Tag machen?

KOCHMÜTZE

*… warum es so schwer ist, die Geburtsstunde der
Kochmütze zu bestimmen, und wie ein Küchengroßmeister
mit einem einfachen Pappring der Kopfbedeckung zu
majestätischer Höhe verhalf …*

Es gibt schon derbe Schauergeschichten. Was erzählt man sich
nicht alles über all die angeblichen Ferkeleien und liederlichen
Unpässlichkeiten des Personals hinter verschlossenen Küchentüren. Gehacktes? Wird doch auch gerne schon mal in der Ach-
selhöhle des Jungkochs zur Bulette oder zum Königsberger
Klops geformt. Weiß man doch! Und die lästige Resthaut vom
gepellten Salatei? Lässt sich vom gestockten Weißen am besten
im Mund des Kochs unter Einsatz von aufgeschäumtem Spei-
chel lösen. Hat doch neulich noch der Schwager selbst gesehen,
zufällig, als er an der Küchentür vorbei auf die Toilette wollte.
Im Hotel »Drei Tageszeiten«. Das muss man sich mal vorstellen! Und ganz im Vertrauen, also was da in der winterlichen
Grippesaison hin und wieder aus den nasalen Tiefen italienischer Schaumschläger in der Zabaione landet, man mag da gar
nicht drüber nachdenken.

Schauermärchen, plumpe Stammtischzoten. Ja natürlich.
Aber lesen Sie zur Vorsicht die »Geständnisse eines Küchenchefs« von Anthony Bourdain. Dann wissen Sie, wie weit diese
Horrorgeschichten über die Zustände in einfachen Kneipen-
oder auch gehobenen Hotelküchen von der täglich simmern-
den Wirklichkeit tatsächlich entfernt sind – oder auch nicht.

Die täglich simmernde Wirklichkeit stellt sich für die meis-

ten Profiköche als knallharter Job dar. So ein Arbeitstag er-
streckt sich nicht selten über zwölf oder auch 14 Stunden Hek-
tik. Die Hitze über mehlsackschweren Kesseln und fettsprit-
zenden Pfannen ist ebenso enorm wie der Zeitdruck. Da kocht
irgendwann selbst der Koch. Und da kann es tatsächlich schnell
zu kleinen unhygienischen Schludrigkeiten kommen. Die landen dann bisweilen auch auf dem Teller. Zum Beispiel in Form
eines Haars im Salat. Und von mancher Nasenspitze findet hin
und wieder auch ein Schweißtröpfchen seinen Weg ins Sahnesößchen. Als Gast aber will man kein Schweißtröpfchen im
Sahnesößchen. Auch wenn man es nicht schmeckt. Man will
lecker essen. Und zwar bar jeder Hinterlassenschaften desjeni-
gen, der einem den Teller an- oder im schlimmsten Fall zuge-
richtet hat.

Das ist verständlich und nicht erst seit gestern so. Und das
einfachste und traditionsreichste Instrument gegen Hinterlassenschaften wie Haare, Schweiß und noch einiges mehr ist die
berühmte, ein wenig steif und konventionell anmutende, aber
auch eine sehr lange und sehr stolze Tradition symbolisierende
weiße, hoch aufragende Kochmütze – ein gefälteltes, steif-ge-
stärktes Ofenrohr aus Stoff auf dem Kopf der Meister an Herd
und Ofen. Seit Mitte des 19. Jahrhunderts hat sich dieser
Schweiß- und Haarfänger in Profiküchen, die was auf sich halten, durchgesetzt. In traditionellen Häusern wird die Kochtüte
auch heute noch getragen, und auch heute noch in unterschiedlichen Höhen und Formen, je nach Rang des Kochs.
Denn auch die Funktion als Hierarchieausweis hatte und hat
die Kochmütze.

Wann, wo und wie sie sich entwickelt hat, ist trotz ihrer legendären Tradition gleichwohl umstritten und von Küchen-
und Modehistorikern gerne diskutiert. Hin und wieder ange-
führt wird Heinrich VIII. (1491–1547). Das war jener Heinrich,

dem die Frauen so viel Wert waren, sich ihretwegen gar zur Gründung einer eigenen Staatskirche hinreißen zu lassen. Das ersparte lästige Diskussionen mit dem Papst um den tieferen Sinn der Ehe und vor allem über die Rechtmäßigkeit von Scheidungen. Seine sechs Frauen und ihr Schicksal haben im Volksmund bis heute in einem Abzählreim überlebt: Divorced, beheaded, died. Divorced, beheaded, survived (Geschieden, geköpft, gestorben. Geschieden, geköpft, überlebt). Heinrich war jedoch nicht nur sexuell kein Kostverächter. Auch kulinarisch war er zu großer Leidenschaft fähig. Für die Geburt der Kochmütze soll die zunehmende Neigung seines Küchenchefs zur Barhäuptigkeit ausschlaggebend gewesen sein. Als Heinrich nämlich eines Tages ein Haar von besagtem Koch in seiner Suppe fand, veranlasste er empört, den besagten Koch vom Trägermedium seiner ausfallenden Haare zu befreien – auf dem Schafott. Die Köpfung seines Vorgängers soll sich auf den kochenden Nachfolger und seine Befolgung der anschließend erlassenen königlichen Weisung, fortan in der Küche eine Mütze zu tragen, nachhaltig ausgewirkt haben. So soll sie entstanden sein, die Kochmütze – eine Königslegende, wie man sie hinlänglich kennt.

Eine vergleichbare Geschichte erzählt man auch von König George II. (1682–1760), der 1727 allerdings kein Haar, sondern – viel schlimmer – eine Kopflaus in seiner Suppe vorfand. George zeigte sich humaner als Heinrich, indem er das Trägermedium auf den Schultern des betreffenden Kochs beließ und lediglich von seinen Haaren befreite – und nicht umgekehrt. Fortan soll George das tragen einer Mütze als hygienische Maßnahme in der königlichen Küche befohlen haben – auch eine hübsche Königslegende.

Weitere Spuren der ersten Kochmützen weisen jedoch noch viel weiter zurück in die Geschichte. Nämlich ins alte Assyrien (1800–612 v. Chr.), das sich im Altertum, ausgehend von zar-

ten Anfängen am Tigris bis zum Ende des siebten vorchrist-
lichen Jahrhunderts schließlich über große Teile des Nahen
Ostens erstreckte (über Teile der heutigen Türkei, des heutigen
Syriens, Iraks, Irans bis ins heutige Israel und Ägypten). Eine
der seinerzeit üblichen Praktiken, den assyrischen König oder
einen seiner Stellvertreter politisch und leiblich zu entsorgen,
bestand offenbar darin, seine Mahlzeiten mit einer letalen Prise
Gift zu würzen und ihn somit auf seine Reise in die großen
Jagdgründe für gesalbte Häupter zu schicken.

Das bereitete den Herrschern verständlicherweise mehr
Angst als Freude. Also suchte man sich die Leibköche besonders gut aus, wirklich besonders gut. Und man stattete sie
aus mit reichlich Geld und allen möglichen Privilegien, um zu
verhindern, dass sie bei einem mit genügend Bakschisch flan-
kierten Ansinnen durch Dritte, vielleicht doch ein bisschen
Gift ins Süppchen zu streuen, nicht schwach werden mussten.
Der Chefkoch soll am königlichen Hof bisweilen sogar einen so
hohen Rang eingenommen haben, dass ihm eine Art Krone zu-
stand, die in Form und Größe der des Königs entsprach – allerdings aus Stoff und ohne Edelsteine. Die Form der gerippten
Königskrone ahmte man durch eingenähte Falten nach. Voilà,
das soll sie gewesen sein, die erste Kochmütze.

Eine andere Theorie führt ins Byzantinische Reich, dem öst-
lichen Teil des römischen Kaiserreiches, das vom 4./5. Jahrhundert bis zu seiner Eroberung durch die Osmanen im Jahre 1453
existierte. Ende des 6., Anfang des 7. Jahrhunderts wurde das
byzantinische Reich heftigst bedrängt: Die Perser penetrierten
das Reich im Süden, eroberten Alexandria und Jerusalem, die
Awaren und Slawen bestürmten den Balkan im Norden,
schließlich drangen die Awaren und die Perser gar bis nach
Konstantinopel vor.

Das alles war schrecklich. Schrecklich barbarisch. Und davor floh man als Intellektueller oder Künstler in den Schutz der orthodoxen Klöster. Um bei Razzien durch die Barbaren nicht weiter aufzufallen, kleidete man sich wie die orthodoxen Klosterbewohner mit schwarzen Roben und setzte sich schwarze Hüte auf. Einige von diesen Flüchtlingen waren bereits gute Köche, andere wurden mit Gottes Hilfe dazu gemacht. Und irgendwann sollen sie den schwarzen Hut gegen einen weißen Küchenhut ausgetauscht haben. Das war die zweite Geburtsstunde der Küchenmütze oder auch »Toque blanche«, wie man sie in Frankreich nennt.

Vielleicht war aber auch alles ganz anders. Vielleicht orientierte sich die krempenlose Form der Toque blanche an einer zivilen und sehr ähnlich ausschauenden, von Männern wie Frauen getragenen barettähnlichen Kopfbedeckung des 16. und 17. Jahrhunderts. Es ist wohl kaum nachweisbar. Weder das eine noch das andere. Nur eins scheint sicher: De facto war die Kopfbedeckung der Köche über Jahrhunderte hinweg nicht einheitlich, weder in Form noch in Farbe. Von Land zu Land unterschiedlich trug man von der schlapp hängenden Kappe über straffere Baretts bis hin zu Hüten, mit oder ohne Falten (eingenäht oder eingebügelt), so ziemlich alles, was auf dem Kopf Halt fand.

In Frankreich war im 18. Jahrhundert die *casque à meche*, eine Art Zipfelmütze, sehr populär, die je nach Rang des Kochs in unterschiedlichen Farben getragen wurde. Neben dieser »casque à meche« war gegen Ende des Jahrhunderts auch eine mehr in die Höhe aufragende Haube aus Leinen oder Drillich sehr beliebt, die sich schließlich mit Hilfe von spiralig eingearbeitetem Walknochen wie eine Art Heiligenschein über dem Kopf spreizte.

M. Boucher, der Chefkoch eines der berühmtesten französischen Diplomaten und Politikers, Charles Maurice de Talley-

rand-Périgord, soll als Ausweis höchster Hygiene am köcheln-
den Topf die weiße Farbe bei der Küchenkopfbedeckung eingeführt haben. Was man allerdings auch dem wohl größten
französischen Kochgenie jener Zeit nachsagt, nämlich Marie-
Antoine Carême (1784–1833). Carême stand über lange Jahre
als Freelancer ebenfalls in den Diensten Talleyrands und hatte
bei Boucher einiges über Küchenorganisation und Kochkunst
gelernt. Carême, der als genialer Begründer der modernen
»Grande Cuisine Française« gilt, der zahlreiche Küchengeräte
erfand, Hunderte von Rezepten niederschrieb und entwickelte,
modernisierte, vereinfachte und verfeinerte und schließlich als
»Koch der Könige und König der Köche« in die Geschichte
einging, dieser Carême soll der Toque schließlich mit Hilfe eines Papprings zu jener stolz aufragenden Höhe verholfen haben. Genau gesagt am 30. Januar 1821.

Als Chef seiner Brigaden trug Carême nunmehr eine 45
Zentimeter in die Höhe ragende majestätische Toque. Die ihm
untergeordneten Sous-Chefs hingegen trugen nach wie vor
eine kappenartige Kopfbedeckung. Auch ein weiteres französisches Kochgenie, Georges-Auguste Escoffier (1846–1935), der
mit rekordverdächtigen 63 Dienstjahren wohl am längsten am-
tierende »Kaiser der Köche«, der nicht nur im Pariser Ritz, sondern auch in London (!) im Savoy und im Carlton den legendären Weltruf der französischen Küche gründete, ließ seine
Küchentruppen nur in korrekter Berufskleidung – mit weißen
Kochmützen – antanzen. So setzte sich die »Toque blanche« in
den Küchen der Welt langsam, aber sicher durch, vor allem
nach dem Ersten Weltkrieg.

Die einstmals 100 Falten der gestärkten Stoff-Kochmütze
sollen angeblich auf die Fähigkeit guter Köche Bezug nehmen,
ein Ei in (mindestens) 100 verschiedenen Zubereitungsformen
auftischen zu können und dies in einer Palette von Ge-

schmacksvarianten, die so breit angelegt ist, wie die Natur bunt ist.

Seit in den Sechzigern des letzten Jahrhunderts mit den neuartigen Einweg-Papiermützen das Wegwerfdenken der neuen Wirtschaftwunderzeit auch in der Küche Einzug hielt, ist kein Waschen, kein Stärken und kein Falten-Bügeln der stolzen Berufsmütze mehr nötig. Die Textil-Toque wanderte schließlich zugunsten von Viskose-Vlies in die Klamottenkiste der Küchenmode. Auch die Zahl der Falten in den Papiertüten hat bedenklich abgenommen. Da möchte man nur hoffen, dass die meisten derer, die da unterm Viskose-Vlies ihren Dienst verrichten, gleichwohl in der Lage wären, ein Ei in 100 unterschiedlichen Zubereitungsformen aufzutischen.

Nun ja, für ein hart gekochtes Salatei wird's wohl allemal reichen. Und wie ein Profi die Resthaut vom gestockten Weißen entfernt, das weiß man ja.

KOPI LUWAK

… welchen Beitrag die Darmschlingen der indonesischen Schleichkatze für die Qualität des wohl teuersten Kaffees der Welt leisten, und welchen Aufwand die Wissenschaft betreibt, dem tierischen Veredlungsprozess auf den Grund zu gehen …

Einen Esel im Keller stehen zu haben, der Dukaten kackt. Das wär's. Das würde Probleme lösen. Gut, über die Währung müsste man noch mal reden. Dollars wären vielleicht besser oder Euros. Und am besten Scheine. Kleine Scheine. Viele kleine Scheine. Aber klar, gibt's natürlich nicht. So'n Esel. Im Keller.

Jetzt mal tief durchatmen und aufgepasst: Den gibt's nämlich doch, den Dukatenkacker! Gut, im Keller steht er nicht. Und auch in unseren Breitengraden ist er nicht anzutreffen. Ein Esel ist es streng genommen auch nicht. Es ist vielmehr ein Fleckenmusang. Und er köttelt auch nicht direkt Dukaten oder gar Euros. Aber was aus den dunklen Tiefen seines Gastrointestinaltrakts, also aus seinem Darm, allenthalben das Licht der indonesischen Inselwelt erblickt, ist so wertvoll, dass man es in Gold aufwiegen könnte: Der Fleckenmusang köttelt Kaffeebohnen! Das gebrannte, geröstete, gemahlene und schließlich aufgebrühte Endergebnis nennt man »Kopi Luwak«. Es ist so ziemlich der teuerste Kaffee der Welt, er soll exorbitant extravagant schmecken – und ist kaum irgendwo erhältlich. Also nix für 'ne Tasse zwischendurch.

Der Fleckenmusang *Paradocurus hermaphroditus,* der Dukatenesel der Indonesier, ist eine Zibet- bzw. Schleichkatze. Und die schleicht als Baumbewohner besonders auf den Inseln Sumatra, Java und Sulawesi, die zu den gut 13 500 Inseln (6000 sind unbewohnt) des indonesischen Archipels gehören, im Blätterwald von Bäumen umher, zum Beispiel in dem von Palmen. Dort ernährt sich der von den Einheimischen »Luwak« genannte Fleckenmusang vorzugsweise von einer gesunden Mischdiät aus kleinen Säugetieren, Insekten und reifen Früchten. Besonders der Saft der Palmen hat es ihm angetan. Die Einheimischen bereiten aus dem fermentierten Saft dieser Palmen auch gerne einen Drink, den man englisch »Toddy« nennt. Weshalb man die Schleichkatze dort auch als »Toddy Cat« bezeichnet.

Wie der heimische Waschbär scheut jedoch auch der ca. zwei bis sechs Kilogramm schwere Fleckenmusang Indonesiens nicht die unmittelbare Nähe des Menschen. Und weil man auf den genannten Inseln profitable Kaffeeplantagen angelegt hat, trifft man in selbigen Plantagen auch auf den Fleckenmusang – und seine Hinterlassenschaften. In diesen Hinterlassenschaften, sie sind leicht zu finden, weil die Schleichkatzen – Katzenklo, Katzenklo – für ihre Geschäfte immer dieselbe Stelle zu frequentieren belieben, entdeckten die Plantagenarbeiter schließlich etwas, was sie die Schleichkatze zunächst verfluchen ließ: Kaffeebohnen. Der Fleckenmusang liebt nämlich Kaffeekirschen. Mit feiner Nase sucht er nur die reifesten Früchte aus, frisst sie, verdaut aber offenkundig nur das Fruchtfleisch und scheidet die Samen, also die Kaffeebohnen, ziemlich unversehrt wieder aus.

Zunächst neigte man dazu, die Schleichkatzen als lästigen Ernte-Konkurrenten zu betrachten, ging aber dann irgendwann dazu über, die vom Fruchtfleisch auf natürliche Weise befreiten Bohnen versuchshalber zu rösten, zu mahlen und Kaffee

damit aufzubrühen. Und siehe da. Es schmeckte gar vorzüglich. Was zunächst als eine Marotte der indonesischen Inselbe-
wohner anmutete, der »Kopi Luwak«, also der »Kaffee der Zibetkatze«, fand spätestens Mitte der Neunziger in der
Manteltasche einiger Kaffeehändler seinen Weg über Europa
nach Kalifornien, wo Kopi Luwak in erlesenen Coffee-Shops
erstmals angeboten wurde.

Wer bisher das Privileg hatte, einen solchen Kaffee zu probieren, schwärmt von einem ungemein vollen Aroma, von einer nahezu sirupartigen Fülle, mit erdigem, modrigem An-
klang an Dschungel(sic!) sowie Karamell- und Schokonoten.
Doch bei aller Fülle und allem Aroma ist er dennoch ungemein
mild, was viele Kaffeefanatiker besonders schätzen. Kopi Luwak schmeckt mit einem Wort: einzigartig!

Doch wie gesagt: Es ist nach wie vor ein Privileg. Er ist kaum
irgendwo zu bekommen. Was nicht groß wundert. Der Fleckenmusang schert sich einen Dreck um die Genussbedürf-
nisse einiger Kaffeekenner, er köttelt nicht auf Befehl und auch
nicht am Fließband. Die »Ernteerträge« pro Jahr sind dementsprechend mickrig. Von 250 bis 1500 Kilogramm pro Jahr ist in
der Kopi-Luwak-Szene die Rede. Das ist nicht wirklich viel für
einen kaffeedurstigen Erdball. Und was so knapp bemessen ist,
erzielt heftige Preise. 100 bis 1000 Euro muss man je nach
Ernte, Herkunft und Land für ein Kilo Köttelkaffee auf den
Tisch blättern. Das sind extreme Preisschwankungen, und man
ist geneigt, hinter manchem Angebot – dem billigen wie dem
besonders teuren – einen hübschen kleinen Beschiss zu vermuten. Im KaDeWe in Berlin wird er hin und wieder für recht
»moderate« 18 bis 20 Euro pro 100 Gramm angeboten. Gegen
solche Preise sind selbst Spitzenqualitäten von zum Beispiel »Jamaica Blue Mountain Coffee«, den man ebenfalls den besten
Kaffee der Welt nennt und um den sich Händler mangels

Masse ebenfalls prügeln, preislich kleine Korinthenkacker: Läppische 100 Euro muss man für ein Kilo Jamaica Blue berappen.

Wenn Kopi Luwak überhaupt im freien Ausschank erhältlich ist, darf man um die sechs Euro für ein Tässchen bezahlen. Je nach Standort sind restlos schmerzfreie Koffeinjunkies auch bereit, sich bis zu 50 Dollar aus der Tasche ziehen zu lassen. Aber bitte, in Rom zahlt man als Tourist für einen Espresso an exponierter Stelle auch mal gerne vier Euro. Im Stehen. Im Sitzen das Doppelte. Also was soll's, da kann man sich auch mal einen Schleichkatzen-Kaffee gönnen.

Was so teuer und so exklusiv ist, ruft in der Regel irgendwann irgendeinen Wissenschaftler auf den Plan, der dem ganzen Zauber auf den Grund zu gehen bereit ist. Die Fragen sind ja schnell gestellt: Ist der ganze Insider-Rummel nur ein Marketing-Gag, mit dem sich einige gewiefte Händler die Taschen voll machen? Und spinnen all die Kaffeeconnaisseure mit ihrer Genusslyrik? Kann man überhaupt schmecken, was man da zahlt? Mit anderen Worten, gibt es einen Unterschied zwischen einer indonesischen Köttelbohne und einer ordinären Kaffeebohne, der einen Geschmacksunterschied überhaupt plausibel erscheinen lässt?

Um es vorweg zu sagen, es gibt ihn. Und der Wissenschaftler heißt Massimo Marcone und ist Lebensmittelforscher an der Guelph University in der kanadischen Provinz Ontario. Marcone also besorgte sich einige Böhnchen aus Indonesien, bereiste zusätzlich aber auch noch Äthiopien, um auch hier auf Suche nach (un)verdauten Bohnen zu gehen. Denn hier aus Äthiopien kommt er ja ursprünglich her, der Kaffee, aus der Region Kaffa (weshalb er aber nicht Kaffee heißt, das leitet sich vom arabischen »Kahwa« ab und ist eine ganz andere Geschichte). Und hier in Äthiopien lebt eine verwandte Schleichkatzenart, nämlich die afrikanische Zibetkatze. Und siehe da,

auch hier fand Marcone an einschlägigen Stellen (s. o.) Kaffeebohnen, die eine vergleichbare Reise durch den Darm der afrikanischen Schleichkatzen genommen hatten. Und die wurden
gemeinsam mit normalen kolumbianischen Kontrollbohnen
nun einer eingehenden Hightech-Analyse unterworfen.

Nun mag der eine oder andere empfindsamere Kaffeefan einen ungestümen Würgereiz empfinden bei der Vorstellung,
um des angeblich höchsten Kaffeegenusses willen gemahlenen
und aufgekochten Schleichkatzenkot trinken zu sollen. Die
schlichte Angst vor krank machenden Darmbakterien erweist
sich da schnell als eine natürliche Genussbremse. Doch in dieser Hinsicht konnte Marcone entwarnen: Die Köttelbohnen
sind nachweislich weit weniger mit Bakterien kontaminiert als
herkömmliche. Und das aus einem ganz einfachen Grund: Sie
sind sauberer, weil sie nach dem Einsammeln und vor der
Weiterverarbeitung gründlicher gewaschen werden. Die
Fruchthaut der Bohnen wird nämlich durch die Verdauungssäfte der Tiere nicht gänzlich aufgelöst, was eine gründlichere
Reinigung notwendig macht.

Das Thema ist auch nicht ganz neu. Eine ganz ähnliche Aufregung ließ in der jüngeren Vergangenheit die Feinschmecker-
szene bei der Diskussion ums sogenannte Arganöl erzittern.
Um das in Marokko aus den Kernen der Arganfrüchte gewonnene Gourmetöl gab es, von zarten Genussseelen angerichtet,
ein vergleichbar aufgeregtes Gezeter, als darüber berichtet
wurde, dass ausgerechnet dieses wohl teuerste Speiseöl der Welt
zum Teil aus Fruchtkernen gewonnen wird, die gleichermaßen
den Weg durch einen Tierdarm genommen haben: nämlich
den von Ziegen, die sich in die dornenbewehrten Arganbäume
schwingen und an den Früchten gütlich tun. Das Endprodukt
in der Flasche ist jedoch genauso sauber und bedenkenlos ge-
nussfähig wie der Schleichkatzenkaffee in der Tasse. Punktum.

Mit Hilfe eines Colorimeters stellte Marcone als Nächstes einen farblichen Unterschied zu herkömmlich geernteten Bohnen fest: Die Kopi-Luwak-Bohnen wiesen mehr rote und gelbe Farbanteile auf als die Kontrollbohnen. Auch die Oberfläche der Kopi-Luwak-Bohnen war anders beschaffen. Einerseits waren sie – vermutlich verdauungsbedingt – glatter. Andererseits konnte man im Rasterelektronenmikroskop unter 10 000-facher Vergrößerung kleinste Grübchen und Vertiefungen feststellen, auch die vermutlich über Verdauungssäfte und Enzyme hervorgerufen.

Das alleine ließ aber alles noch keine Rückschlüsse auf den angeblichen Geschmacksunterschied zu. Die ergaben sich aus einer »Elektrophoresis« genannten Methode, mit deren Hilfe Marcone feststellte, dass durch die Verdauungsenzyme der Fleckenmusangs die Speicherproteine der Bohnen offenbar abgebaut oder in kleinere Moleküle gespalten werden. (Und dies beim indonesischen Fleckenmusang übrigens deutlicher als bei der afrikanischen Zibetkatze.) Diese Proteine beeinflussen in entscheidendem Maß den Geschmack des Kaffees. Unter anderem bestimmen sie, wie bitter der Kaffee nach der Weiterverarbeitung schmeckt. Auch andere geschmacksbestimmende flüchtige Bestandteile des Musangkaffees wiesen Unterschiede zu den kolumbianischen Kontrollbohnen auf.

Mit Hilfe dieses Aromaprofils kann Marcone im übrigen zweifelsfrei feststellen, ob eine Bohne tatsächlich den langen Gang durch die Intestinal-Institutionen der Schleichkatze gegangen ist oder ob es sich um herkömmliche Kaffeebohnen handelt. 50 Prozent der eingeschickten Proben mit der Bitte um Qualitätstest sind bedauerlicherweise ganz normale Bohnen.

Einen Weg, wie die exorbitanten Preise für die exklusive Kaffeespezialität eventuell zu brechen sind, stellt Marcone auch in

Aussicht: Seiner Meinung nach geschieht im Darm der indonesischen Schleichkatze prinzipiell nämlich nichts anderes als bei der sogenannten Nass-Fermentierung, einer bereits gebräuchlichen Methode für die Herstellung hochwertigen Kaffees. Bei diesem Verfahren wird im Gegensatz zur trockenen Fermentierung, bei der die Bohnen so lange getrocknet werden, bis sich das Fruchtfleisch von den Bohnen löst, das Fruchtfleisch maschinell mit einem sogenannten Pulper von der Bohne gequetscht und anschließend in ein Fermentationsbecken geleitet. Die letzten Fruchtschleimrückstände können im Anschluss abgewaschen werden. An diesem Verfahren sind wie im Darm des Fleckenmusangs ebenfalls Milchsäurebakterien beteiligt. Marcone glaubt nun, dass dieser Prozess biochemisch irgendwann so zu perfektionieren sei, dass ein vergleichbarer Effekt erzielt wird wie im Darm des Fleckenmusangs. Dann würde ein vergleichbar schmeckender Kaffee sicher in größeren Mengen produziert und zu kleinerem Preis angeboten werden können. Dann wäre allerdings auch das Gefühl dahin, einem besonders exklusiven Vergnügen nachzugehen – und darum geht's wohl ehrlicherweise den meisten Konsumenten dieses Edelkaffees.

Mit Vergnügen trinken kann man nach neuesten Erkenntnissen Kaffee übrigens in nahezu jeder Form. Im Tierversuch wurden deutliche Hinweise gefunden, dass der Muntermacher Kaffee die Bildung von Enzymen ankurbelt, die wiederum Fremd-, Gift- oder gar Krebs erregende Stoffe unschädlich machen. Kaffee soll auch Muskelschmerzen bei schwerer körperlicher Arbeit vorbeugen. Und erschlaffender Manneskraft soll er vorbeugen: Kaffee bringt angeblich auch Spermien auf Trab. Deren Beweglichkeit nimmt bei regelmäßigem Kaffeegenuss nämlich zu.

Selbst die über Jahrzehnte geltende Lehrmeinung, dass Kaffee die Wasserbilanz im Körper negativ beeinflusse, weil Kaffee (ebenso wie Tee) angeblich wassertreibend wirkt, scheint nunmehr widerlegt. Zumindest für den koffeingewöhnten Teil der Menschheit. An der Universität in Omaha in den USA wurden zwei Gruppen von Probanden je zwei Liter koffeinhaltige und koffeinfreie Getränke verabreicht. Die innerhalb der folgenden 24 Stunden gemessenen Urinmengen wiesen keine Unterschiede auf zwischen der Gruppe, die koffeinhaltige Getränke zu sich nahm, und der Gruppe, die koffeinfreie Getränke zu sich nahm. Im Unterschied zu anderen Studien, hatte man die Probanden jedoch nicht angewiesen, im Vorfeld auf ihren gewohnten Kaffeegenuss zu verzichten.

Fazit: Wer an Koffein gewöhnt ist, scheidet wegen des Kaffeekonsums nicht mehr Wasser aus. Regelmäßiger Konsum von Kaffee (oder Tee) beeinflusst den Flüssigkeitshaushalt allein durch die mit dem Kaffee aufgenommene Wassermenge. Kaffe und Tee können in der Flüssigkeitsbilanz also getrost mitgezählt werden. Lediglich ab einer Dosis jenseits von vier Tassen Kaffee lässt sich ein leicht erhöhter Flüssigkeitsverlust feststellen.

Man sollte es also einfach nicht übertreiben. Nicht bei der Kaffeemenge. Und beim Preis? Wer hat, der kann. Aber man muss nicht. Selbst wenn man hat.

KOSMISCHER WEIN

*… wie man mit der Sterne Bahn und verbuddelter
Kuhkacke im biodynamischen Weinberg selbst die härtesten
Weinkritiker in helle Euphorie treibt …*

Das ist doch alles irgendwie ziemlich durchgeknallt. Zum Beispiel die Nummer mit der verbuddelten Kuhkacke. Natürlich
braucht eine Weinrebe in der Wachstumsperiode im Frühjahr
Unterstützung, um späterhin Triebe, Blätter, Blüten und
Früchte, also Trauben, zu entwickeln. Und natürlich kann
man, statt in die Wundertüte der Chemie zu greifen, einfach
Tierdung verwenden. Aber was sich die Biodynamiker unter
den Weinbauern, jene exzentrischen Jünger der Landwirt-
schaftslehre des österreichischen Anthroposophen Rudolf Steiner (1861–1925), für diesen Fall ausgedacht haben, ist schon –
nun ja – speziell. Was wiederum in Kenntnis auch nur weniger
Theorien und Schriften des österreichischen Esoterikers nicht
wirklich wundert.

Folgen wir einem der größten und konsequentesten Fans der
Steinerschen Landwirtschaftstheorien. Einem Franzosen: Nicolas Joly, einem ehemaligen Banker, der an der Loire ein traditionsreiches und familieneigenes Weingut übernahm und es
seit Anfang der 1980er Jahre nach den Anthroposophenlehren
des großen Vorsitzenden Steiner bewirtschaftet. 1998 beschrieb
er in einem Buch mit dem Titel »Beseelter Wein«, was es unter
anderem auf sich hat mit dem verbuddelten Kuhdung auf einem Weingut, das von Biodynamikern geleitet wird, jenen
Kosmo-Turbo-Biobauern, gegen die sich herkömmliche Bio-

bauern fast wie hausbackene Naivlinge mit kleinkariertem Tellerrandblick ausnehmen.

Also: Um im Frühjahr, der Periode »der Frische und Jugendlichkeit«, den Rebstöcken Gutes angedeihen lassen zu können,
wird vom biodynamischen Winzer im Herbst, »der Periode der
Auflösung«, zur »Zeit der Äquinoktien« eine Portion Kuhscheiße in ein Kuhhorn gefüllt, dem man zuvor die innere
Knorpelmasse entfernt hat. Dieses mit Kuhkacke gefüllte Horn
wird nunmehr an geeigneter Stelle im Erdreich des Wingerts
vergraben, wo die Exkremente im Horn bis in den Frühling
hinein in aller Ruhe vor sich hinfaulen können. Mit einem zu
erwartenden Effekt. Denn wenn sie dann im Frühjahr ausgegraben werden, riechen sie, wie im Horn verbuddelte Kuhscheiße nun mal riecht: erbärmlich.

Aber nicht, dass man sie nun als Dünger einfach ins Reben-
Erdreich einpflügen könnte. Nein, zuvor muss der stinkende
Dung noch »dynamisiert« werden. Dies geschieht, indem der
Winzer den Horninhalt in lauwarmem Wasser und in einem
runden Behälter erst im Uhrzeigersinn, dann im entgegengesetzten Sinn umrührt, und zwar erst nach 15 Uhr nachmittags,
weil nach einer Stunde bereits die Dynamisierung ihre Wirkung zu verlieren beginnt, die gequirlte Scheiße aber erst am
späten Nachmittag auf die Erde gesprüht werden soll, wenn der
Boden »das Schwinden der Sonne schon deutlich spürt«. Ein
Kuhhorn auf einen Hektar reicht. Und das ist – natürlich –
reinste Homöopathie.

Die Nummer mit dem Kuhhorn ist unter Biodynamikern
keineswegs eine exaltierte Absonderlichkeit. Im Gegenteil: Der
große Vorsitzende Steiner hatte seinen Anhängern seinerzeit
mit auf den Weg gegeben, dass »jede« kompost- bzw. präparatfähige Pflanze in einem »inneren Zusammenhang« mit einem
tierischen Organ steht und von diesem »angezogen« wird. So

weiß man ja zum Beispiel, dass die Kamille besonders im Magen-Darmtrakt ihre segensreiche Wirkung entfaltet. Also soll sie in den Eingeweidetrakt am besten einer Kuh, der »Inkarnation der Verdauungskräfte«, gefüllt werden, bevor man sie vergräbt und nach ihrer Verweildauer im Erdreich schließlich in den Dung oder Kompost einarbeitet. Eichenrinde hingegen gehört in den Schädel eines Nutztieres, der als »sphärischer Empfangsraum« die Vereinigung der zwei gesteinsharten Kalziumträger forciert. Quarzstaub wiederum gehört, wie der Kuhdung, in einem Kuhhorn eingebuddelt, um schließlich in dynamisierter Form in einer Konzentration von vier Gramm pro Hektar die Photosynthese der Blätter unterstützen zu können. Vier Gramm auf einen Hektar!

Die schwurbelige Begründung für all die geheimnisvolle Buddelei im Wingert ist mindestens so zauberhaft wie der Hokuspokus ums vergrabene Gehörn selbst. Warum zum Beispiel Kuhmist und Kuhhorn? Warum nicht Dung und Horn vom Schaf oder vom Stier? Weil die Pflanzen allein im extrem langen und »leistungsfähigen Verdauungsapparat« einer Kuh »wachstumsfördernde Kräfte« erlangen. Viel wichtiger allerdings ist »der Aspekt des Weiblichen«. Der Boden in des Biodynamikers Weingarten muss nämlich »lebendig, aufnahmefähig und empfängnisbereit« sein – also weiblich. Deshalb ein Horn von der Kuh und nicht vom Stier.

Aaaha!

Und hat nicht das Horn auch geheimnisvolle, lebensspendende Kräfte? Wurde nicht im Mittelalter mit den Worten »Das Wasser ist ins Horn gefüllt!« zu Tisch gebeten? Warum? Weil das Wasser, das getrunken werden sollte, zunächst im Kuhhorn »vitalisiert« werden musste! Vitalisiert! Darum! Darüber hinaus: Die Kuh, das kosmische Wesen, hält doch mittels ihres Gehörns »Kontakt mit der Sonne«, weshalb ja schon die alten Ägypter ihre Göttin Athor gerne mit einer Sonnenscheibe im Gehörn abgebildet haben.

Ja, ja, die Sonne …

Überhaupt: Die Sterne in den unendlichen Weiten des Alls! Sind nicht sie die wahren Kraft- und Lebensspender für alles Gedeihen auf Erden? Soll all die irdene Arten- und Gestaltvielfalt in Flora und Fauna tatsächlich das nüchterne Ergebnis von Evolution und Genplan sein, soll das alles allein »von der Erde herrühren, von der Erde, die in den Wintermonaten mancherorts so trostlos aussieht«?

Nein, nein!

»Leben kommt aus dem kosmischen Raum, … das Leben strömt aus dem All, genauer gesagt aus dem Bereich der Sonne hernieder.« »In der Atmosphäre vollzieht sich eine Art Verdauungsvorgang, dessen subtile Realität ihren Ursprung in noch weiterer Ferne hat.« Was auch immer das Ergebnis eines atmosphärischen Verdauungsvorgangs sein mag, Steiner und seinen biodynamischen Jüngern zufolge sollten wir in jedem Fall pfleglich mit der Atmosphäre umgehen. Und keine schädlichen Wellen in die Atmosphäre befördern, also zum Beispiel laute Musik und so. Weil: Sonst riskieren wir Folgereaktionen! Also Schluss mit dem musikalischen Pop-Getöse in überfüllten Fußballstadien! Das All braucht seine Ruhe!

Der große Vorsitzende Steiner beließ es seinerzeit aber nicht alleine bei seiner kosmisch beeinflussten, biodynamischen Demeter-Landwirtschaft. Ganz nebenbei beglückte er seine Anhängerschaft auch mit einer eigenen kosmischen Theorie zur Genesis. Nun denn, für Steiner und seine Anhänger ist unter dem Strich alles Werden und Wirken auf Erden die Folge einer »planvollen Ordnung von sich gegenseitig ständig beeinflussenden Kreisbahnen oder konzentrischen Sphären«. Selbst das Auftreten der todbringenden Reblaus ist Steiner zufolge allein

»dem ungleichgewichtigen Einfluss der inneren Planeten und der äußeren Planeten zuzuschreiben«. Und das alles lässt dann auch recht leicht begreifen, wie die »Planetensphären auf die uns umgebenden Elemente Wärme, Luft und Wasser« einwirken – sofern man dem großen Vorsitzenden Steiner »ein bisschen Glauben schenken will«.

Das fällt einem aufgeklärten Rationalisten allerdings tatsächlich schwer, die Sache mit dem Glauben ans Gestirn und ans Gehörn. Was unter dem Strich auch Nicolas Joly einsieht, wenn er zugesteht, dass man als Rationalist natürlich schwer zu glauben in der Lage sei, dass ein »Konfetti von einem Planeten in Abermillionen von Kilometern Entfernung« Einfluss nehmen könnte »auf die uns umgebenden lebendigen Bereiche«. In der Tat.

Schwierigkeiten hat man als Rationalist auch mit der Vorstellung, dass der Weinbauer im Zweifel »Krankheiten in seinem Weingut durch Konzentration der Gedankenkräfte in den Griff bekommen« könne. Man möge darüber lächeln, aber das ginge! »Gedanken unterliegen keinen irdischen Maßstäben, weil sie einer unberührbaren qualitativen Sphäre angehören«. Mönchsorden seien ja einst auch von »ihren erdentrückten Andachtshöhlen herabgestiegen, um im Talgrund den Boden mit der Kraft ihrer Arme und ihrer Gedanken fruchtbar zu machen. Das war oft keine leichte, aber eine wohlüberlegte Entscheidung.« Ob es eine wohlüberlegte Entscheidung ist, tatsächlich an die fruchtbare Gedankenkraft von Mönchen und Menschen zu glauben, mag an dieser Stelle dahingestellt bleiben.

Probleme hat man als Rationalist auch mit dem permanenten Rückgriff auf ein geheimnisvolles, zuvorderst aber einfach nur entsetzlich vorwissenschaftliches »Wissen« aus »alten« oder gerne auch mittelalterlichen Zeiten. Da beruft man sich – natürlich – auf Hildegard von Bingen, auf Paracelsus und auf ein

»intuitives landwirtschaftliches Wissen«, das bedauerlicherweise gegen Ende des Mittelalters verloren ging. Intuitives
Wissen!

Nun, man mag sich als Rationalist über all das lustig ma-
chen, über all dieses skurrile Abrakadabra und über das seltsam
abgedrehte Begründungskompendium der Biodynamiker.
Man mag es als eine weitere abenteuerliche Schattierung jener
zeittypischen Geistesverwirrung abtun, die sich aus naiver
Mittelalter-Magie, aus Stonehenge-Okkultismus, Seidentanz-
Esoterik, Schamanen-Beschwörung, Rohkost-Frömmigkeit,
Globuli- und Bachblüten-Gläubigkeit und einer entsetzlich
bleiernen Zivilisationsmüdigkeit speist. Und die vor allem
Gutmenschen immer wieder mit Präzision befällt, wenn sie an
ihrer Getreidemühle stehend unkontrolliert über den ganz-
heitslosen Irrsinn der über Wissenschaftsgläubigkeit und Pro-
fitglobalisierung aus dem Ruder gelaufenen Welt ins Grübeln
geraten.

Man kann das tun. Aber man sollte sich hüten, das Ergebnis
all dieser seltsam anmutenden Bemühungen der Biodynamiker
im Weinberg zu unterschätzen. Vor allem dann, wenn man
nicht nur Rationalist, sondern vor allem auch Genießer ist. Die
Weine von Nicolas Joly und einer Menge weiterer Winzer, die
sich, mittlerweile weltweit, wenn auch zahlenmäßig immer
noch sehr begrenzt, der Biodynamik verschrieben haben, zählen nämlich zu den Besten. Manche sagen der Welt.

Berühmte Connaisseure und Weinkritiker geraten geradezu
ins Schwärmen, wenn sie über den berühmten »Coulée de Serrant« von Nicolas Joly berichten, einem Weißwein aus der Che-
nin Blanc-Traube. Der Weinberg »La Coulée de Serant«, eine
sieben Hektar große bzw. kleine Einzellage, wurde bereits vor
über 800 Jahren von Zisterziensermönchen mit Reben be-
stockt. Gut und berühmt sind die Weine dieser Lage aber nicht

erst seit gestern, lässt doch bereits Alexandre Dumas seinen
d'Artagnan in den »Vier Musketieren« sagen: »Erlauben Sie,
dass ich mich bei unserem Gastgeber erkundige, ob er nicht einige gute Flaschen des Coulée de Serrant hinter dem großen
Holzscheit seines Weinkellers lagern hat.« Es war wohl damals
wie heute: Man sprach mehr über diesen Wein, als ihn zu trinken, weil es wohl schon damals, selbst in Frankreich, nicht ganz
einfach war, eine Flasche zu ergattern – ganze 3600 Flaschen
gibt es heute für den deutschen Markt jährlich.

Angesichts der Euphorie über die Qualität des biodyna-
misch erzeugten Weins von Nicolas Joly, der wie kein anderer
als Prophet des steinerschen Missionswerkes versucht, seine
Winzerkollegen auf Seminaren und Vorträgen von der biodynamischen Demeter-Lehre zu überzeugen, fällt es selbst dem
kühlen Rationalisten leicht anzuerkennen, dass etwas dran sein
muss am ganzen Zauber mit Sternenkraft und Kuhhorndung.
Und unter dem Strich ist es angesichts der Qualität des Weins
auch egal, ob es trotz oder wegen der steinerschen Sternenlehre
funktioniert. Vieles von dem, was sich nach esoterischem Voo-
doo anhört, ist wohl reine Chemie, lässt oder ließe sich wissen-
schaftlich recht einfach erklären. Vieles wird sich vielleicht erst
in 1000 Jahren erklären lassen, ganz rational und wissenschaft-
lich. Vieles vielleicht auch nie, weil es de facto überhaupt nicht
hilft oder wirkt.

Für den Genießer ist es gleichgültig, warum es funktioniert.
Es funktioniert. Und wenn es allein deshalb funktioniert, weil
den Biodynamiker ein von Respekt und Liebe geprägtes Naturverständnis auszeichnet, und weil er seinen Weinberg vor allem
als ein äußerst vitales System betrachtet, das nur dann beste
Weinqualität zu liefern in der Lage ist, wenn man das Zusammenspiel aller natürlichen Komponenten dieses Systems
nicht stört oder gar zerstört, sondern sich zunutze macht, bes-

tenfalls korrigierend lenkt. Pilze, Insekten, Grünpflanzen, Bo-
denbakterien gehören in dieses System. Kunstdünger, Herbi-
zide und Insektizide, ihre industriellen Gegenspieler, sind tabu.
Ein solches Naturverständnis verbietet auch den Einsatz von
lauten Maschinen zum Pflügen der Erde. Pferde verrichten
diese mühselige Arbeit. Auch geerntet wird von Hand und
nicht mittels Großernter, jener hochbeinigen Monster, die um-
standslos Blätter und Trauben gemeinsam von den Stöcken reißen. Und eine Herde schottischer Hochlandrinder hält man
sich – weil ein Weinstock die Existenz von Tieren zu »riechen«
vermag, weil es ihm dann besser geht. Es sei denn die Tiere fres-
sen den Weinstock. Wie weiland die Ziegen. Die wurden durch
Schafe ersetzt. Verständlich.

Welche verheerenden Wirkungen die Moderne in den Sechzigern zeitigte, hatte Nicolas Joly im Weinberg seiner Familie
selbst beobachten können, als die bis dahin traditionell und
konservativ, also ohne Kunstdünger und Insektizide bewirt-
schaftete Loire-Lage heimgesucht wurde von den Segnungen
der Agrochemie. Pestizide und Kunstdünger machten im
Weinberg das, was sie in der übrigen Landwirtschaft ebenfalls
anrichteten. Die Fauna im Weinberg wurde – bis auf die Stöcke
– restlos zerstört, die Böden erodierten und waren so tot wie Sa-
hara-Sand.

Mit anderen Worten: Die Typizität des Terroirs, des Bodens,
auf die man neuerdings wieder so viel Wert legt, war zum Teufel. Wie sie in so vielen Weinbergen noch heute zum Teufel ist.
Und damit eigentlich auch die Typizität des Weines, was man
im Keller mit hohem technologischen Aufwand wieder aufzu-
fangen sucht.

Bei Joly findet all dieser Kellerzauber nicht statt. Das hat
man hier nicht nötig, weil zuvor im Weinberg gezaubert wurde
– mit Mond und Sonne und Kuhhorn und Ochs und Pferd. Bei

Jolys im Keller wird nicht geschönt, hier wird der Weinstein nicht durch Kälte ausgefällt, hier wird nicht groß filtriert, und Turbo-Enzyme und Reinzuchthefen sind hier ebenso verpönt wie die Umkehrosmose zum Entziehen von Wasser.

Das Produkt ist ein erstklassiger Weißwein, dessen Lagerfähigkeit ebenso exotisch anmutet wie sein Herstellungsprozess: Einen guten Jahrgang kann man 20 bis 30 Jahre ins Regal legen. Das sind Lagerwerte, die in der Regel nur die besten tanningeschwängerten Rotweine erzielen. Und trinken sollte man einen »Coulée de Serrant« auf Empfehlung seines Herstellers bei gerade einmal 14 Grad – nachdem man ihn 48 Stunden dekantiert hat! Aber nur bei Vollmond!

Nein, Quatsch! Trinken kann man ihn immer. Egal wie die Sterne stehen. Gottlob.

SCHILDKRÖTENSUPPE LADY CURZON

*… wie die Schildkröte vom Indianer- und Seemannssnack
zur delikaten Suppe avancierte, und wie eine
amerikanische Millionärstochter an der Seite eines
englischen Vizekönigs in Indien daraus die sahnegekrönte
»Königin der Süppchen« machte …*

Im Verlauf der zwei Jahre machte mich das Schildkrötenfleisch irgendwann derart krank, dass ich nicht einmal mehr in der Lage war, den Geruch auszuhalten, obwohl es zu dieser Zeit kaum etwas anderes zu Essen gab, so dass ich tatsächlich Hunger schieben musste.«

Der sich da über ein gewisses Maß an Monotonie in Sachen Beköstigung beschwerte, war Henry Walter Bates. Bates konnte einfach keine Schildkrötensuppe mehr sehen. Bates war jedoch kein Snob. Er saß auch nicht in irgendeinem Londoner Luxusrestaurant, dessen teuren, aber etwas dünnbrüstigen Speiseangebots er etwa überdrüssig geworden wäre. Bates saß am Arsch der Welt. Am oberen Amazonas im brasilianischen Ega. Und genau da wollte er auch sitzen, ganz freiwillig. Bates war nämlich Naturforscher, ein junger bildungshungriger Entomologe (Insektenforscher), der 1848 als gerade einmal 23-Jähriger mit seinem Freund Alfred Russel Wallace zu einer elfjährigen Amazonas-Expedition von England aus aufgebrochen war. Bis zu seiner Rückkehr im Jahre 1859 schickte er gut 14 000 entdeckte Tierarten (die meisten Insekten) heim ins britische Reich. 8000 davon waren der Wissenschaft neu.

Für Ruhm und Ehre der Wissenschaften war Bates bereit zu

leiden. Also hatte er sich auf seine beschwerliche Reise durch den tropischen Regenwald begeben – und litt. Im tropischen Regenwald kann man an Vielem leiden. In Ega litt er unter Schildkrötenfleisch. Morgens Schildkröte, mittags Schildkröte, abends Schildkröte. Weil: Es gab hier nichts anderes. Nur von der großen Frischwasserschildkröte am oberen Amazonas gab es offenkundig genug. Jedenfalls hatte jeder Indianer hinter seiner Hütte einen Tümpel, in dem er sich einen kleinen Vorrat der bis zu einem Meter groß werdenden Kröten hielt.

»Das Fleisch ist sehr zart, angenehm und gesund; aber es ist auch sehr sättigend – nach jeder Mahlzeit fühlt man sich, über kurz oder lang, hoffnungslos überfressen«, schrieb Bates in seinem 1863 erschienenen Reisebericht »The Naturalist on the River Amazon«. Dabei gaben sich die indianischen Frauen am Amazonas alle Mühe, Abwechslung in den Speiseplan zu zaubern. Das zarte Fleisch der Brust wurde kleingeschnibbelt und im Brustpanzer geröstet, auch Steaks schnitt man aus dem Brustfleisch und kochte sie gemeinsam mit dem Schildkrötenfett. Aus dem dickhäutigen, mit kleingeschnittenem Fleisch gefüllten Magen machte man gar große Kochwürste. Und dann die Suppe! Diese »köstliche« Schildkrötensuppe! Die Innereien der Schildkröten wurden für diese »sarapatel« genannte Spezialität kleingehackt und mit Flüssigkeit in der oberen Panzerhälfte über einer Feuerstelle gar gekocht. Doch bei aller Liebe und egal wie »delikat«: Nach zwei Jahren ist Feierabend, dann kommen sie einem aus den Ohren, die Schildkröten. Auch als Suppe.

Zur gleichen Zeit zählte in Bates britischer Heimat Schildkrötensuppe bereits zu den ausgesprochen seltenen und sehr teuren Delikatessen der Begüterten. Rohstoff waren in diesem Fall allerdings keine Flussschildkröten vom Amazonas, sondern die ein bis zwei Meter groß werdenden Meeresschildkröten aus westindischen Gewässern (die grüne Suppenschildkröte). In die Teller der Begüterten hatten sich die Panzerkröten auch nicht direkt aus den tropischen Gewässern geschaufelt. Sie hatten den Umweg über die Schiffsplanken der Wal- und Handelsschiffe genommen, deren Matrosen die Schildkröten seit dem 17. Jahrhundert als lebendigen Proviant an Deck stapelten. Zur Delikatesse wurde das Fleisch der Meeresschildkröten auch nicht durch die alten Reichen deklariert, also den Adel, sondern durch die neuen Reichen, das zunehmend zu Wohlstand gekommene Bürgertum. Im späten 18. Jahrhundert begann diese neue Gesellschaftsschicht sich auch bei Tisch zu profilieren – unter anderem im Ausweis von Kennerschaft seltener Delikatessen.

Von wem die weltberühmte englische Turtle Soup, einem der ganz wenigen englischen Beiträge zur gehobenen Küchenkultur, erfunden wurde, liegt ziemlich im Dunkeln britischer Speisekammern. Eine Spur führt nach Oxford. Hier soll sich im 17. Jahrhundert einer der Bürgermeister im wahrsten Sinne des Wortes noch ein paar Kröten als Schiffseigner nebenbei verdient haben. Jedenfalls brachte ihm eines Tages einer seiner Kapitäne ein lebendes Exemplar von seinen Reisen mit – in der Hoffnung, seinem Chef und den Bewohnern seines Fischteichs eine Freude machen zu können.

Doch zum Leidwesen der Schildkröte gedachte der Bürgermeister just zu dieser Zeit ein offizielles Bankett zu geben. Und irgendwie hatte der Bürgermeister das unbestimmte Gefühl, dass es an der Zeit wäre, seinen Gästen mal etwas ganz Besonderes zu bieten. Und so gab er in Auftrag, die Schildkröte nicht im Fischteich auszusetzen, sondern zu kochen und als Suppe aufzutischen. Die geladenen Ratsherren zeigten sich derart begeistert von der ausgefallenen Neuheit, dass sie aus lauter Dankbarkeit ihren Bürgermeister weitere neun Mal in Folge

auf den Chefsessel wählten. Ein Prinzip, dass sich bis heute allüberall größter und erfolgreicher Beliebtheit erfreut.

Indes, Schildkröten werden gegessen, seitdem der Mensch
gelernt hat, Panzer zu knacken. Und die kulinarische Phantasie
wird auch vor dem 17. Jahrhundert gereicht haben, Schildkröten als Suppeneinlage zu verarbeiten. Jedenfalls hat man bei
Ausgrabungen im Iran aus der Zeit der ausgehenden Jäger- und
Sammlerzeit neben anderen Essensresten auch die Schalen von
Schildkröten gefunden. Sumerische Keilschriften aus der Zeit
um 1700 v. Chr. geben ebenfalls Kunde vom frühen Schildkrö-
tengenuss. Und nicht zuletzt im fernen China ist aus der Zeit
um 200 v. Chr. bekannt, dass man sich allein für Schildkröten
und andere Schalentiere 24 Spezialköche am kaiserlichen Hof
hielt. Das Fleisch von Teich- und Flussschildkröten diente
selbst in Europa seit dem 16. Jahrhundert als ziemlich ordinäre
Fastenspeise – nichts Extravagantes also.

Dass ausgerechnet die Schildkrötensuppe in Europa im Verlauf des 19. Jahrhunderts zum Star avancierte, konnte bei nähe-
rer Begutachtung auch nicht am Geschmack des Fleisches allein gelegen haben. Denn Schildkrötenfleisch hat einen relativ
geringen Eigengeschmack. Habs und Rosner jedenfalls führen
bereits in ihrem Appetitlexikon von 1894 die »Tugend« der
Suppe weniger auf das Fleisch der Krote als vielmehr auf die
übrigen Ingredienzien zurück, auf »Kraftbrühe, Madeirawein,
Butter, Rindermark, Kalbfleisch und Krebsknödel, Zwiebeln,
Champignons, Soja, Paprika, Salbei und so weiter«. So wird die
Beliebtheit neben den Ingredenzien wohl mehr mit der Selten-
heit des Ausgangsproduktes zu tun gehabt haben. Hin wie her,
wer es sich leisten konnte, wollte Schildkrötensuppe, für die sogar eigens spezielle Tassen erfunden wurden, klein wie Es-
presso-Tassen, womit die Extravaganz, das Wertvolle der in
Kleinstdosierung genossenen Feinkost unterstrichen wurde.

Schildkrötensuppe war also fortan »in«, signalisierte Affinität
zu Hochgenuss. Allein nach London wurden 15 000 Schildkrötenexemplare jährlich geliefert.

Eine geschmackliche Steigerung erfuhr das Süppchen
schließlich im Jahre 1905. Allerdings nicht in Europa, sondern
im fernen Indien. Nicht dass sich ein Brahmane in Haute Cuisine geübt hätte. Es war vielmehr eine englische Lady, die Frau
des Generalgouverneurs und Vizekönigs von Indien, George
Nathaniel Curzon (1859–1925).

Lady Curzon (1868–1906), die Tochter eines Millionärs aus
Chicago, hatte den englischen Diplomaten und Staatsmann als
Mary Victoria Leiter im Jahre 1895 geheiratet. Ihr Mann war,
was man mit Fug und Recht einen echten Politkarrieristen nennen durfte. Nach einer vorzüglich absolvierten Elite-Ausbildung in Eton und Oxford zog er bald für die Konservativen ins
Unterhaus. Er war intelligent, ambitioniert und mit einem unerschütterlichen Ego sowie einer Neigung zum prachtvollen
Auftritt ausgestattet. Nach drei längeren Reisen in den asiatischen Raum galt er als ausgewiesener Fachmann für diese geostrategisch so eminent wichtige Region. Es folgten Berufungen
zum Unterstaatssekretär für Indien und zum Unterstaatssekretär im Außenministerium, schließlich wurde er 1898 zum Vizekönig der Kronkolonie bestellt, dem Schatzkästchen der britischen Volkswirtschaft. Hier ließ er bis 1905 das alte Ideal
imperialer Kolonialpoltik zu neuem Glanz aufpolieren. Manch
ein Historiker sieht in ihm gar einen modernen Vertreter des alten absolutistischen Zentralismus.

1919 wurde Curzon schließlich Außenminister. Sein 1920
gemachter Vorschlag, die sogenannte Curzon-Linie als Grenze
zwischen Polen und dem bolschewistischen Russland festzulegen, ging in die Geschichtsbücher ein. Mit geringen Abweichungen wurde sie dann tatsächlich, allerdings erst 1945, zur

russisch-polnischen Grenze. Mit anderen Worten: Curzon war ein sehr wichtiger und einflussreicher Mann.

Lady Curzon, eine bildhübsche, gebildete, charmante, junge Frau, war sich ihrer repräsentativen Aufgabe an der Seite dieses Mannes vollauf bewusst. Sie hatte eine ausgesprochen gewinnende Art, die sich jedoch nicht allein auf Vertreter ihres Standes und ihrer britisch-amerikanischen Herkunft erstreckte. Ein indischer Poet ließ sich jedenfalls zur Begrüßung der englischen Koloniallady zu den Zeilen »A rose of roses bright, a vision of embodied light« hinreißen. Ähnliche Hymnen kannte man bereits von englischen Zeitgenossen.

Diese »rose of roses bright« war es schließlich, die im Jahre 1905 anlässlich eines Dinners, das ihr Mann für einen Ehrengast gab, der englischen Turtle soup die entscheidende und nach ihr benannte Verfeinerung angedeihen ließ. Besagter Ehrengast durfte nämlich keinen Alkohol verköstigen, was für die übrigen englischen Gäste ein ernstes Problem darstellte, ist doch für einen echten Gentleman ein Dinner ohne einen ordentlichen alkoholisch begleiteten Toast als Aperitif eine ziemlich unziemliche Angelegenheit. Lady Curzon zeigte sich ob des Dilemmas als mindestens so diplomatisch geschult wie ihr Mann, indem sie den Koch anwies, den Aperitif in die Turtle soup zu kippen. So wurde der erste Gang des Dinners mit einem ordentlichen Schuss Sherry aromatisiert. Der Alkohol des Aperitifs verflüchtigte sich während des Köchelns, der Sherry-Geschmack jedoch blieb. So war allen Anwesenden gedient. Als Krönung wird eine Lady Curzon noch mit einer currygewürzten Schlagsahnehaube versehen, die vor dem Servieren noch gratiniert wird – in der Tat: Das ist ein delikates Süppchen, ein kleines extravagantes Vergnügen zum Auftakt eines Dinners!

Es wundert folglich kaum, dass die Schildkrötensuppe und ihre Luxusausführung Lady Curzon auf jeder europäischen Speisekarte stand, die halbwegs ambitionierten Ansprüchen folgte. Ob »Ritz«, ob »Vier Jahreszeiten«, ob »Titanic« oder »Sacher« – alle hatten sie. In Deutschland fand man sie noch bis in die dreißiger Jahre hinein auf renommierten Speisekarten. Was dann folgte, waren 1000 Jahre völkischer Eintopf.

In den Fünfzigern und Sechzigern erfreute sich die Schildkrötensuppe in Deutschland erneut großer Beliebtheit. Keinen geringen Anteil daran hatte ein Kaufmann namens Eugen René Lacroix, der bereits 1925 in Frankfurt-Niederrad eine Konservenfabrik gegründet hatte, die sich mit ihrer Schildkrötensuppe einen Namen als Delikatessenunternehmen machte. Als Lacroix-Konserve gelang der Schildkrötensuppe der vergleichsweise kostengünstige Sprung aus der Sterneküche in die heimischen Töpfe. Man suchte im prosperierenden Nachkriegsdeutschland schließlich auch bei Tisch den Anschluss an den internationalen Geschmack.

Und was war das exotisch! Schildkrötensuppe! Und so einfach! Aus der Dose! Wie ja vieles, was gut zu sein versprach, damals im Blechmantel daherkam. Auch das Feingemüse, das famose, kam ja damals bereits aus der Dose. Dank Lacroix und Lady Curzon war es ein Kinderspiel: Dosensuppe erhitzen, ein bisschen aufgeschlagene und mit Curry (und Salz) aromatisierte Sahne, in den Ofen und auf den Tisch. Grandios, das konnte jeder – der wollte.

Mit dem Wollen war es dann Mitte der 70er allerdings langsam vorbei. Untergangsszenarien bemächtigten sich zunehmend des öffentlichen Bewusstseins. Die Grenzen der Ausbeutung natürlicher Ressourcen schienen erreicht, Ölkrise und Waldsterben, Arten- und Umweltschutz und die Sorge um die Dritte Welt waren plötzlich Thema öffentlicher Diskurse. Konsumverzicht war chic und die sorglose Konsumeuphorie des deutschen Wirtschaftswunders vorbei. Auf der Strecke blieben unter anderem Pelzmäntel, Plastikbeutel – und Schildkröten- suppe.

Für die Meeresschildkröten, deren Bestände sich zuvor um gute 70 Prozent reduziert hatten, kam die Artenschutzdiskus- sion zur rechten Zeit. Zunächst wurde der Handel im Wa- shingtoner Artenschutzabkommen verboten, seit 1988 gilt in Deutschland ein generelles Verkehrsverbot für alle Meeres- schildkröten. Doch was man im Westen mittlerweile begriffen hat, dass nämlich weniger häufig mehr ist, weil immer Mehr in der Regel irgendwann einfach zu Nichts führt, muss sich im Osten erst noch rumsprechen. Rund 20 Millionen Schildkrö- ten wandern nach wie vor jährlich in asiatische, schwerpunkt- mäßig in chinesische Bäuche – als Arznei, als Delikatesse und als Potenzmittel. Seit 2002 sind im Washingtoner Artenschutz- abkommen nunmehr auch 22 hochbedrohte asiatische Sumpf- schildkröten geschützt. Möge es nützen.

Ersatz für die bis heute sehr beliebte Turtle soup und ihre Feinvariante Lady Curzon gibt es bereits seit Anfang/Mitte des 18. Jahrhunderts. Schon zu diesem frühen Zeitpunkt sann man der knappen Krötenressourcen und der hohen Preise der ech- ten Schildkrötensuppe wegen auf Ersatz. Heraus kam dabei die sogenannte »Mock turtle soup« (engl. to mock = täuschen). Die wiederum besteht aus Kalbskopfstückchen, die eine erstaun- liche Ähnlichkeit zum Fleisch der grünen Meeresschildkröte aufweisen. Mit Madeira abgeschmeckt ist die Mock turtle soup bis heute eine ernst zu nehmende und ebenfalls in Dosen er- hältliche Alternative.

Doch der Phantasie sind keine Grenzen gesetzt. Ob mit Kalbskopf, mit Ochsenschwanz oder mit Perlhuhn – heute fir- miert vieles unter Lady Curzon, was im besten Falle auch mit völlig artfremden Zutaten der Lady zur Ehre gereicht. Und den

Schildkröten in Sumpf und Meer, in Ost und West beim Überleben hilft – nach stolzen 200 Millionen Jahren irdischer Existenz eine einklagbare Perspektive.

MANHATTAN

... wie die flotte Mutter von Winston Churchill im Jahre 1874 in New York auf einer Wahlparty dazu beitrug, einen der beliebtesten Cocktail-Klassiker ins Leben zu rufen ...

Es gibt Cocktail-Puristen, die behaupten, dass es eigentlich nur drei wirklich ernst zu nehmende Drinks gibt: den (Dry) Martini, den Manhattan und einen ehrlichen Whiskey. Und den pur. Punkt.

Man kann das so sehen. Natürlich, all die Daiquiris, die Flips, die Coladas, die Cobblers und vor allem all die bunten Exoten-Cocktails – serviert in gigantischen Gläsern mit allerlei fruchtigem Schnuckelkram und Schirmchen und Glittergefummel –, sie alle können ja auch sehr gut schmecken und so manchen Bar- oder Strandaufenthalt atmosphärisch bereichern. Doch vieles, was sich da neuerdings auf Cocktailkarten tummelt, kommt ein bisschen zu laut daher, ein bisschen zu großspurig, zu bunt, zu exotisch, geschmacklich restlos überladen, zu süß. Viele dieser Modedrinks sind zudem reine Verbeugung vor allzu ordinärem Cocktail- und Touristenrummel mit niedrigstem Genussniveau: Sich lauthals einen »Sex on the Beach« oder einen »Blow Job« zu bestellen ist und bleibt eine Frage des Niveaus – und eine Frage des Geschmacks.

Da mag man sich als wertekonservativer Cocktailfan tatsächlich verschreckt zurückziehen und der Sehnsucht nach Konzentration aufs Wesentliche nachgeben. Was ist wertekonservativ gesehen das Wesentliche eines wirklich guten Cocktails? Er sollte aus relativ wenigen Zutaten bestehen, die vor

allem dazu dienen, den Geschmack der alkoholischen Grund-
zutat hervorzuheben, statt ihr Konkurrenz zu machen. Er sollte
den Appetit (in der Zeit zwischen sechs und acht Uhr abends)
anregen, man sollte ihn auch zu Hause relativ problemlos herstellen können und vor allem: Er sollte nicht süß sein! Und in
der Tat: So gesehen sind der Martini und der Manhattan Fix-
sterne am breit gespannten Firmament der Cocktailkarten. Sie
sind zudem beide über 100 Jahre alt und haben alle Bar-Moden
überlebt. Diese beiden Klassiker kommen leise, stolz, gelassen
und selbstbewusst daher.

Der Martini, eine kongenial puristische Vereinigung von Ver-
mouth und Gin, ist ebenso wie der Manhattan amerikanischer
Herkunft. Vermutlich erblickte der Martini Anfang des letzten
Jahrhunderts in New York das Licht der Bar im Knickerbocker
Hotel und machte Karriere in der temporeichen und cocktail-
verrückten Zeit des zweiten Jahrzehnts, die mit dem Beginn der
Prohibition 1920 ein jähes Ende erfuhr (in den »Speakeasies« genannten Kneipen traf man sich zwar weiterhin, um illegal weiter
zu trinken, allerdings bestanden die Drinks in jener trockenen
Phase aus zum Teil abenteuerlichen Zutaten). Die Entstehungs-
geschichte des gleichermaßen puristischen Manhattans, der aus
Whiskey, Vermouth und einem Schuss Bitter gerührt wird, geht
hingegen noch viel weiter zurück. Sehr viel weiter.

Hartnäckig hält sich hier und da immer noch die Legende
vom Ursprungsrezept, vom ersten Manhattan-Cocktail überhaupt. Das geht angeblich auf den reformierten Geistlichen Peter Minnewit oder auch Minuit (um 1580–1638) zurück. Peter
Minnewit war Deutscher und stammte aus Wesel. 1624 hatte er
sich nach Amsterdam absetzen müssen, von wo aus er im Auftrag der niederländischen Westindischen Compagnie Richtung
Amerika segelte. Hier trat er in Kaufverhandlungen mit den
dort ansässigen Manates-Indianern um die Halbinsel Manhat-

tan ein, was in der Sprache der Ureinwohner so viel wie »hügelige Insel« heißt. Von Seefahrern, die bereits im Dienst der ebenfalls niederländischen Vereinigden Oostindischen Compagnie auf der Suche nach der Nordwestpassage hierher gekommen waren, war Manhattan bereits »Nieuw Nederland« getauft worden.

Während der Kaufverhandlungen soll Minnewit seinen indianischen Verhandlungspartnern ein Getränk gereicht haben, das aus Rum, Zucker, Wasser und einer kräftigen Prise Ingwer bestand und das man »Coow Woow« nannte. Offenkundig zeitigte der »Coow Woow« die gewünschte Wirkung. Minnewit jedenfalls gelang es, den Indianern die Halbinsel für einen Sack voller Textilien, Schmuck und wertloser Glasperlen im Gegenwert von 24 Dollar bzw. 60 Gulden abzukaufen. Von da ab hieß Manhattan nicht mehr »Nieuw Nederland« sondern »Nieuw Amsterdam«. Drei Kriege später wurde Nieuw Amsterdam von den Engländern erobert. König Charles II. schenkte es 1667 seinem Bruder, dem Herzog von York, weshalb wir heute den Big Apple schlussendlich New York nennen.

Der seltsame Ingwer-Coow-Woow von Minnewit hat mit jenem klassischen Manhattan, der Cocktailgeschichte geschrieben hat, allerdings nicht im Entferntesten etwas zu tun. Der wurde im berühmten, 1864 eröffneten Manhattan Club, einem beliebten Treffpunkt demokratischer Politiker erfunden. Und daran beteiligt war eine ausgesprochen schillernde Figur der New Yorker High Society, die im gleichen Monat des Jahres 1874, als sie sich um die Initiierung der Cocktail-Legende verdient machte, noch einem Sohn das Leben schenkte, der später Weltgeschichte schreiben sollte.

Wir sprechen von Jennie Jerome, die nach ihrer Heirat im April jenes denkwürdigen Jahres 1874 den Titel Lady Randolph Churchill führen durfte und als Mutter von Winston

Churchill (1874–1965) noch einige Berühmtheit erlangen
sollte. Jennie Jerome war die Tochter eines wohlhabenden
Wall-Street-Spekulanten und auf einschlägigen Partys ein gern
und oft gesehener Gast. Sie rauchte und trank entgegen aller
gesellschaftlicher Gepflogenheiten, wie es ihr beliebte. An ihrem Handgelenk trug sie gar ein Schlangentatoo. Sie war eine
bildhübsche, dunkelhaarige Erscheinung, hatte, einem Zeitgenossen zufolge, allerdings »mehr etwas von einem Panther als
von einer Frau«. Was manchen Männern Angst macht. Aber
nicht allen.

Ende der 1860er Jahre war sie nach Frankreich geschickt
worden, um hier am französischen Hof eingeführt zu werden,
was sich allerdings mit dem Krieg von 1870/71 von alleine erle-
digte, weil auch die französische Monarchie in diesem Krieg auf
der Strecke blieb. In Paris lernte der gerade einmal 20-jährige
»Panther« jedoch 1874 den furchtlosen britischen Aristokraten
Lord Randolph Churchill kennen und lieben, der nach seiner
Elite-Ausbildung in Oxford eine Parlamentskarriere anvisierte.
Die beiden waren offenbar in Eile. Jedenfalls zeugte man um-
gehend den späteren britischen Premier und heiratete wenige
Tage nach dieser ersten ambitionierten Begegnung gegen den
Willen der Eltern Churchills in der britischen Botschaft in
Paris.

Am 4. November weilte besagte Jennie Jerome, nun hoch-
schwanger (Winston wurde 26 Tage später in Blenheim Palace
geboren), im Manhattan Club in New York, um gemeinsam
mit einigen anderen Gästen die Wahl und Ernennung des Re-
formdemokraten Samuel Tilden zum Governor von New York
zu feiern. Jennie schien ein untrügliches Gespür dafür zu haben, dass solcherlei Anlässe nach etwas Besonderem schrien.
Also forderte sie den Barkeeper auf, einen neuen Drink zu
kreieren. Was dieser artig tat. Als Lady Randolph den Cocktail

probierte, war sie's zufrieden und benannte ihn nach dem Ort seiner Geburt: Manhattan. Das Ergebnis ist heute eine Bar-Legende.

Legendär war auch der weitere Verlauf des Lebens seiner Auftraggeberin: Nach dem Tod ihres ersten Mannes beliebte sie noch zwei weitere Männer mit abenteuerlichem Hintergrund zu ehelichen. Ihr zweiter Mann war 20 Jahre jünger und nahezu im gleichen Alter wie ihr erstgeborener Sohn Winston. Sie gab eine Zeitschrift heraus, organisierte im Burenkrieg ein Hospitalschiff und führte ansonsten ein amüsant amouröses Leben, in dem englische und serbische Könige ebenso wie Grafen eine delikate Rolle spielten. Zu ihrem berühmten Sohn hatte sie bis zu ihrem Tod ein intensives und von gegenseitigem Respekt getragenes Verhältnis. Sie starb schließlich 1921 an den Folgen einer Beinoperation, die notwenig geworden war, weil sie angeblich in Eile auf hochhackigen italienischen Schuhen auf dem Weg zum Dinner gestürzt war.

Samuel Tilden trat zwei Jahre nach seiner Ernennung zum Governor gegen den Republikaner Rutherford Hayes im Kampf um das Präsidentenamt an. Dass er unterlag, hatte jedoch nichts mit zu wenig Zuspruch oder gar einer übertriebenen Liebe zu Manhattan(s) zu tun. Es war vielmehr einer Unregelmäßigkeit bei der Stimmenauszählung im Staate Florida geschuldet. Aber das hat ja Tradition, bei unseren transatlantischen Freunden.

Was der Barkeeper im Manhattan Club Ecke Madison Avenue und East 26th Street zur Herstellung des ersten Manhattan als Whiskey einsetzte, war mit an Sicherheit grenzender Wahrscheinlichkeit ein Rye Whiskey. Rye war jener ursprüngliche amerikanische Whiskey, der in Ermangelung von Gerste in Pennsylvania, in Maryland und Virginia von den Kolonisten aus England, Irland und Schottland aus Roggen (Rye) gebrannt wurde. Den hatte man reichlich zur Verfügung, nachdem man das Land urbar gemacht hatte. Selbst George Washington betrieb eine erfolgreiche Destillerie auf seinem Landgut Mount Vernon am Potamac. Als er der erste gewählte Präsident der Vereinigten Staaten nach dem Unabhängigkeitskrieg (1776–1783) wurde, belegte er 1791 allerdings den Whiskey mit einer Branntweinsteuer. Weil Präsidenten nun mal Geld brauchen, vor allem wenn Kriege die Staatskassen ausgeblutet haben.

Die Branntweinsteuer wiederum führte 1794 zur berühmten Whiskey-Rebellion West-Pennsylvania, die nur mit Gewalt unterdrückt werden konnte. Einige Whiskey-Brennereien zogen daraufhin beleidigt nach Süden Richtung Kentucky und Tennessee, wo man seine Bemühungen darauf konzentrierte, fortan Mais anzubauen, um daraus schließlich Bourbon zu brennen.

Der etwas ruppige Rye blieb allerdings während des gesamten 19. Jahrhunderts, vor allem an der Ostküste, das Getränk der Wahl, auch wenn irische und schottische Whiskeys oder der Bourbon etwas feiner daherkamen. Rye hatte irgendwann dann das klischeehafte Image, ein Macho-Drink von Privatschnüfflern zu sein, die immer eine Flasche in der Schublade ihres runtergekommenen Schreibtisches liegen hatten. Heute werden zum Leidwesen aller Whiskey-Fans nur noch wenige wirklich gute Rye-Whiskeys hergestellt. Der meiste Rye wird zum Verschnitt anderer amerikanischer Whiskeys verwendet.

Aber es gibt sie noch, die wirklich guten. Und auf die sollte man unbedingt bauen, wenn man sich einen Manhattan gönnt. In Bars ist es nicht unüblich, einen Manhattan mit Bourbon oder kanadischem Whiskey zu mixen, mit einem Scotch mutiert der Manhattan gar zum Rob Roy. Das kann man alles machen. Aber stilecht und geschmackshebend ist

Manhattan-Kennern zufolge allein ein mit einem guten Rye hergestellter Manhattan. Im gut sortierten Spirituosenhandel sollten sie zu bekommen sein. Im Zweifel hilft auch ein Blick ins Internet.

Whiskey-Enthusiasten schwören auf einen 13 Jahre alten »Old Rip Van Winkle's familiy Reserve«, auf einen »Old Overholt«, einen »Wild Turkey 101 Proof Rye« oder einen »Jim Beam Rye« (die sich preislich zwischen ca. 20 und 45 Euro bewegen).

Es gibt mittlerweile, je nach Cocktail-Gemüt, drei Varianten, einen Manhattan zuzubereiten: Der klassische Manhattan dürfte nicht weit entfernt sein vom Original, das Lady Churchill erstmals im Manhattan Club probierte. Ein klassischer Manhattan wird aus 4 cl Rye (oder gutem Bourbon), 2 cl süßem Vermouth und einem Spritzer Angostura Bitter in einem Rührglas mit Eiswürfeln verrührt und anschließend durch ein Barsieb in ein vorgekühltes Cocktailglas geseiht. Abschließend wird eine Maraschino-Kirsche am Sticker dazugegeben.

Ein Dry Manhattan wird mit trockenem Vermouth zusammengerührt und mit einem Stück Zitronenschale serviert. Die ausgewogenste Variante stellt der Perfect Manhattan dar, für den man einen Teil süßen und einen Teil trockenen Vermouth (also je 1 cl) verwendet und den man mit beidem, mit Kirsche und Zitronenschale, serviert.

Wichtig: immer rühren, nie schütteln. Geschüttelt werden Drinks, die aus mehreren Zutaten bestehen, in denen Früchte, Fruchtsäfte und eine gewisse Süße im Vordergrund stehen. Solche Drinks sollen ihren Verzehrer fröhlich und unverfroren anlachen. Ein Manhattan aber soll schwer, kalt und wie Seide über die Zunge gleiten. Ein Manhattan soll nicht mal lächeln.

Und was snackt man dazu? Bleiben wir bodenständig: Haselnüsse.

MEERBARBEN

… warum der Preis von Delikatessen manchmal wichtiger erscheint als ihr Geschmack, und wie die Meerbarbe auch aus diesem Grund bei den alten Römern mit ihrem letalen Farbenspiel für bares Entzücken und für eine gigantische Preistreiberei sorgte …

Im KaDeWe, in der Austernabteilung, stehen und hocken sie mit dem betont blasierten Habitus des Selbstverständlichen an Stehtischen: Die Alt- und die Neureichen und die, die dafür gehalten werden wollen. Hin und wieder blitzt ein Brilli am Damenfinger auf, wenn die manikürte Hand die vorbereiteten Schalenhälften an die Paloma-Picasso-geröteten Lippen führt. Die sonnengebräunte Herrenhand rüttelt derweil lässig die Rolex zurecht und greift zum Champagnerglas. Etwas gelangweilt lässt man den Rest des Volkes an sich vorbeidefilieren – der Austerntresen als Stehimbiss der Besserverdienenden.

Die Mimik von manch einem, der die edlen Mollusken aus der Schale in den Mund gleiten lässt, verrät jedoch zum Erstaunen des Betrachters nicht geile Muschellust. Sie verrät eher einen Anflug von Selbstüberwindung, als verzehre man keine Delikatesse aus den Perlmuttschälchen, sondern Hundefutter. Es drängt sich der Verdacht auf, dass hier Austern auch deshalb gegessen werden, weil man es sich leisten kann, nicht weil man von ihrem Geschmack so begeistert wäre.

Gusto entsteht ja auch nicht im Portemonnaie. Ob man sich ein Lebensmittel leisten kann, sagt nichts über die tatsächlichen individuellen Vorlieben der Geschmacksknospen aus.

Austern schmecken wie Austern – man muss sie zuvorderst mögen, egal, wie viel sie kosten. Und sie waren mal sehr, sehr billig. In England zum Beispiel. Im 19. Jahrhundert wurden in London Austern und Armut in einem Atemzug genannt. Wer von all denen im KaDeWe würde noch Austern essen, wenn sie heute auf der Straße von der Caritas als Armenspeisung an Sozialfälle verteilt würden? Auf den Tischen der Snobs bestimmen nicht selten allein Exklusivität und Preis, was auf dem Teller liegt. Ob man nun den Unterschied zwischen einem Mittelklasse-Bordeaux und einem Mouton Rothschild tatsächlich schmeckt oder nicht, ob man das fettgeschwängerte Eichelaroma von einem Jamón Ibérico wirklich goutiert oder eigentlich mit einem Schwarzwälder auch gut zurecht käme

Der Preis wiederum ist in der Regel einfach die Folge knapper Ressourcen. Weil die Natur nicht mehr hergibt oder weil der Herstellungsaufwand keine Produktion als Massenware erlaubt. In den Orbit schießen die Preise schließlich, wenn besagter Ware auch noch der Ruf vorauseilt, erschlaffter Manneskraft neues Leben zu spenden. Potenz wird dann zum Privileg für die Wohlhabenden. Der Rest der Menschheit drückt sich am Feinkostladen frigide die Nase platt.

Wo viel Geld im Spiel ist, werden auch die Methoden schon mal ruppig. Am Kaspischen Meer bringt man sich mittlerweile für Kaviar gegenseitig um. Die Gewässer sind von den Anrainerstaaten restlos überfischt, der kaspische Stör, der 90 Prozent der Kaviarnachfrage deckt, ist vom Aussterben bedroht. Aus reiner Not und Geldgier werden von Spanien bis Mecklenburg-Vorpommern Aquafarmen für Zuchtstör auf die grüne Wiese gesetzt. Doch wer will Zuchtkaviar? Und wie viel ist man bereit dafür zu zahlen? Was die Begüterten dieser Welt für ein Löffelchen Original-Beluga aus kaspischem Wildfang zu zahlen bereit sind, weiß man: ein Vermögen. Also geht die Kaviarmafia –

über alle Fangverbote und Artenschutzprogramme müde hin-
weglächelnd – mit Schnellbooten und Helikoptern auf satel-
litengesteuerte Stör-Jagd. Auseinandersetzungen zwischen
konkurrierenden Kaviarbanden werden gerne auch mit
Schnellfeuerwaffen und Raketenwerfern ausgetragen. Kaviar-
schmuggel ist ein Millionengeschäft.

Während die Auster den gesellschaftlichen Aufstieg aus den
Armengassen Londons in die Luxusetagen von KaDeWe und
Co. schaffte, hat ein anderer Meeresbewohner, die Meerbarbe,
den umgekehrten Weg auf der Karriereleiter beschritten. Nicht
dass sie vom Luxusfisch zur Massenkonserve degradiert worden
wäre: Meerbarben sind keine Fischstäbchen. Aber sie sind er-
schwinglich, und damit ist ihr Genuss demokratisiert. Das
allerdings war vor knapp 2000 Jahren gänzlich anders. Im Römischen Reich zählten die Meerbarben zu den begehrtesten
Stars in der Küche. Und wie bei allem, wofür die Römer Lei-
denschaften entwickeln konnten, entzündete sich auch an diesem Fisch eine ausgesprochen preistreibende exaltierte Hyste-
rie, die im wahrsten Sinne bunte Blüten trieb.

Meerbarben, und von dieser artenreichen Familie (ca. 40
Arten) besonders die Rotbarben, sind bei Fischliebhabern
wegen des subtilen Geschmacks des festen Fleisches ausgesprochen geschätzte Mittelmeerbewohner. Kleinere Exem-
plare lassen sich zudem unausgenommen grillen, weil sie keine
Galle besitzen, weshalb man sie auch »Schnepfen des Meeres«
nennt. Im Alten Rom schätzte man die Rotbarben jedoch
nicht nur wegen des Wohlgeschmacks. Man schätzte sie – vor
allem in gehobenen Kreisen, denn nur dort konnte man sie
sich leisten – wegen ihres bizarren Farbenspiels, an dem man
sich im Verlauf von legendären Gastmahlen ergötzte. Für die
Rotbarben nicht sonderlich von Vorteil entfaltet sich ihr Farbenspiel allerdings weniger schwimmend im Aquarium als

vielmehr im finalen Übergang vom Hier und Jetzt ins Jenseits, also im Todeskampf.

Alexandre Dumas (1802–1870) bezieht sich in seinem «Wörterbuch der Kochkunst» bei der Schilderung solcher spektakulären Todeskampf-Orgien als Quelle auf Varro (116–27 v. Chr.):

»Varro sagt, dass Hortensius in seinen Teichen eine horrende Zahl an Rotbarben schwimmen ließ und sie in kleinen Rinnen bis zu seinem Tisch leitete. Dort sah er ihnen beim Sterben in Tongefäßen zu und erfreute sich des Farbenspiels, das sich während ihres Todeskampfes ergab.

Man vergnügte sich zu jener Zeit unter anderem damit, einen dieser Fische mit den Händen zu ersticken, um sich daran zu ergötzen, wie er die Farbe wechselte, in dem Maße, in dem sich das Blut ins Innere seines Körpers zurückzog. Sein Purpurrot wurde zu Violett, Blau und schließlich zu blassestem Weiß. Dieses barbarische Schauspiel fand an den bestgedeckten Tafeln statt. Man stellte Teller auf beheizte Platten, legte die Rötlinge darauf, bedeckte sie mit einer Glashaube und sah zu, wie sie auf kleiner Flamme langsam ihr Leben aushauchten. Die Gäste erfreuten sich des doppelten Vorteils, dieses Schauspiel mitzuverfolgen und den frischen Fisch serviert zu bekommen.« In der Tat, frischer geht's nimmer.

M. Gavius Apicius, dessen Kochbuch »Über die Kochkunst« das einzige seiner Art ist, welches aus dieser Zeit vollständig erhalten geblieben ist, trieb den Frischegedanken in der Zubereitung auf eine raffinierte Spitze, indem er die Meerbarben in *garum sociorum* verenden ließ. Bei diesem *garum* handelte es sich um eine flüssige Würzessenz (auch *liquamen* genannt), die aus Fischen gewonnen wurde und bis ins Mittelalter in der römischen Küche eine herausragende Rolle spielte. Diese Flüssigkeit gab es in verschiedenen Qualitäten und Ausführungen. Das von Apicius für die Rotbarben verwendete *garum sociorum* stellte die Luxusvariante dar.

Die Herstellung dieser antiken Maggiwürze in regelrechten Fabriken war nicht nur zeitaufwendig. Sie ging vor allem mit einer bestialischen Geruchsbelästigung einher. Kleinere Fische und Fischinnereien wurden stark gesalzen und unter Zugabe diverser Kräuter in Töpfen unter mehrfachem Rühren der Sonne ausgesetzt. Es war eine vor sich hinfaulende Pampe, die nach zwei bis drei Monaten und dem Ausfiltern der festen Bestandteile eine intensive aromatische Flüssigkeit ergab. Der sich entwickelnde Gestank während dieser künstlich inszenierten Fischvergärung muss entsetzlich gewesen sein, weshalb man die Herstellung von Wohngebieten fernhielt, später sogar in ferne Länder auslagerte. In Portugal und Spanien standen allein 50 solcher Fabriken für die Massenproduktion. Wofür hält man sich schließlich Kolonien?

Der Hype, den die römische Schickeria um Meeresfische betrieb (Süßwasserfische überließ man dem einfachen Volk), ließ besonders bei der Barbe die Preise in schwindelerregende Höhen schnellen. Plinius (23–79) beschrieb in seiner *Naturalis historia* den ganzen Wahnwitz der kulinarischen Dekadenz seiner begüterten Landsleute:

»Der gewesene Konsul Asinius Celer forderte mit diesem Fisch alle Verschwender heraus – dies ist nämlich leichter zu erzählen, als wer den Sieg davongetragen hat –, als er unter Kaiser Gaius (37–41) eine Meerbarbe um 8000 Sesterzen kaufte … Jetzt … kosten Köche soviel wie drei Pferde und die Fische sind so teuer wie die Köche, und fast schon wird kein Sterblicher höher geschätzt, als wer am geschicktesten das Vermögen seines Herrn durchbringt. Dass im Roten Meer eine Barbe von 80 Pfund (26 kg, was mehr als unwahrscheinlich sein dürfte), gefangen worden sei, berichtet Licinius Mucianus. Wie viel hätte die Schlemmerei für diesen Fisch bezahlt, wenn er an den Häusern der Stadt Rom zunächst liegenden Küste gefunden worden wäre?« Man hätte sich wahrscheinlich überschlagen, im Alten Rom.

Selbst Kaiser Tiberius, der dem illustren Preistreiben mit Verordnungen ein Ende bereiten wollte, hatte auf lange Sicht keinen Erfolg. Die Küstengewässer Italiens waren leergefischt, die Nachfrage bei Alt- und Neureich enorm, die Preise durchschlugen immer wieder die Decke. Irgendwann war man dann auf Importe aus Südfrankreich und Korsika angewiesen.

Um sich von der Willfährigkeit natürlicher Ressourcenschwankungen unabhängiger zu machen, legte man im alten Rom seit dem 1. Jahrhundert sogar Vivarien an, in denen man die beliebtesten Speisefische künstlich halten und züchten konnte, was im Fall der Meerbarben allerdings nur selten von Erfolg gekrönt war. Diese Form der antiken Tierhaltung mündete bei dem einen oder anderen reichen Römer allerdings in eine schrullige Liebhaberei, die sich vom eigentlichen Sinn und Zweck vollends entkoppelte. Den Speisefisch kaufte man dann doch lieber auf dem Markt. Die Vivarien zu Hause wurden derweil zum Kuscheltierzoo, beim Ableben der Lieblingsmuräne vergoss man bittere Tränen.

Und dann? Irgendwann war er einfach vorbei, der ganze Rummel um die Barbe. Die Gourmets verloren das Interesse an dem Fisch, der sich so schön verfärbte. Irgendwann war die Meerbarbe einfach nur noch was fürs Volk, für Gaius-Normalverbraucher. Hört sich alles irgendwie sehr bekannt an. Und die Prognose scheint nicht allzu gewagt, dass es dereinst auch Stör und Kaviar so ergehen wird. Bleibt dem Stör nur zu wünschen, dass man ihm wie der Meerbarbe mit einem Restbestand an Hochachtung an den Auslagen des Fischhandels begegnet und ihn nicht das gleiche Schicksal ereilt wie den einstmals

ebenso teuren und wilden Lachs, der vom stolzen König des Atlantiks zur fetten, genmanipulierten Zuchtsau der Meere ernie-
drigt wurde.

Die Hoffnung stirbt ja bekanntlich zuletzt.

PASTIS

*… wie Paul Ricard und ein Friseur den legendären Pastis
zum legitimen Nachfolger des Absinths als zivilisierten
Aperitif-Drink etablierten …*

Was für die Deutschen der Seppl-Hut, der Dackel, die bayerische Krachlederne, Bier und Sauerkraut, sind für die Franzosen die Baskenmütze, die Gitanes im Mundwinkel, das morgendliche Croissant zum Café und das Glas Pastis in der Zeit vor dem Abendessen: karrikaturenhafte Klischees, Zerrbilder der Wirklichkeit und eben deshalb eigentlich nur lästig. Aber eben immer auch ein bisschen wahr. Jedenfalls ist der Bier trinkende Deutsche (mit ebensolchem Bauch) eine ebenso weit verbreitet anzutreffende Spezies wie der Pastis trinkende Franzose.

Pastis, diese klare, ölige, bernsteinfarbene oder auch gelbgrüne, ja sogar bläuliche alkoholische Flüssigkeit, die sich im Glas unter Zugabe von kühlem Wasser auf wunderliche Weise gelblich-milchig eintrübt, ist in Frankreich tatsächlich in jener heiligen Zeit zwischen ca. fünf Uhr nachmittags und dem Abendessen gegen acht ein kleiner Star unter all den Aperitif-Sternchen. In den Statistiken schlägt sich nieder, was man in Cafés, Bars oder Bistros alltäglich beobachten kann: Ca. zwei Liter Pastis und andere verwandt schmeckende Anisliköre pro Jahr und Person trinken die Franzosen. Geht man davon aus, dass Pastis in der Regel in einem Verhältnis von 1:5 mit Wasser gemischt wird, sind es zwölf Liter pro Person und Jahr. Das ist beileibe nicht wenig in einem Land, das auf eine Genusskultur stolz ist, die von vielgestaltig miteinander konkurrierenden Alkoholbeigaben begleitet wird.

Die Beliebtheit ausgerechnet von Pastis mag unter anderem auch auf den sogenannten Louche-Effekt zurückzuführen sein, also die Eintrübung des Getränks unter Zugabe von Wasser. Da wird jeder Drink allabendlich zum wohlschmeckenden Anschauungsstoff aus dem Chemiebaukasten der Tresenkultur. Der Louche-Effekt (von fr. louche für undurchsichtig, verdächtig) geht auf die im Alkohol des Kräuterschnapses gebundenen ätherischen Öle zurück. Unter Zugabe von Wasser nimmt die Lösungsfähigkeit des Alkohols naturgemäß ab, sodass sich eine Emulsion aus winzigen Öltröpfchen bildet, die wiederum zu einer Änderung der Brechungseigenschaften des Lichts und damit zu einer optischen Trübung führt.

Dass Pastis in Frankreich so beliebt ist, mag aber auch an seiner langen und nicht ganz unpolitischen Tradition liegen. Der Pastis, ebenso wie sein Bruder im Geiste, der Pernod, sind streng genommen Enkel der Revolution und damit Insignien der französischen Menschwerdung schlechthin. Die beliebten Anisgetränke ebenso wie die unzweifelhaft ur-französische Tradition des Aperitifs überhaupt sind also weitaus jüngeren Datums, als man angesichts der vielbesungenen gallischen Genusstradition gemeinhin glauben möchte.

Vater des Pastis (wie des Pernod) war der Absinth. Ein dämonisches Getränk, dass im 19. Jahrhundert die gerade entstandene Aperitif-Kultur in ein gefährlich grün schimmerndes Licht rückte. Der Aperitif wiederum war ohne die tiefgreifenden gesellschaftlichen Folgen der Revolution von 1789 gar nicht denkbar.

Im Standard setzenden Paris waren es vor allem die revolutionsbedingt neue Verwaltungsstruktur und ihr neuer Arbeitsrhythmus, die zu einem ersten Impuls für die Verschiebung der

Mahlzeiten geführt hatten. Die häufig bis in die frühen Abendstunden arbeitenden Deputierten der Nationalversammlung
und mit ihnen die gesamte nachgeordnete Verwaltung nahmen
die Hauptmahlzeit nicht wie in vorrevolutionärer Zeit in Paris
üblich mittags, sondern am Abend zwischen sieben und acht
Uhr ein.

So stand den politischen Entscheidungsträgern und ihren
verwaltenden Vollstreckern zwischen Arbeitsende und Abendessen ein zeitlicher Freiraum zur Verfügung, der irgendwie gefüllt werden wollte. Diese zeitliche Lücke, die bald generell
zum neuen, zum bürgerlichen Lebensstil gehörte, sollte sich im
Laufe des 19. Jahrhunderts der Aperitif erobern. Allen voran
der Absinth, der in den Bars und Cafés der Stadt ausgeschenkt
wurde.

Die Aperitif-Zeit wurde zur Zeit der Begegnung, der Muße
und des Abschaltens vom Tagwerk. (Eine Idee, die nicht nur in
Frankreich ihre Anhänger fand. Selbst der weitgereiste Lord
Byron empfand am frühen Abend offenkundig eine gewisse
Leere, als er von der »schwarzen halben Stunde vor dem Dinner« sprach.) Darüber hinaus sollte der Aperitif den Appetit anregen, bevor man in eins der neu entstandenen Restaurants
zum Essen ging. Das wirtschaftlich potente Bürgertum konnte
sich das leisten. Und Restaurants waren in den ersten Jahrzehn-
ten nach der Revolution wie Pilze aus dem Boden geschossen.
Viele davon eröffnet von den ehemaligen, nun arbeitslos ge-
wordenen Köchen des vormals herrschenden Adels, der im
Zuge der Revolution entweder seines Kopfes schafottbedingt
verlustig gegangen oder kopflos geflohen war. So wurde der
Aperitif jene alkoholgeladene und in immer breiteren Bevölke-
rungskreisen beliebte Ouvertüre vor dem eigentlichen Akt der
Hochkultur, dem Essen.

Der Absinth, »die« Aperitifdroge des späten 19. Jahrhunderts, war vermutlich jedoch nicht in Frankreich, sondern in der Schweiz erfunden worden. Auf Umwegen fiel das Rezept für das ursprünglich medizinisch eingesetzte Wermut-Elixier schließlich in die Hände von Major Dubied, der wiederum mit seinem Sohn Marcellin sowie mit seinem Schwiegersohn Henri-Louis Pernod in Couvet eine Brennerei für die Produktion des ersten Absinths als Spirituose errichtete.

1805 wechselte Pernod von der Schweiz nach Pontarlier in Frankreich. Der geringe Tagesaustoß von anfangs 400 Litern pro Tag nahm jedoch bis Mitte des 19. Jahrhunderts erheblich zu. Erheblich zu nahmen auch die Konkurrenten, die es Pernod gleichtaten und ebenfalls Absinthschnäpse erfolgreich verkauften. In der Regel handelte es sich dabei um einen destillierten Kräuterschnaps, in dem sich Wermutkraut, Anis, Fenchel und noch einige andere Kräuter befanden. Weil er ungesüßt war und wegen des Wermuts sehr bitter schmeckte, wurde ein Ritual en vogue, in dessen Verlauf Zuckerwürfel auf einen durchlöcherten (Absinth-)Löffel gelegt wurden, über den man dann frisches Wasser in das Absinthkonzentrat im Glas laufen ließ, um so eine entsprechende Verdünnung und Süßung zu erzielen.

War es dieses Trinkerritual, was zur Popularität des Absinths beitrug? Nicht auszuschließen. Spekuliert wird auch, dass es vielleicht doch eher die Soldaten waren, denen man Mitte des 19. Jahrhunderts Absinth gegen Feigheit vor dem algerischen Feind oder als Mittel gegen koloniale Magen- und Darmerkrankungen mitgegeben hatte, und die nach ihrer Rückkehr hervorragende Werbeträger gewesen sein sollen. Sicherlich aber war die Reblaus mit schuld am Wermutrausch einer ganzen Nation. Die katastrophalen Ernteausfälle in den französischen Weinbergen ließen die Preise für Wein steigen. Also stieg die Nachfrage nach Absinth als modischem Ersatz. Dessen Preise fielen. Ein Kreislauf, der direkt ins nationale Delirium führte.

Im Anschluss an den Deutsch-Französischen Krieg 1870/71 war die nach dem grün schimmernden Absinth »heure verte« (grüne Stunde) benannte Zeit des frühen Abends eine stehende Größe im Tagesablauf vieler Menschen. Doch Absinth wurde mittlerweile nicht mehr nur in den frühen Abendstunden getrunken, sondern zu jeder Tageszeit – und in größeren Mengen als der Gesundheit zuträglich. Vor allem von den Bohemiens, die sich besonders heftig dem Absinthrausch hingaben – mit der Folge von vielfach beschriebenen extravaganten Leistungen in Literatur und bildender Kunst. In den Armenvierteln der Arbeiterschaft dehnte man die »heure verte« mit zum Teil billigstem oder selbst hergestelltem Absinthfusel (mit Wermutöl) bisweilen auf 24 Stunden aus. Die übertriebene Form des Absinthismus zeitigte – bei allen – grausame Folgen: Halluzinationen, Schlaflosigkeit, Muskelzittern, Lähmungen, Krämpfe, Sehstörungen bis zur Erblindung. Das im Wermut enthaltene Nervengift Thujon sollte dafür verantwortlich sein, vor allem für die cannabisähnliche Wirkung von Halluzinationen. Doch neuere Untersuchungen lassen am Thujon zweifeln, die Konzentrationen selbst im Vollrausch hätten angeblich nicht ausgereicht (die Konzentrationen im seit 1991 auch in Deutschland wieder zugelassenen Absinth sind restlos unbedenklich), die Symptome seien zudem denen eines ziemlich ordinären Alkoholismus viel zu ähnlich – Absinth wurde schließlich in Alkoholkonzentrationen von bis zu 80 Prozent angeboten.

Alkohol hin, Thujon her: Die Regierung verdiente über die Steuer am kollektiven Absinthrausch recht gut, weshalb ein Verbot erst 1915 erfolgte, als Alkohol kriegsbedingt sowieso gerne konfisziert wurde. (Frankreich taten es die meisten anderen europäischen Länder gleich.) Nun saßen sie da, die Absintheure, ihres schönsten Rauschmittels beraubt, und gierten nach Ersatz. Für die gepflegten Aperitif-Trinker hatten sich bereits in den 30 Jahren zuvor die Vermouths und Bitters als Alternative durchgesetzt. Doch all die fanatischen Anis-Liebhaber saßen nun auf dem Trockenen. Ehemalige Absinthhersteller, allen voran Pernod, suchten verzweifelt nach Ersatz für die verbotene Wermutdroge.

Sieben Jahre nach dem Absinthverbot erteilte die französische Regierung schließlich 1922 wenigstens die Erlaubnis, wermutlose Anisliköre herzustellen, weil Gutachten die relative Harmlosigkeit von Anis bestätigten. Einziger Wermutstropfen: Der Alkoholgehalt wurde auf 40 Prozent begrenzt und – viel schlimmer noch – die Liköre sollten einen Zuckergehalt von mindestens 150 Gramm pro Liter aufweisen. Und das war zu süß. Mit soviel Zucker konnte man beim besten Willen keinen erfrischenden Aperitif zaubern. Auch Pernod nicht.

Nun schlug die Stunde des Pastis. Nun schlug die Stunde von Paul Ricard. In der Provence, besonders in der Region um Marseilles, als Hafenstadt traditionell ein Umschlagplatz auch für Kräuter aus dem fernen Osten wie zum Beispiel Anis, war es für viele Provenzalen eine Frage der Ehre und der Tradition, sich für den Eigenbedarf einen Anisschnaps selbst herzustellen. Und natürlich wurde Pastis, was auf Provenzalisch nichts anderes als »gemischt« bedeutet, illegal auch unter der Laden- und Bistrotheke verkauft.

Das wusste natürlich auch ein aufgeweckter junger Mann namens Paul Ricard. Mit seinem Vater, einem wohlhabenden Weinhändler, bereiste der 1909 in einem Dorf nahe Marseilles geborene Paul auf Kundenbesuch schon als Kind die gesamte Provence und konnte so beobachten, was da so alles hinter vorgehaltener Hand die provenzalischen Kehlen benetzte. Auf einer dieser Reisen machte Ricard als zwölfjähriger die denkwürdige Bekanntschaft mit dem alten Espanet, einem ehemaligen Friseur, der wie viele Provenzalen immer ein Fläschchen selbst hergestellten Pastis in der Joppe trug und sich mittlerweile in Le Beausset als Weinagent und Kräutersammler sein Auskommen verdiente. Diese Begegnung sollte für die Anisschnaps liebende Welt noch von Bedeutung werden.

Denn der junge Paul Ricard, der auf dem Gymnasium eine Vorliebe für Physik und vor allem Chemie entwickelte, strebte mit Ehrgeiz die Gründung eines eigenen erfolgreichen Unternehmens an. Vorbild war ihm Louis Renault, der sich als bescheidener Handwerker in den Zwanzigern zu einem bekannten Industriellen hochgearbeitet hatte. Seine ersten Versuche mit dem Vertrieb eines eigenen Weines, dann einer Spirituose namens »Cantagas«, blieben jedoch zunächst recht erfolglos. Vor allem der Weinmarkt war ziemlich gesättigt. Was er aber beobachtet hatte, war die Vorliebe der provenzalischen Kunden für die illegalen Anisschnäpse, die heimlich unter dem Tresen ausgeschenkt wurden. Und da erinnerte er sich des alten Espanet, des ehemaligen Friseurs, der ihm das Rezept für seinen Privatanis seinerzeit verraten hatte (später machte er in einer Werbekampagne den Friseur zum Natur liebenden Schäfer, von dem er das »magische« Rezept erhalten habe).

Was also lag für einen chemiebegeisterten jungen Mann näher, als mit dieser Rezeptur im elterlichen Haus unter Einbeziehung von einem Destilliergerät, Alkohol und mazerierten Kräutern zu experimentieren? Den Café- und Bistrobesitzern der Region gab er immer wieder die Zwischenergebnisse seiner Experimente zu probieren. Und so konnte er in all den Jahren des Absinthverbots und der unglückseligen Zuckerauflagen für Anisschnäpse seine privaten Marktforschungen für einen geschmacklich mit »réglisse« (also Süßholz bzw. Lakritze) abgerundeten Pastis machen. Im Jahre 1932 war es dann so weit: Die Regierung hob das Zuckergebot auf und gestattete das freie Süßen der Anisschnäpse. Nicht zuletzt deshalb, weil man so

endlich entsprechende Steuern auf diese bis dahin nur illegal
vertriebene Spirituosengruppe erheben konnte.

Als der Startschuss fiel, hatte der gerade einmal 23-jährige
Paul Ricard aber nicht nur das fertige Produkt in der Pipeline,
er hatte auch bereits einen Namen für sein Produkt. Und klare
Vorstellungen von einem Marketingkonzept. Seinen Absinth-
ersatz nannte er »Ricard – der echte Pastis aus Marseille«. Und
mit diesem »echten Pastis« griff er umgehend die ehemaligen
Absinth-Marktführer wie Pernod, die den liberalisierten Markt
für Anisschnäpse selbstverständlich erneut zu dominieren ge-
dachten, frontal an. Mit Erfolg. In den ersten acht Monaten
verkaufte Ricard immerhin 270 000 Liter seines Pastis allein in
der Region um Marseille. Bis 1938 öffneten sich auch die
Märkte im Südwesten in der Region um Lyon. Hilfe auf dem
Weg zu den erstrebten Millionenumsätzen und zu unsterbli-
chem französischem Genussruhm erhielt Ricard jedoch erneut
von Seiten der Regierung.

Im Jahre 1938 autorisierte der Staat die Hersteller von Anis-
spirituosen, den Alkoholgehalt auf 45 Prozent zu erhöhen. Das
wiederum erlaubte es Ricard, eine höhere Konzentration der
Kräuteressenzen und vor allem des Anisöls in seinem »wahren
Pastis« zu erhöhen. Was zur Folge hatte, dass eine niedrigere
Dosierung im mit Wasser aufgefüllten Glas erforderlich war –
worüber sich vor allem auch die Gastronomie freute, konnten
doch so aus einer Flasche mehr Drinks erzielt und der Gewinn
erhöht werden.

Das alles ermutigte nun zu einem Angriff auf Paris. Hier
stellte Paul Ricard seine Talente als Kommunikator unter Be-
weis. Ein gewaltiger Werbefeldzug überrollte die Hauptstadt.
Eingespannt wurden das Radio und die Zeitungen. In Insera-
ten wurde gezeigt, wie man den »wahren Pastis« »à la marseil-
laise« zu trinken habe, nämlich in einem Mischungsverhältnis

von 1:5. Auf Plakaten schließlich wurde auch etwas von der mediterranen Atmosphäre der provenzalischen Heimat des Ricard vermittelt: Da sitzt ein Provenzale mit weißem Hemd unter blauem Himmel vor der Hafenkulisse Marseilles an einem Tisch und gießt sich, keck grinsend und mit fescher Seemannskappe, einen Pastis ins Glas. Und über der Szenerie verkündet ein einfaches »comme à Marseille ... «, wie man den Pastis zu trinken hat – nämlich wie in Marseille.

Ricard wurde mit seiner Werbekampagne quasi zum Synonym für Pastis, die Verkaufszahlen stiegen schließlich auf immerhin 3,6 Millionen Liter im Jahre 1939. Was den größten Konkurrenten Pernod langsam nervös machte. Ein Pernod war und ist bis heute zwar kein Pastis. Denn während für einen Pastis (egal um welchen Hersteller es sich handelt) Anis, Lakritze (Süßholz) und verschiedene Provencekräuter in Alkohol kalt aufgesetzt und mazeriert (ausgelaugt) werden, sind bei einem Pernod zum einen zusätzlich mehr Kräuter im Spiel, und zum anderen – was noch entscheidender ist – handelt es sich beim Pernod nicht um einen Aufgesetzten, sondern um ein Destillat, womit man an die alten Absinthtraditionen anknüpfte. Doch abseits solcher Feinheiten der Produktionsprozesse buhlten beide Konkurrenten um dieselbe anisgeile Kundschaft. Und Ricard war gerade dabei, Pernod in dieser Hinsicht das Wasser abzugraben.

Bevor Pernod wirklich reagieren konnte, stoppte der Krieg die Schlacht um die Anis-Kunden. Man machte gar den Anisschnäpsen den Vorwurf, die französische Widerstandskraft geschwächt zu haben und damit mitverantwortlich für die militärische Niederlage gegen Deutschland zu sein. 1940 begann das Vichy-Regimes bzw. die deutschen Besatzer, Alkohol zu konfiszieren, was zu einem Erliegen der Produktion von Anis-Aperitifs generell führte.

Um sein Unternehmen und sein Personal während des Krieges nicht aufgeben zu müssen, sattelte Ricard kurz entschlossen um: Er kaufte eine Wasserquelle in der Ardèche, kultivierte den Reisanbau in der Camargue, wo er ein Landgut erworben hatte, hielt Kühe und ließ von seinen Arbeitern – ganz nebenbei – Alkohol für die Résistance destillieren.

Als im Jahre 1951 die anisierten Getränke erneut eine Zulassung erhielten, setzte sich das große Hauen und Stechen um Marktanteile fort. Pernod, wie die meisten anderen ehemaligen Absinthhersteller, ließen keinen Zweifel daran, dass sie sich und ihre neuen Pastis-Produkte als die legitimen Absinth-Nachfolger betrachteten. Pernod kreierte einen »Pernod 51« und spielte damit auf das Jahr der erneuten Zulassung an, was aber die Kunden nicht verstanden. Die glaubten, die 51 beziehe sich auf die Angabe der Alkoholprozente, weil Pernod in der Vergangenheit seine Produkte traditionell nach diesem Prinzip benannt hatte (zum Beispiel »Pernod 40« oder »Pernod 45«). Erst mit der Umbenennung in »Pastis 51« stellte sich der gewünschte Verkaufserfolg ein.

Doch bei allen Anstrengungen: Ricard erwies sich im Vergleich zu den alten Absinth-Veteranen als der weitaus innovativere Pastis-Promoter. Als in der ersten Zeit nach dem Krieg noch Werbung für Alkoholika untersagt war, setzte er durch innovatives Sport-Sponsering, zum Beispiel während der Tour de France, seine unverkennbaren Duftmarken auf dem Spirituosenmarkt. Auf jeder Tour-Etappe stellte er ein riesiges Boot in den Unternehmensfarben auf und organisierte Konzerte. Als 1956 während der Suez-Krise Benzin knapp wurde, schickte Ricard eine Dromedar-Karawane durchs Land, um seine Kunden mit dem »wahren Pastis« zu beliefern: »Die Ricard-Karawane bezwingt den Durst.«

Sportsponsering, Kunstmäzenatentum, die Gründung eines ozeanographischen Instituts, der Ausbau der berühmten Renn-

strecke Le Castellet nahe Toulon, Musik- und Konzertsponse-
ring und nicht zuletzt ein hohes soziales Engagement gegenüber seinen Angestellten und Arbeitern – alles, was Ricard auf
den Weg brachte, machte letztlich auch ihn selbst und sein Produkt immer populärer. Als er mit 59 Jahren im Jahre 1968 zu-
rücktrat, verkaufte er von seinem »wahren Pastis« 43 Millionen
Liter.

Um so überraschender ereilte die Getränkewelt 1975 die
Meldung, dass ausgerechnet der Privatier Paul Ricard die Fu-
sion ausgerechnet mit Pernod mit geholfen hatte einzufädeln.
Es ging um die Abwehr der Angelsachsen auf einem mittlerweile weltweit organisierten Spirituosenmarkt mit gigantischen Umsatzzahlen. Mit Erfolg: Pernod Ricard zählt heute zu
den größten Alkoholkonzernen der Welt mit einem weit gespannten Spirituosenangebot bekanntester Markennamen
(zum Beispiel Ramazotti, Martell, Sandemann, Havanna Club,
Chevas Regal, The Glenlivet) und Milliardenumsätzen. Geleitet wird der Global Player übrigens von Patrick Ricard, einem
Sohn des Firmengründers (der 1997 in der Provence verstarb).

Weltweit ist Ricard die Nummer drei, in Frankreich unan-
gefochten die Nummer eins unter den Spirituosen. Ein gigantischer Erfolg – und dennoch sind Ricard ebenso wie all die anderen Hersteller von Pastis und ebenso wie Pernod bis heute
Aperitif-Getränke geblieben – ganz im Gegensatz zu ihrem ver-
rufenen Vorfahren, dem Absinth.

Zwischen fünf Uhr nachmittags und den frühen Abendstunden füllen sich in Frankreich die Kneipen, die Cafés, die
Bars und die kleinen Bistros. Da stehen und hocken sie dann,
die Handwerker und Angestellten, die Banker und Freiberufler
und quatschen über dies und jenes und trinken dabei ein Glas
Pastis. Wohlgemerkt: Ein Glas, vielleicht zwei. Mehr nicht. So
will es die Aperitif-Tradition.

Man kann in Frankreich aber auch leibhaftiger Zeuge werden, dass die ganze schöne Aperitif-Philosophie wie zu besten
Absinth-Zeiten auch zum Teufel gehen kann. Und zwar restlos.
Da stehen sie dann – zum Beispiel auf dem Dorf (aber nicht nur
da) – am Tresen, die Handwerker und Angestellten. Und trinken in aller Gemütlich- und Geselligkeit einen Aperitif nach
dem anderen. Zum Beispiel einen Pernod. Oder einen Pastis.
Und vergessen dabei, dass der Aperitif nach der ordentlichen
Lehre doch lediglich die gepflegte Ouvertüre zum Essen darstellt. Geschenkt. Ein bisschen Knabberkram, ein bisschen Finger Food tun's auch. Und irgendwann am Abend wanken sie
aus der Wirtschaft, eine glimmende Gitanes im Mundwinkel,
und ziehen gut gelaunt nach Hause – bis oben hin rappelvoll
mit Aperitifs. Und mit reichlich tauben Backen. Und einer Baskenmütze auf dem Kopf.

Bei aller Liebe zu den heiligen französischen Genussritualen:
Nichts ist in Marmor gemeißelt – auch und gerade nicht in
Frankreich. Beruhigend.

POMMES FRITES

... wie eine lächerliche Portion Pommes zum ernsthaften Politikum internationaler Verwicklungen werden kann, und warum die »French fries« weit weniger french sind, als man gemeinhin glaubt ...

Wenn's mal wieder so richtig kracht im transatlantischen Gebälk, wenn die europäischen Freunde sich mal wieder weigern, mit ihren amerikanischen Freunden und viel Dschingderassabum irgendwelche Ölwüsten militärisch zu durchpflügen, wenn man sich gegenüber den »Erkenntnissen« amerikanischer Geheimdienste wieder mal so schrecklich uneinsichtig zeigt (»Sorry, Mr. Rumsfeld, but i'm not convinced!«), dann kann man drüben auf der anderen Seite der Brücke der Freundschaft sehr, sehr böse werden. Dann werden die unbotmäßigen Kriegsverweigerer diplomatisch geschnitten, dann belächelt man im Weißen Haus müde das »alte«, so entsetzlich antiquiert-pazifistische Europa und begrüßt freudig das »neue Europa«, an dessen Spitze Wirtschaftsgiganten und militärische Supermächte wie Polen wild mit den Fahnen der Solidarität wedeln.

Weil nun aber ein Nein von guten alten Freunden – wie eine enttäuschte Liebe – besonders weh tut, kennt die amerikanische Rache neben schnöder diplomatischer Missachtung durchaus auch kraftvolle Steigerungsformen. Dann erheben sich Volk und politische Repräsentanz und schwingen die strafende Keule der Entrüstung. Gegen Frankreich zum Beispiel, diese widerspenstig eigenwilligen Gallier, die partout nicht

Krieg spielen wollen. Dann ruft man auf Amerikas Straßen:
»Boykott!« Keinen französischen Wein, keinen französischen
Käse will man mehr kaufen. Das ist perfide.

Im amerikanischen Repräsentantenhaus lässt man sich zu
solcher Angelegenheit jedoch noch viel Perfideres einfallen. Da
sucht man den direkten, brutalen diplomatischen Affront:
Zum Beispiel indem man den Inbegriff des französischen Seins
in amerikanischen Kantinen, die beliebten »French fries«, die
man bei uns viel französischer »Pommes frites« nennt, von der
Kantinen-Speisekarte des Abgeordnetenhauses verbannt. Also
zumindest namentlich. Nicht substantiell. Dazu schmecken
Pommes wohl zu gut. Aber was seit nahezu 100 Jahren überm
großen Teich traditionell »French fries« genannt wurde, nannte
man im amerikanischen Abgeordnetenhaus im Vorfeld des
dritten Golfkriegs fortan ganz keck und ganz selbstbewusst
»Freedom fries«. Sapperlott, was kann der Amerikaner aber
auch böse werden, bitterböse!

Das alles tut dann auch sehr, sehr weh – den Franzosen. Die
kulinarische Verweigerung der Amerikaner trifft sie ins Mark.
Seelisch und in der Handelsbilanz. Ändert aber nix. Weil: Franzosen sind stolz. Vor allem, wenn's ums Essen geht. »Dann lasst
es halt mit dem Wein und dem Käse. Fresst doch weiter eure
Big-Mäcs.« Und zur Frittenfrage lässt man aus der französischen
Botschaft in Washington nur kurz und trocken und ein wenig
hochnäsig verlautbaren, dass die lächerliche Nummer mit den
»Freedom fries« sowieso komplett kalter Kaffee sei, denn – ihr
lieben amerikanischen Freunde und geschichtsvergessenen Ba-
nausen: Eure sprachverbannten »French fries« sind gar nicht
french! Die sind belgisch! Das nur zur geflissentlichen Kennt-
nisnahme! Und ansonsten noch viel Glück im Wüstensand!

Wie jetzt? Was soll das heißen: belgisch? Die berühmten
französischen »Pommes frites« sind gar nicht französisch? Aber

die deutschen »Pommes« oder »Fritten« rühren doch wohl
sprachlich eindeutig von den französischen »Pommes frites«,
also den frittierten Kartoffeln. Und dass die Amerikaner seit jeher »French fries« zu ihren frittierten Kartoffelstiften sagen,
dass hat doch wohl auch seinen Grund.

Hat es. Streng genommen hat es sogar zwei Gründe.

Da geistert zum einen seit über 200 Jahren die Geschichte
von Thomas Jefferson durch die Pommes-Geschichte. Jefferson
(1743–1826), einer der Väter der amerikanischen Unabhängig-
keitserklärung von 1776 und späterer amerikanischer Präsident (1801–1809), war nach dem Unabhängigkeitskrieg
(1775–1783) von 1785–1789 als Botschafter der USA ins vor-
revolutionäre Frankreich gegangen. Hier, in Paris, soll er angeblich die Fritten kennengelernt und als kulinarische Novität
begeistert mit in seine Heimat genommen haben. Jedenfalls
wird in der amerikanischen Gastrogeschichte immer wieder
darauf verwiesen, dass es der frankophile Jefferson war, der im
Jahre 1802 als Präsident im Weißen Haus erstmals anlässlich eines offiziellen Empfangs seinen Gästen »potatoes served in the
French manner« servieren ließ. Eine Sitte, die er auch späterhin
seinen Gästen angedeihen ließ.

Allein, um welche Form von Kartoffeln und welche Zube
reitung es sich dabei handelte, lässt sich im Nachhinein und de
facto nicht wirklich sagen. Was hieß damals »French manner«?
Die Behauptung, es seien tatsächlich frittierte Kartoffelstäb-
chen gewesen, also »Pommes frites«, scheint jedenfalls mehr als
kühn. Die Kartoffel war nämlich zur Zeit Jeffersons in Paris
noch nicht wirklich populär. Frankreich war ja im Gegensatz zu
Belgien oder Deutschland überhaupt ein sehr spätes Kartoffel-
land. Und abgesehen von einigen aufsehenerregenden Marke-
tingmätzchen (Mitte der Siebziger) des französischen Kartof-
felpromotors Parmentier (s. S. 111), hatten sich die Kartoffel

und deren Zubereitungsmöglichkeiten zum Ende des 18. Jahrhunderts in Paris bei den Feinschmeckern offenkundig noch nicht etabliert. Selbst als 1826 die berühmte Gourmetbibel über die »Physiologie des Geschmacks« von Brillat-Savarin erstmals veröffentlicht wurde, finden Kartoffeln darin nicht einmal eine Erwähnung, geschweige denn die »Pommes frites«. Wer kulinarisch was auf sich hielt, hatte zu Jeffersons Zeit offenbar noch keine Affinität zur Knolle.

Eine französische Frühform der Pommes frites soll es in Paris erst in den Dreißigern des 19. Jahrhunderts gegeben haben. Jedenfalls stand im Jahre 1837 auf der Menükarte des Bürgerkönigs Louis Philippe und seines Gastes, des berühmten Gourmands Duc d'Orleans, eine Kartoffelvariante, die man in Paris als »Pommes Pont-Neuf« kannte. Benannt waren sie vermutlich nach der berühmten Seine-Brücke allein deshalb, weil die Schnittform der Kartoffelscheiben an die sichelförmige Silhouette der Brücke erinnerte. Vermutlich wurden auf oder in der Nähe der Brücke sogar »Pommes Pont-Neuf« als Straßen-Finger-food an Ständen mit Holzkohlengrills an hungrige Passanten verkauft. Hatte Jefferson vielleicht bereits die Zubereitungsart für solche »Pommes Pont-Neuf« als Importgut im Reisegepäck auf seinem Weg zurück in die Staaten? Doch selbst wenn, es wären keine Pommes im heutigen Sinne gewesen, denn die »Pommes Pont-Neuf« waren eben gegrillt oder gebraten, aber nicht in siedendem Fett frittiert.

Folgt man einer etwas anmaßenden, bis heute aber fröhlich propagierten amerikanischen Interpretationsschule, dann bezieht sich das »french« im »French fries« auch gar nicht auf die Idee des Frittierens. Die sei nämlich – man höre und staune – eine ur-amerikanische Erfindung. Das »french« beziehe sich allein auf die französische Tradition, Gemüse jedweder Art klein zu stifteln. Benannt ist diese feinsinnige Art der Zubereitung nach dessen Erfinder Monsieur de Julienne, Koch des Rokoko-Hofmalers Jean Antoine Watteau (1664–1721). Nur deshalb also hießen die Pommes eben »French fries«, wird jenseits des Atlantiks behauptet.

Eine gewagte Theorie. Viel wahrscheinlicher erscheint hingegen die These, dass amerikanische Soldaten, die im Ersten Weltkrieg in Frankreich stationiert waren, die dort offenbar bereits weit verbreitete Zubereitungsart, Kartoffeln zu stifteln und in Fett zu frittieren, kennengelernt hatten und das Bedürfnis danach mit in ihre Heimat brachten, wo man selbiges mit den nunmehr »French fries« genannten Pommes frites befriedigte.

Auch die aus Belgien heimgekehrten amerikanischen Soldaten sprachen wohl allein von »French fries«, hörten sie doch auch in Belgien französische Töne, und die staatliche Kleinteiligkeit Europas konnten die wenigsten Amerikaner durchschauen. Und weil Uncle Sam im 20. Jahrhundert hin und wieder zum Kulturimperialismus neigte, glaubte man bald allenthalben auf der Welt, die Franzosen seien tatsächlich die Urheber der »French fries«. Was die Franzosen seit jeher auch gerne und wortreich zu bestätigen bereit sind – zumindest in Friedenszeiten! Was die Belgier aber seit jeher heftig bestreiten! Und das nicht ohne Grund, denn Historiker haben den Geburtsort der Fritten längst genau verortet: In einer Region südwestlich von Lüttich, nördlich der Ardennen! In Belgien! Und nirgendwo sonst. Ganz zweifelsfrei.

Zu danken haben wir diese Erkenntnis dem Historiker Jo Gérard, der in seinem Familienarchiv ein Dokument aus dem Jahre 1781 entdeckte, aus dem sein Kollege Leo Moulin zitierte. Und in diesen »Curiosités de la table dans les Pays-Bas Belgiques« heißt es unmissverständlich: »Die Einwohner von Namur, Andenne und Dinant pflegen in der Meuse (Maas)

Kleinzeug zu fischen und es in Fett zu braten, um ihre Alltags-
kost aufzubessern, vor allem die armen Leute. Aber wenn der
Frost die Wasserläufe ergreift und der Fischfang darauf riskant
wird, schneiden die Einwohner Kartoffeln in Form kleiner Fische aus und braten sie im Fett wie jene. Es kommt mir zu Ohren, dass sich dieser Brauch schon mehr als hundert Jahre zu-
rückverfolgen lässt.« Demnach wären Pommes bereits um das
Jahr 1680 erfunden worden. Und zwar als eine Fischimitation!
Mit Kartoffeln, die man in Belgien bereits 200 Jahre vor den
Franzosen kannte.

Leo Moulin war es auch, der darauf hinwies, dass nach eingehender Untersuchung der gut 120 im französischen »Di-
ctionnaire Gastronomique« erwähnten Kartoffelrezepte aber
auch nicht eins mit der typischen belgischen Zubereitungsart
zu tun habe: den berühmten zwei Frittiergängen. Mithin sei
mehr als erwiesen, wem die Frittenehre gebühre: allein den Bel-
giern. Sagt Leo Moulin, der Belgier.

In Belgien sind die unzähligen »Frietkots« (=Frittenküchen,
also Frittenbuden) in der Tat seit ewigen Zeiten schon ziemlich
Kult. Und jede der Frittenbuden, die einigermaßen was auf sich
hält, bietet selbstverständlich nur zweimal gebackene »Frietjes«
an (das erste Mal mit 140–150 Grad, das zweite Mal mit 170–
180 Grad), denn beim Vorfrittieren werden sie zunächst nur gegart und entwässert. Dann lässt man die ca. zehn Millimeter dicken Kartoffelstifte eine halbe Stunde auskühlen. Doch erst der
zweite, drei bis fünf Minuten andauernde Frittiergang macht
sie so unnachahmlich knusprig. So unnachahmlich belgisch.

Und natürlich verwendet jede belgische Frittenbude, die
auch nur ein bisschen was auf sich hält, ausschließlich frisches,
täglich wechselndes Frittierfett. Entweder Rinderfett oder
Pflanzenöl. Und natürlich werden in Frittenbuden, die auch
nur ein bisschen was auf sich halten, keine tiefgefrorenen Kar-

toffeln oder gar in Frittenform gepresstes und tiefgefrorenes Kartoffelpulver verwendet (im sogenannten Sous-Vides-Verfahren hergestellt, einstmals für die Versorgung der US-Navy erfunden), sondern ausschließlich frische Kartoffeln. Zum Beispiel Kartoffeln der Sorte »Bintje« oder »Rode eersteling« oder »Désirée«. Zu erkennen sind die Buden mit frischen Kartoffeln an einem Schild, einem Qualitätslabel des Dachverbandes der Gaststättengewerbes mit dem Aufdruck »Ambachtelijke Friet«, was so viel wie »handwerklich hergestellte Pommes« meint.

Und natürlich verwenden Frittenbuden, die auch nur ein bisschen was auf sich halten, als Verpackung Schalen aus Pappe und nicht aus Plastik. Und die besonders traditionsbewussten Frittenbuden greifen mittlerweile sogar wieder zur guten alten Papiertüte, die man flämisch auch »Puntzak« nennt. Und weil man dieser besten aller Frittenverpackungen selbst in Belgien wieder ein wenig auf die Beine helfen muss, kann man sich in der »Frikot Max«, einer der ältesten und legendärsten Frittenbuden in Antwerpen (Groenplats nahe der Kathedrale mit angeschlossenem Frittenmuseum), sogar als Mitglied der »Nationale Vereniging Ter Verdediging Van De Putzak, N.V.T.V.V.D.P. (Vereinigung zur Verteidigung des Puntzaks) eintragen lassen.

Und natürlich bieten Frittenbuden, die auch nur ein bisschen was auf sich halten, wie zum Beispiel das »Maison Antoine«, eine sechseckige Pommesbude mitten in Brüssel auf der Place Jourdan an der Ecke zur Chaussée de Wavres, Frittensaucen in einer Anzahl, die jeden deutschen Imbissbetreiber intellektuell in den Abrund tiefer Paranoia stürzen würde. Im Frietkot Max beispielsweise erhält man mindestens 18 Saucen zur Auswahl. In ganz Belgien sollen es gar an die 40 verschiedenen Saucen sein, die angeboten werden. Von der beliebten Mayo über die Sauce Tatar bis hin zu Andalouse, Samurai, Pitta, Bra-

zil, Pili Pili, Mammut, Frikandel, Provencal oder auch Ameri-
cain – alles ist möglich. Bisweilen werden die Saucen sogar
»à part«, also nicht über die Pommes geklatscht, sondern in
Extraschälchen gereicht – höchste belgische Pommeskultur.

Für all das stehen sie bei Antoine in Brüssel, den sogar die
New York Times zur besten Frittenbude der Welt erklärte, oder
bei dem nicht weniger guten Max in Antwerpen oder an den
vielen anderen Frietkots Schlange. Ob im Graurock oder im
Blaumann, ob Banker oder Handwerker, ob Abgeordneter oder
Tourist, ob alt oder jung. Sie stehen Schlange, stehen lange
Schlange. Nehmen Wartezeiten auf sich, lange Wartezeiten.
Auch wenn es mal regnet. Denn aufgepasst, Ihr lieben amerika-
nischen Freunde und Wüstenkämpfer: Eure Fast-food-Ketten
mögen vielleicht sehr viel mehr Fritten, oder was man im Rest
der Welt auch immer darunter verstehen mag, rund um den
Globus verkaufen. Aber die besten Pommes findet man nach
wie vor da, wo sie erfunden wurden: Im Land der Flamen und
Wallonen. Im guten alten Europa.

Und hier heißen sie »Pommes frites«! Oder auch einfach
»frietes«, »frieten« oder »frietjes«. Aber in keinem Fall »French
fries«.

Und schon gar nicht »Freedom fries«.

PROSECCO

*… wie man am Prosecco das deutsche Discounter-Elend
studieren, und warum Prosecco dennoch ein echtes
Vergnügen darstellen kann …*

Sie versuchen es immer wieder! Zur Begrüßung bekommt
man ein Glas in die Hand gedrückt. »Schön, dass Ihr hier seid.
Dass das endlich mal geklappt hat. Prosit!« Kaum dass man ge-
nippt hat, wird man bestürmt. »Weißt Du, was das ist? Ich
mein, Du verstehst doch was davon. Das ist kein Sekt! Das ist
Prosecco! Gut, ne?«

Man druckst ein bisschen rum, faselt was von: »Ja, doch.
Also wirklich, irgendwie … Interessant! Gut gekühlt auch.
Könnte vielleicht … « Und dann kommt die peinlichste Auf-
forderung aller peinlichen Aufforderungen, mit der man einen
Gast, von dem man meint, dass er »was davon versteht«, kon-
frontieren kann: »Und jetzt rat mal, wo der herkommt.«

Bevor man seiner grauenhaften Ahnung Ausdruck verleihen
kann, kommt ganz schnell und ganz stolz: »Vom Aldi! Hättse
nich gedacht, ne?« Doch, denkt man sich. Hab ich mir gedacht.
Viel schlimmer noch: Hab ich auch geschmeckt! Billig, denkt
man sich. Übles Gebräu, denkt man sich. Sagen hört man sich
aber: »Ach was? Das ist ja sagenhaft.« Und dann bekommt man
noch den Preis hinterhergeworfen. Diesen absolut sensationel-
len Preis, für einen Prosecco! Und schon hat man einen soliden
Eindruck, was man dem Gastgeber wirklich wert ist. Na, Dan-
keschön! Ich fühl mich wohl bei Euch!

Es folgt dann in der Regel noch eine kurze Rechtfertigungslitanei über die Vorzüge des deutschen Discountwesens, die aber auch jeden Einwand im Keim erstickt. Schmeckt nicht, gibt's nicht! Zu dieser Spezies Gastgeber bringt man am besten den Wein selbst mit oder man fragt beim Eintreten direkt nach einem kalten Bier. Oder man beherzigt den Tipp der Wein-Autoren Cornelius und Fabian Lange und hält sich den Rest des Abends in der Nähe von Hydrokulturen auf.

Was will man machen? Es ist halt Mode, Prosecco zu trinken. Schon länger. Irgendwann in den Neunzigern fing es an. München, die Schwabinger Schickeria soll die Keimzelle gewesen sein. Moosi und Daisy sollen dem Vernehmen nach den Trend kräftig gesettet haben. Wegen der schönen blauen Farbe der Flasche, die so gut zur Haarfarbe von Moosis Mutter passte. Und fortan: Keine Münchner oder Hamburger Vernissage, kein Geburtstag, keine Betriebsfeier, kein italienischer Abend mehr ohne Prosecco. Selbst im Land der Rotkäppchen ließ man beim Gartenfest in der Datsche die »Bröseggö«-Gläser klingen. Prosecco war mit einem Mal Lifestyle. Seither übt man sich in italienischer Lässigkeit, Prosecco ist »easy drinking«. So wurde die Schicki-Micki-Brause zum allgemeinen Modegetränk.

Nun gilt es im Land der Billigheimer aber in weiten Teilen der Bevölkerung als unschicklich, für den Genuss Geld auszugeben. In Deutschland will man möglichst alles zum Transferleistungstarif. Auch die Schicki-Micki-Brause. Vor allem jene, die gar keine Transferleistung erhalten. Nirgendwo sonst auf der Welt erfassen vornehmlich diejenigen, die es gar nicht nötig hätten, nahezu erotische Wallungen, wenn sie eine Discounter-Filiale betreten. Denn hier betritt man das gelobte Land. Alles, was man hier bekommt, ist – billig! Hier gibt es kein Manna. Hier gibt es Schnäppchen! Und das ist des Deutschen größter Triumph: Ein Schnäppchen!

Also pilgert man zu Aldi, Lidl und Co. Man ist ja nicht blöd. Denkt man in Deutschland. Doch, Herrschaften, man ist blöd! Ziemlich blöd sogar. Und wenn man so schön blöd ist und nix über Prosecco weiß, und wenn einem völlig egal ist, was da drin ist, Hauptsache es steht Prosecco drauf, und wenn man daran glaubt, dass Discounter für ein Almosen in der Lage sind, Gold in Flaschen abzufüllen, dann, ja dann ist man der ideale Kandidat für eine komplette Vollverarschung. Wie seinerzeit bei Aldi. Und das kam so.

Auf den Hügeln zwischen den beiden kleinen Ortschaften Valdobbiadene und Conegliano, nördlich des Flusses Piave in Venetien, also im Hinterland Venedigs im Nordosten Italiens, dort ist er beheimatet, der Prosecco. Für diese Region gibt es auch eine sogenannte DOC (Denominazione di Origine Controllata), also eine geschützte Herkunfts- und Qualitätsbezeichnung, das heißt, wenn auf einer Flasche Prosecco di Valdobbiadene DOC (oder Prosecco di Conegliano DOC oder auch Prosecco di Conegliano e Valdobbiadene DOC) steht, dann darf der Inhalt auch nur aus dieser Region kommen und sollte eine gewisse Qualität aufweisen.

Um die Jahrtausendwende begann man sich in Valdobbiadene über zwei Dinge zu wundern: Erstens, dass in Deutschland, dem Land mit dem größten Prosecco-Durst, etwa doppelt so viel Prosecco di Valdobbiadene getrunken, als in dieser Region überhaupt hergestellt wurde, und zweitens, dass der größte Prosecco-Verteiler in Deutschland, nämlich Aldi, das italienische Modeprodukt für einen Preis von unter zwei Euro anbot. Mit einem solchen Preis sind aber nicht einmal die Produktionskosten zu decken (Merke: unter vier Euro VK geht nix!).

Also nahm das Prosecco-Schutzkonsortium Kontakt mit Aldi auf und stellte unangenehme Fragen. Das Ende vom Lied war ein Prozess gegen den italienischen Wein-Lieferanten des

Discounters, der Ende 2002 zu acht Monaten auf Bewährung verurteilt wurde, weil er 3,3 Millionen Flaschen mit Billigstplörre als DOC-Prosecco geliefert hatte. Aldi nahm den Prosecco aus dem Regal.

Es rauschte im Blätterwald, und man regte sich fürchterlich auf über solcherlei betrügerische Praktiken. Derweil gab in Italien der Direktor des Chianti-Schutzkonsortiums zu Protokoll, dass dieselben Praktiken ja nun auch im Chianti-Markt zu verzeichnen gewesen seien und dass die größten Betrügereien der vorangegangenen Jahre alle nach Deutschland wiesen. Das Prinzip war das gleiche: Eine geschützte DOCG-Chianti-Banderole um die rote Röhre mit der Billigplörre – und ab übern Brenner. Fünf Millionen Flaschen von solchem »Chianti« lieferte man an die deutsche Metro-Gruppe. Die Flasche für einen Euro. Und keiner stellte Fragen!

Ich bin doch nicht blöd, sagen sich die italienischen Weinpanscher. Wer Wein kauft, nicht weil er schmeckt, sondern weil der Preis so niedrig ist, der bekommt, was er verdient. Die ehrlichen Produzenten in Bella Italia sind natürlich heftig sauer auf die Panscher und die aggressive Preisdrückerei in Deutschland, weil die enormen Mengen gefälschter Ware im Markt auch den Preis der guten Originalware drückten. Das ist verständlich. Und das alles kauft man mit, wenn man Discountware kauft.

Der ungeheure deutsche (und auch Schweizer) Durst hat dazu geführt, dass man schon seit langem nicht nur im Stammland zwischen Conegliano und Valdobbiadene Prosecco herstellt, sondern in ganz Venetien bis in die Po-Ebene. Und das ist auch erlaubt, denn Prosecco ist nicht, wie viele immer noch meinen, eine Herkunftsbezeichnung oder Weinregion wie Bordeaux, sondern eine Traube.

Auch die Valdobbiadene-DOC ist an die Traube Prosecco gebunden, weshalb man auch außerhalb der Region um Val-

dobbiadene Prosecco herstellen darf (während ein Bordeaux
mit AOC oder ein Champagner immer aus dem Bordeaux bzw.
aus der Champagne kommen »muss«). Solche Produkte dürfen
sich dann aber natürlich nicht mit der Valdobbiadene-DOC
schmücken. Sie dürfen sich dann zum Beispiel einfach nur »Ve-
neto-Prosecco« nennen – und kommen selten über die Qualität
von Spülwasser hinaus. Was vielleicht damit zusammenhängt,
dass man für diese Massenweine einem Hektar Boden sage und
schreibe 30 000 Liter Wein und einem Rebstock ca. zehn Flaschen abringt (zum Vergleich: aus einem Rebstock für hoch-
wertige Weine gewinnt man gerade einmal eine Flasche.)

Wer allerdings wirklich mal einen guten Prosecco probieren
möchte, sollte demnächst vielleicht einfach einen großen Bogen um die Discounter machen und zum Weinhändler gehen,
nach einem Prosecco aus der Region Conegliano und Valdobbiadene fragen und sich etwas zur Qualität der jeweiligen Er-
zeuger erzählen lassen.

Denn hier, aus der Ursprungsregion, kommen die besten
Qualitäten her. Denn nur hier, in dieser Region mit kalten
Wintern und heißen Sommern, können die spät reifenden
Trauben ihre geschmacklichen Qualitäten voll entwickeln. Im
Norden gewähren die Voralpen einen gewissen Schutz vor allzu
kalten Winden, im Süden wirkt die Adria mit ihrem milden
Klima ausgleichend. Aus der Region rund um Valdobbiadene
kommen in der Regel Proseccos mit dem typischen Apfel- und
Birnenduft, die Proseccos aus Conegliano weisen wegen des
lehmhaltigeren Bodens ein wenig mehr Schmelz auf.

Hier wurde der Prosecco auch »erfunden«. In den steilen
Spitzenlagen, den sogenannten Cartizze, entstand der heute so
begehrte Gaumenkitzler vor ca. hundert Jahren eher zufällig:
Früher Frost unterbrach die Gärung des Mosts, später im Frühjahr, als es wieder wärmer wurde, konnte die Hefe wieder zu ar-

beiten beginnen, und der Wein begann zu schäumen. Bis heute wird Prosecco nach diesem Prinzip der zweiten Gärung unter Zuhilfenahme von Hefe und Zucker in Druckfässern innerhalb von 40 Tagen zum Prickelwein herangereift.

Moussiert der Wein nur schwach, kommt der Prosecco als Vino Frizzante daher, also als leicht schäumender Perlwein (bei den billigsten Frizzante erzeugt man den Perleffekt einfach unter Zugabe von Kohlensäure). Prickelt es mehr, handelt es sich um einen Spumante, also um eine Art Sekt. Manche Spumante-Spitzenqualität wird sogar mittels Flaschengärung wie Champagner hergestellt. Wegen des höheren Drucks wird auf einen Spumante allerdings auch die nicht unerhebliche Sekt-Steuer erhoben, was ihn wiederum teurer macht.

Früher wurde Prosecco allein im Veneto und in den größeren Städten, vor allem in Venedig, getrunken, als lieblicher Dessertwein oder zu Weihnachten zum Panettone. Erst in den fünfziger Jahren des letzten Jahrhunderts begann man ihn auch trocken auszubauen und als Aperitif zu reichen. Zu seiner Popularität trug sicher auch bei, dass er in »Harry's Bar«, dem berühmten venezianischen Restaurant, mit Pfirsichsaft zu einem Klassiker der Cocktail-Geschichte, dem »Bellini«, gemixt wurde.

Fazit: Ob als Bellini oder pur, ob als Modegetränk oder Klassiker, Prosecco kann tatsächlich ein echtes, unbeschwertes Sommervergnügen sein – wenn nur die Qualität stimmt.

PUNT E MES

… wie ein selbstvergessener Turiner Börsenmakler
bei der Geburt eines der erfolgreichsten italienischen
Aperitifs Pate stand …

Wirtschaftswunder. Der Donner des Tausendjährigen Reiches war kaum verhallt, da begann es in Deutschland schon wieder zu brummen. Laut und deutlich. Es war die Konjunktur, die brummte. Keine Ruinen, Schornsteine rauchten nunmehr. In die Hände gespuckt wurde fürs Bruttosozialprodukt. Konten füllten sich. Vor der Tür der neuen und sozialen Marktwirtschaft standen alsbald Goggomobil oder Käfer. Insignien des neu erarbeiteten Wohlstands. Der Deutsche war wieder wer.

Es wuchs alsbald der Wunsch nach kleinen Auszeiten, nach Ferien von Fließband und Schreibtisch. Stellte sich die Frage: Wohin mit sich? Als Deutscher. Man hatte ja schließlich vor nicht allzu langer Zeit nahezu ganz Europa zusammengeschossen – kein Empfehlungsschreiben für eine besonders herzliche Aufnahme bei den europäischen Nachbarn. Doch im Süden, da gab es ein Land, das recht schnell den Reiseverkehr liberalisierte, das die Deutschen und ihre harte D-Mark mit offenen Armen empfing: »Man spricht deutsch.« Es war das ehemalige Land vom Duce, das Land von Mussolini, dem einstigen Waffenbruder, der sich während der 1000 Jahre auch nicht gerade mit Ruhm bekleckert hatte. Aber vor allem: In Italien schien die Sonne, geharkte Strände luden ein zum entspannten Liegen unter Sonnenschirmen, die Cafés auf den Piazzas zum Müßiggang bei einem Espresso, bei einem Gläschen Wein oder Campari – ein bisschen dolce vita für den kleinen Mann aus Germania. Also schoben sich die Blechlawinen mit all den Goggos und Käfern über den Brenner – Richtung Bella Italia, Richtung Sonne, Richtung Markusplatz und Blaue Grotte.

Und sie kamen zurück aus dem Land, in dem Zitronen blühen, in die graue Wirtschaftswunderrepublik. Was blieb, waren Erinnerungen und Träume. Beim Italiener um die Ecke konnten die Heimkehrer bei Kerzenschein, Rotwein, Pizza und Pasta im verregneten deutschen Herbst den Bildern von Rimini und Ragazzi, von Adria und Adriano nachhängen. Und Rudi Schuricke sang ihnen eins dazu. Sang von den Capri-Fischern, die in untergehender Sonne von ihren Booten die Netze auswerfen. Rita Pavone, die kleine Italienerin, folgte den Deutschen gar nach Hause, sang in schönstem italogefärbten Deutsch vom Hans, der aus dem Norden kam, und sich in das Mädchen verliebte, das am Meer zu Hause war. Und dass sie sich trennen mussten. Weil der Hans wieder nach Norden musste. Karriere machen. »Arrivederci Hans, das war der schönste Tanz.«

Was die Deutschen damals aus Italien nach Deutschland mitbrachten, war jedoch nicht allein die heiß entbrannte Liebe zu Pizza und Pasta. Was man dort unten so ganz nebenbei ebenfalls kennengelernt hatte, war die Gewohnheit des Aperitifs, eines leichten alkoholischen Getränks als Ouvertüre vor dem Essen. Ein paar frankophile Intellektuelle hatten in den Sechzigern über ihr Interesse an Sartre, Piaf und Baskenmütze bereits aus Frankreich, der eigentlichen Aperitif-Heimat, Pastis und Pernod, Picon und Noilly Prat mitgebracht. Die Italienwelle spülte nun auch die italienische Version des Aperitifs, all die italienischen Bitter- und Vermouth-Varianten, in die heimischen Schnapsschränke. Plötzlich standen dort Campari-, Cinzano- und Martini-Flaschen. Selbst Aperol und Cynar fanden sich in der einen oder anderen Hausbar. Die Deutschen übten sich,

nach der Übernahme von Besatzergetränken wie Whiskey und
Wodka nun auch in südländischer Genusskultur.

Einer der bis heute bekanntesten dieser italienischen Aperitifs und Bestandteil nahezu jeder Barausstattung ist der sogenannte Punt e Mes aus dem Hause Carpano. Und diesem Punt
e Mes gebührt besondere Hochachtung, weil er quasi ein Kind
des italienischen Ur-Vermouths, des Vaters aller aufgespriteter
und mit Wermut und allerlei anderen Kräutern aromatisierter
Weine ist. Der Erfinder dieses Ur-Vermouths war Antonio Be-
nedetto Carpano, der im Herzen Turins an der Piazza della
Fiera (heute Piazza Castello) gegenüber dem Königspalast eine
Art Kaffeehaus und Spirituosenhandel betrieb. Dort erblickte
im Jahre 1786 der von ihm ins Leben gerufene erste italienische
Vermouth das Licht der Welt.

Dass ausgerechnet Turin die Wiege einer neuen und späterhin vielgestaltigen Spirituosenklasse war, darf nicht weiter ver-
wundern. Turin lag schließlich im Piemont, einer Region mit
einer langen Weinbautradition und einer ebenso langen Tradition im Umgang mit den in den nahen Alpen gesammelten
Kräutern. Turin war eine wirtschaftlich prosperierende Stadt,
hatte eine Universität, war Erzbischofssitz, Sitz der Herzöge
von Savoyen, und es war schließlich die Hauptstadt des König-
reiches Sardinien, dass dem Haus Savoyen im Zuge europäischer Kriegereien und diplomatischer Händel 1720 zugefallen
war.

Und schließlich erhielt von Turin ausgehend im 19. Jahrhundert die italienische Einigungsbewegung den entscheidenden Impuls. Treibende Kraft war der Turiner Ministerpräsident
Graf Camillo Cavour, der bezeichnenderweise auch Weinguts-
besitzer war und am qualitativen Fortschritt des piemontesischen Weinbaus im 19. Jahrhundert entscheidenden Anteil
hatte. Mit Hilfe Frankreichs schlug Cavour erst bei Marengo,

dann bei Solferino 1858 die an der Einheit Italiens nicht sonderlich interessierten und in Oberitalien fest etablierten Österreicher. Cavour vermöbelte die Österreicher so heftig, dass der Schweizer Philantrop Henri Dunant vor lauter Entsetzen über das Massaker das Rote Kreuz (die farblich umgekehrte Schweizer Nationalflagge) gründete. Den Rest der ganzen Einheitsangelegenheit erledigten dann wenig später die Rothemden von Garibaldi.

Dieses Turin war aber nicht nur eine Stadt der hohen Politik, es war die Stadt kulinarischer Hochgenüsse, die Stadt der Schokolade, der Grissini und der Zabaione, die Stadt der Cafés und Restaurants. Es war eine Stadt, in der im 19. Jahrhundert nahezu jedes Restaurant oder Café, das auch nur etwas auf sich hielt, seine Getränke selbst herstellte. In diesem Turin also machte der Vermouth des Herrn Carpano eine steile Karriere. Zunächst in den gehobenen Kreisen, wo man seinen »Luxuswein« besonders schätzte.

Carpano benannte seinen Kräuterwein nach einem der 13 ursprünglich verwendeten Kräuter, das zudem einen sehr dominanten Geschmack aufwies: Wermut. Die Tatsache, dass das Wermutkraut in der Volksmedizin seit jeher vor allem auch gegen Magendruck und Völlegefühl, gegen Blähungen, als Krampflöser und vor allem als Wurmmittel Einsatz fand, erklärt die sprachliche Nähe zum deutschen Synonym »Wurmtod«. Vermutlich aber rührt Wermut vom altdeutschen »Wermuota« her, was nichts weiter als »warme Wurzel« bedeutet.

Eine warme Wurzel, die bitter ist, sehr bitter. Und wenn etwas so bitter schmeckt, darf man dahinter eine ungeheuer potente Heilkraft vermuten – dachten jedenfalls die alten Ägypter, die alten Griechen und die alten Römer und so weiter. Und so wurde von Jahrhundert zu Jahrhundert bis ins Mittelalter und die Neuzeit kolportiert, wogegen Wermut nicht alles gut sei: Nämlich gegen quasi alles – gegen Cholera und Pest, gegen Vergiftungen und Gelbfieber, gegen Augenkrankheiten und Menstruationsbeschwerden – und gegen Mäuse, weshalb man Wermutextrakt in Tinte mischte, in der begründeten Hoffnung, dass dann die Mäuse das beschriebene Papier nicht anknabbern.

Medizinische Kräuterweine kannte man ebenfalls bereits sehr lange. Auch solche, die mit Wermut angereichert waren. Man kannte sie bei den alten Griechen und bei den alten … nun, ja. Sie blieben aber in der Regel immer regionale Erscheinungen. Im 16. Jahrhundert verkaufte dann ein Piemontese, ein gewisser d'Allessio, einen Heiltrank, den er in Bayern als »Wermut« kennen gelernt hatte. Unter diesem Namen wurde der Arzneitrank auch in Frankreich am Hof ebenso wie in England (als »wormwood wine«) im darauffolgenden Jahrhundert bekannt.

Den Kräuterwein, den Carpano schließlich in Turin erfunden hatte, und all die Vermouths, die im Anschluss an Carpanos Erfolg von Campari, Cinzano, Martini und Co. im 19. Jahrhundert produziert wurden, hatten jedoch jede Ambition, ein Heiltrank zu sein, komplett aufgegeben. Zwar nutzte man bewusst die appetitanregende Wirkung des Wermuts für die Wirkung des Vermouths als Aperitif. Doch es ging in erster Linie um den Genuss des Trinkens bzw. um die Einstimmung auf den Genuss des Essens. Also um puren Hedonismus.

Hatte der Vermouth-Erfinder Carpano mit seinem »Luxuswein« bereits die städtische Elite begeistern und einen ansehnlichen Erfolg verzeichnen können, führte sein Neffe Guiseppe Bernardino Carpano den Namen Carpano und den Ur-Vermouth in noch lichtere Höhen des Erfolgs. Er ließ den Markennamen sichern, gründete eine Produktionsfirma und kurbelte die industrielle Produktion an. Das Lokal und sein

Getränk waren schließlich so beliebt, dass Carpano sein Eta-
blissement rund um die Uhr geöffnet hatte.

Im Jahre 1870 schließlich schlug in seinem Lokal die Geburtsstunde des berühmten Punt e Mes. Gerne wurde der
Carpano-Vermouth nämlich von den Gästen individuell entweder süßer, beispielsweise mit Vanille, oder etwas herber, beispielsweise mit Bitteressenz (Chinarinde), bestellt. Als eines
morgens eine Gruppe von Börsenmaklern das Lokal besuchte
und am Tisch heftig über die Kurse diskutierte, die um ein und
einen halben Punkt gefallen oder gestiegen waren, bestellte einer der Börsenmakler seine bevorzugte Vermouth-Mischung,
die aus einem Teil Vermouth und einem halben Teil Bitter bestand, selbstvergessen im piemontesischen Börsianerkauder-
welsch für »ein und einhalb«: »Punt e Mes«. So will es jedenfalls
die Legende.

Die von besagtem Börsianer bevorzugte Mischung ebenso
wie die Bezeichnung Punt e Mes wurden in Turin immer populärer. Da lag es schließlich nahe, die Rezeptur direkt selbst
herzustellen, in Flaschen abzufüllen und zu verkaufen. Und so
steht bis heute auf der Flasche stolz und in großen Lettern:
CARPANO / PUNT e MES, auch wenn das Unternehmen
mittlerweile zur 1845 gegründeten Fratelli Branca Distillerie
S.r.L. gehört, jenem Haus, dem die Menschheit einen der berühmtesten Verdauungsschnäpse und das bekannteste Mittel
gegen Vampire verdankt – Fernet Barnca.

Welche Kräuter, Früchteschalen, und Gewürze nun im Einzelnen und in welchem Verhältnis dem Punt e Mes seinen typischen, bittersüßen, seinen herb-würzigen Geschmack verleihen, ist natürlich geheim. Früher soll das Rezept gar auf drei
Personen aufgeteilt worden sein, die jeder nur ein Drittel des
Rezeptes kannten. Die für die Vermouths verwendeten Weine,
Carpano soll zu Beginn der Produktion noch Muskatellerwein

aus dem Piemont verwendet haben, dürften heute wohl kaum
von erhabener Güte sein, und in der Regel werden sie mit
reinem Alkohol aus gleicher Quelle auf ihre rund 16 Prozent
aufgespritet. Doch viel entscheidender als die alkoholische
Grundlage sind für den Geschmack allemal die jeweiligen
Kräuternoten. Und die sind natürlich unendlich variabel. Vermouths gibt es dementsprechend in Rot, Weiß und Rosé, süß,
bitter und herb mit einer Vielzahl von geschmacklichen Nuan-
cen.

Punt e Mes trinkt man in der Regel gekühlt, entweder aus
eisgekühlten Gläsern oder »on the rocks« mit einem Stück Zi-
trone oder einer Apfelsinenscheibe. Er ist aber auch, wie alle anderen Vermouths, Bestandteil unzähliger Drink- und Cocktail-
rezepte. Ob nun im »Amaro«, in der »Apotheke«, im
»Cashflow«, im »Caribbean Magic«, im »Hob Nob«, im »Sum-
mertime« oder im »Picca« – Punt e Mes findet in vielen Gläsern
und (bisweilen abenteuerlichen) Rezepturen Platz.

Die Tradition des Aperitifs allerdings, so wie die Franzosen
und Italiener sie in der Zeit vor dem Mittagstisch oder dem
Dinner lieben und pflegen, hat sich in Deutschland – trotz Rei-
sewelle und Rita Pavone – in der Breite leider nicht durchgesetzt. Und schon gar nicht mit den mediterranen Bitters und
Vermouths. Hier geht es, wenn überhaupt, über ein Glas
Sherry, einen Champagner oder einen Kir Royal nicht hinaus.
An Bord von Kreuzfahrtschiffen und in Hotels kann man es am
besten beobachten: Gehen Franzosen und Italiener noch heute
lieber »vor« dem Essen an die Bar, gehen die Deutschen und
Skandinavier mehrheitlich lieber »nach« dem Essen an die Bar.

Vielleicht sollte man mal einen Gedanken an eine Cross-
Over-Version verschwenden. Dann geht man vor *und* nach
dem Essen an die Bar. Das wäre dann allerdings wieder ein
ziemlich germanischer Beitrag zur Genussgeschichte.

RADLER

*… wie ein bayerischer Bahnarbeiter, der Kugler Franz,
das weltbekannte Radler »erfand«, und warum die Spuren
des ersten Bier-Limonade-Mix dennoch nicht nach Bayern,
sondern nach England führen …*

Deutschland ist schön. Sagen die Bayern. Und meinen: Bayern. Wie stolz sind sie doch auf ihre Berge und Seen, auf ihre alten Höfe und die hübsche Lüftlmalerei, auf ihre »Küh« mit den großen braunen Augen, ihre »Weißwürst« und ihre »Schweinsbratln«, auf ihren Dialekt, auf ihre gottesfürchtige Landesregierung, auf Hightech und Lederhose und ihren chronischen Fußballmeister aus München und – natürlich – auf ihre große, große und uralte Bierkultur. Wer jemals einen Bayern hat Tränen lachen sehen, wie er im Rheinland das erste Mal in seinem Leben einer handlichen 0,2 l-Kölschstange angesichtig wird, der hat eine Ahnung vom bayerischen Bier- und Selbstverständnis: Neben bayerischem Bier gibt es nichts anderes Genießbares, was gelb und von Schaum gekrönt wäre. »Oa Hell's bittschön, oa Maß!«

Und weil sie nicht nur sehr bodenständig, sondern auch sehr pfiffig sind, die Bayern, haben sie all jenen, die keine Maß stemmenden und also g'standenen Mannsbilder sind, zum Beispiel Frauen und Autofahrer, auch noch den ersten alkoholreduzierten Bier-Softdrink geschenkt: Das weltbekannte Radler, das sich als Mischgetränk aus Bier und Zitronenlimonade weit über die bayerischen Sprachgrenzen hinweg als Gattungsbegriff durchgesetzt hat. Und es gibt wohl kaum einen auch nur

halbwegs patriotisch gesinnten Bayern, der nicht die Legende
vom Kugler Franz und seiner bahnbrechenden Bier-Mix-Erfin-
dung wenigstens in groben Zügen kennen würde. Für all jene
Ignoranten jenseits der bayerischen Staatsgrenzen (es gibt sie),
sei die Geschichte an dieser Stelle deshalb zur Aufklärung noch
einmal erzählt.

Franz Xaver Kugler war ein bayerischer Kalender-Kerl. Voll-
backig und sehr vollschlank war er, einen stattlichen Schnurr-
bart hatte er, die Spitzen zeittypisch nach oben gezwirbelt. In
typischer Landestracht mit Zündhütchen und Gamsbart, Jan-
ker, Krachlederner und groben Wollsocken in kräftigem
Schuhwerk pflegte er sich ablichten zu lassen, später, als er bereits ein erfolgreicher Geschäftsmann war, ein »Event-Gastro-
nom« (was es auch zu Beginn des 20. Jahrhunderts schon gab,
was man damals nur noch nicht so nannte). Späterhin, als er
auch noch die Augustinerhalle auf dem Oktoberfest betrieb,
bezeichnete sich Kugler auf eigens hergestellten Autogramm-
karten sehr selbstbewusst sogar als »populärsten Stimmungs-
und Festwirt Deutschlands«.

Kugler war ein Mann der Tat, einer der zupacken konnte.
Sonst wäre er zunächst auch nicht da gelandet, wo er ursprünglich sein Brot und Bier verdiente: Bei der Königlich-Bayerischen
Eisenbahn als Gleisarbeiter. Gegen Ende des 19. Jahrhunderts
wurde der Kugler Franz als solcher an der Strecke München-
Holzkirchen gebraucht. Die wurde nämlich zweigleisig ausge-
baut. Und das war keine Arbeit für städtische Weicheier, da
draußen im Wald, im bayerischen. Das war Arbeit für kräftige
Holzhackerbuam. Also für den Xaver und seine Kollegen.

Nun erzeugt schwere körperliche Arbeit im bayerischen
Männerkörper Durst. Unbändigen Durst. Und zwar auf Bier.
Das jedenfalls war an der Strecke München–Holzkirchen an-
thropologischer Stand der Dinge. Die nächstgelegene Wirt-

schaft zur Versorgung der männlichen Flüssigkeitsdepots war
jedoch recht weit entfernt. Zu weit, um in der Pause auf ein
Bier mal eben in der Wirtschaft aufzu- und ein Bier einlaufen
zu lassen. Die Logistik musste also professionell organisiert
werden. Dachte sich jedenfalls der Kugler Franz. Und also sattelte er, ganz der flexible bayerische Unternehmertypus, flugs
um und spannte Pferde vors Fuhrwerk, um fortan als Bierkut-
scher den nötigen Betriebsstoff aus der Deisenhofener Bahn-
hofswirtschaft zur Baustelle und zur Arbeiterkehle zu transpor-
tieren.

Mit der Kutsche hin und her fahren ist auf Dauer aber auch
kein reines Vergnügen. Also baute sich der Kugler Franz eine
Bretterbude neben das Gleis, wo er sein Bier direkt ans durstige
Männervolk verkaufte. Die Bretterbude nannte er phantasievoll »Kantine der Königlich-Bayerischen Eisenbahn zu Deisen-
hofen«. Im Jahre 1897 war die Eisenbahnstrecke schließlich fer-
tiggestellt. Aus der Kantine hatte sich währenddessen ein
zunächst in »Waldrestaurant«, später – nicht unbescheiden – in
»Kugler-Alm« umbenanntes Ausflugslokal entwickelt, 15 Kilometer vor den Toren Münchens.

Hier, auf der Alm vom Kugler Franz, war immer was los:
Feste jedweder Art wurden hier gefeiert, vom Sackhüpfen übers
Eierlaufen bis hin zum Galopprennen wurde dem Publikum
hier ein pralles Eventprogramm geboten (jedenfalls, wenn man
den Historikern des Bayerischen Brauerbundes vertrauen darf).
Nach dem Ersten Weltkrieg erfreute sich zudem das Fahrrad-
fahren als reines Freizeitvergnügen immer größerer Beliebtheit.
Weshalb der Kugler Franz, ganz der innovative bayerische
Event-Manager, einen Fahrradweg durch den Wald bis zu seiner
Alm anlegen ließ. Und es war diese Idee, die sich bald als jene
Kernenergie erwies, die schließlich an einem Juni-Wochenende
des Jahres 1922 zum Urknall des Radlers führen sollte.

An jenem legendären Wochenende nämlich wurde die Kugler-Alm von Fahrradfahrern geradezu überrollt. 13 000 sollen es
gewesen sein. Und alle waren durstig, wollten Bier. Die Augus-
tiner-Biervorräte sanken schnell auf ein bedenklich niedriges
Niveau. Da hatte der Kugler Franz einen notgeborenen, aber
genialen Einfall: Er streckte das Bier mit der noch reichlich vorhandenen Zitronenlimonade und verkaufte diese Idee, ganz
der superinnovative bayerische Marketing-Stratege, den Gästen als alkoholreduzierte, erfrischende Radlermaß, die er eigens
erfunden habe, um all den Radlern einen sicheren Heimweg zu
ermöglichen – konnten die meisten seiner Gäste nach dem Genuss von etlichen Radlermaß doch noch relativ unfallfrei Fahr-
rad fahren, was nach etlichen Biermaß erfahrungsgemäß oft im
Graben und/oder Spital endete.

Von diesem Tag an war das Radler in der Welt. Und es zog
hinaus in alle Herrgotts-Länder, um mit seiner sprachlich unverkennbaren Herkunft zu werben für die Schönheit seiner
Heimat und deren innovative Bierkultur. So oder so ähnlich jedenfalls denkt wahrscheinlich die überwiegende Mehrheit der
Bier trinkenden Menschheit. Und liegt damit völlig falsch.
Denn was der Kugler Franz da 1922 »erfunden« hatte, gab's
schon längst. Und zwar in England. Womit nicht unterstellt
werden soll, dass der Kugler Franz sein Radler dort abgeschaut
hätte. Wahrscheinlich wusste er gar nicht so genau, wo dieses
England überhaupt lag. England lag ja weit jenseits der bayerischen Staatsgrenzen. Aber es gab es nun einmal. Und es hatte
eine gleichermaßen alte Bierkultur. Und hier, namentlich in
London, wurde bereits im späten 19. Jahrhundert ein Drink
angeboten, der aus obergärigem Bitterbier und Zitronen- oder
Ingwerlimonade bestand. »Shandy« oder »Shandygaff« nannte
man diesen Drink, was sprachlich von der alten Bezeichnung
der Londoner Arbeiter für eine einfache Kneipe herrührt, die

man »Shandygaff« nannte und in der man den Pint auch als einen »shant of gatter« bezeichnete.

Was den Engländern ihr »Shandy« und den Bayern ihr »Radler«, ist den Schweizern, den Saarländern und Franzosen ein »Panaché«, was im Französischen nichts weiter als »gemischt« heißt. Wer hingegen in Norddeutschland ein Radler haben möchte, sollte ein »Alster« bestellen, weil man in Norddeutschland auch seinen Sprach-Stolz hat und im Glas das angeblich so appetitlich klare Wasser des gleichnamigen Flusses sieht, den man seit dem 12. Jahrhundert in Hamburg zu einer der schönsten Segelflächen mitten im Stadtgebiet aufgestaut hat. Während der Norddeutsche mit dem Biermixgetränk die Farbe seines Flusses sprachlich schönt, sieht man in Teilen des Münsterlandes die Angelegenheit etwas klarer: Ein Radler bezeichnet man hier schlicht als trübes »Wurstwasser«. Allerdings wird das Bier hier auch nicht mit klarer Zitronenlimonade gemischt, sondern mit Orangenlimonade.

Das Rheinland stellt sprachlich und mixtechnisch eine Zwitterregion dar. Wer hier ein Alster bestellt (zu einem eigenen Begriff hat es im dialektbewussten Rheinland nie gereicht), erhält in der Regel eine Mischung aus Kölsch oder Pils mit Orangen- und nicht wie im Norden mit klarer Zitronenlimonade. Letzteres nennt man im Rheinland wiederum recht unrheinisch, aber authentisch Radler. Unter einem »Alster« ein Gemisch aus Orangenlimonade und Pils zu verstehen, hat das Rheinland wiederum mit Berlin gemeinsam.

Während man heute Helles, Kölsch oder Pils mit Limonade mischt, bestand das Ur-Radler vom Kugler Franz zunächst aus dunklem Vollbier. Erst mit der Weiterentwicklung der Biermoden und des Biergeschmacks hin zu hellem Bier wurde das dunkle Bier im Radler gegen helles Bier ausgetauscht. In Bayern kann man zwar auch heute noch ein dunkles Radler erhalten, muss aber beim Bestellen deutlich auf diesen Sonderwunsch hinweisen.

Bis 1993 war das Mixen eines Radlers und seiner Mix-Verwandten allein dem jeweiligen Wirt überlassen. Er allein bestimmte das Mischungsverhältnis. Konkurrenz aus der Flasche gab es nicht, weil das Biersteuergesetz bis 1993 die Herstellung von Biermischgetränken verbot. Erst mit der Neufassung des Biersteuergesetzes war der Startschuss für fertige Mixgetränke aus der Flasche gefallen. In Bayern hatte man den Startschuss allerdings zunächst offenbar überhört. Schrittmacher war zunächst Hessen, wo die Henninger Bräu als erste Brauerei ein fertiges Radler auf den Markt brachte. Seither wird der Markt von einer wahren Flut bunter Biermischgetränke überschwemmt – ob sie nun mit Limonade, Cola, Tequillageschmack oder was auch immer angereichert sind.

Kleines Kuriosum am Rande der ganzen Radler-Biermischerei: In der Flasche wird die unschuldige und alkoholfreie Limonade plötzlich biersteuerpflichtig. Wie's kommt? Für die Bierbesteuerung wird als Bemessungsgrundlage der Stammwürzegehalt (Menge der gelösten Stoffe der Würze, also der gärfähigen Lösung) herangezogen. Um steuertechnisch auch Zugriff auf die Limonade im Bier zu erhalten, behandelt der Gesetzgeber den Zuckergehalt der Limonade einfach wie die Stammwürze des Bieres. Und weil der Zuckergehalt der Limonade recht hoch ist, entfällt auf ein fertiges Radler aus der Flasche eine höhere Biersteuer als auf die in der Gartenwirtschaft frisch gezapfte Mischung oder eine mit kalorienreduzierten Süßstoffen gesüßte Fertigmischung aus der Flasche. Über die geschmackliche Qualität von letzterem lässt sich unter Radler-Spezialisten sowieso heftig und ausdauernd streiten.

Was auch immer sich Finanzminister und Brauereiwirtschaft in Zukunft noch werden einfallen lassen. Am besten

schmeckt's halt doch frisch gezapft. Im Sommer. In einem Bier-
garten, einem bayerischen womöglich. Zum Beispiel auf der
Kugler-Alm. Die gibt's nämlich immer noch. Mit Platz für
2400 Gäste. Und sie wirbt natürlich mit ihrem ehemaligen Besitzer und seiner genialen Mix-Idee. Und mit 400 Abstellplät-
zen für Fahrräder. Wen wundert's.

SAFRAN

… warum in den seltensten Fällen Safran drin ist,
wo Safran drauf steht, und warum Sie eine Überdosierung
mit dem kostbarsten Gewürz der Welt wirklich teuer zu
stehen kommen kann …

So ein richtig dickes, fettes Trüffelteil, womöglich auch noch weiß, aus Alba oder der Toskana, einfach so über die ölige Pasta gehobelt – in der Tat, das ist ein Knaller! Geruchlich und geschmacklich. Vor allem das erste Trüffelerlebnis ist in der Regel schwer beeindruckend. Ob man Trüffel dann tatsächlich mag oder nicht, ist eine zweite Frage. Aber eins ist unbestreitbar: Man hat in jedem Fall erst mal mächtig was in der Nase für sein Geld. Und von letzterem muss man ja einiges hinblättern. Die Edelpilze werden schließlich wie Goldnuggets gehandelt – um die 4000 Euro kann je nach saisonalem Ernteergebnis der stattliche Kilopreis liegen. Da werden für ein paar Gramm Trüffelgehobel schnell mal ein paar hübsche Scheinchen fällig.

Aber Safran? Jesus! Da gibt man sich alle Mühe – vor allem beim ersten Mal, aus lauter Ehrfurcht –, löst behutsam und voller Erwartung eine Messerspitze der kostbaren pulverisierten Würze im warmen Wasser auf, sieht gebannt, wie sich das Wasser rotgelb färbt, rührt das Pulver der Krokus-Narbenschenkel schließlich ins Risotto, das sich herrlich wie von Zauberhand tiefgelb färbt – und schmeckt irgendwie nix! Man riecht auch irgendwie nix! Wie jetzt? Safran ist doch genauso schweineteuer wie Trüffel. Man sagt, es sei das teuerste Gewürz der Welt überhaupt. Also: Was soll das?

Was das soll, fragen Sie? Das soll vor allem die Taschen derer füllen, die Ihnen den Safran verkauft haben, oder die das, was Sie treugläubig für Safran halten, hergestellt haben. Aller Wahrscheinlichkeit nach sind Sie nämlich reingefallen auf gefälschte Ware! Vielleicht ist es tröstlich zu wissen, dass es wohl kaum ein Lebensmittel gibt, bei dem das Risiko, sich eine minderwertige Fälschung in die Soße zu rühren, größer ist als beim Safran. Mitte der 1980er Jahre wies die Uni Würzburg darauf hin, dass bei einer groß angelegten Studie in allen überprüften Safranproben, die man aus der ganzen Welt zusammengetragen hatte, bei aller Liebe kaum echter Safran zu entdecken war. Auch bei einer Untersuchung, die zwischen 1988 und 1995 mit etwas über 100 Safranpulverproben durchgeführt wurde, erwiesen sich knapp 90 als plumpe Fälschungen. Mit anderen Worten: Was da dem Kunden aus dem Tütchen oder Gläschen entgegenbröselt, ist in der Regel eine Riesensafransauerei!

Eine besonders beliebte und die noch vornehmste Art des Betruges besteht darin, Safranpulver mit Kurkuma zu versetzen. Kurkuma ist ja wenigstens noch ein Gewürz. Und es macht das Risotto auch schön gelb. Kostet aber im Vergleich so gut wie nichts, und schmeckt in der Safrandosierung auch nach so gut wie nichts.

Safran zu strecken oder hinterhältig zu fälschen, hat Tradition – seit vielen Jahrhunderten! Und besonders galant ging und geht es dabei nicht zu. Mit Mennige und Zinnober, mit gefärbtem Stärkepulver, mit Kalk und Gips hat man Safranpulver vorgetäuscht. Mit Kreide, eingekochtem Most oder Bleiglätte hat man das Gewicht erhöht. Safranfäden wurden und werden auch gerne aus gefärbten Teestängeln »hergestellt«, aus Saflorblüten und Sandel, aus den rötlichen Blütenblättern von Ringelblüte und Färberdistel, selbst mit eingefärbten Fäden aus

purer Cellulose oder gar mit Rindfleischfasern täuschte und
täuscht man das teure Gewürz vor.

Ursprünglich kommt der Safran bzw. die Pflanze, aus der
man ihn gewinnt, der Safran-Krokus *Crocus sativus,* aus dem
heutigen Kaschmir, weshalb man ihn auch »Kaschmirzwiebel«
nennt. Wer genau seine extrem färbende und zudem würzende
Eigenschaft entdeckte, liegt im Dunkel der Geschichte. Vielleicht stammt er auch aus Mesopotamien. Nichts Genaues
weiß man nicht. Über den Vorderen Orient fand er seinen Weg
wohl bis nach Arabien. Die Araber nahmen ihn schließlich mit
auf ihrer imperialen Wanderschaft über Nordafrika nach Süd-
Italien und Spanien, das bis heute eins der europäischen
Hauptanbaugebiete ist. Von dort wurde der Safran-Krokus
über den Rest Europas verbreitet. Auch die Kreuzfahrer sollen
von ihren Raubzügen die eine oder andere Zwiebel nach Europa importiert haben. Die arabische Sitte, Lebensmittel zu fär-
ben, machte an europäischen Höfen einigen Eindruck. So
wuchs die Nachfrage – und die Produktion.

Geschätzt wurden die Narbenschenkel des Safran-Krokus
vor allem auch wegen ihrer extremen Färbeeigenschaften. In
der klassischen Antike jedenfalls war man dankbar dafür, einen
beständigen Färbstoff zur Hand zu haben – nicht nur für Speisen, sondern vor allem auch für Kleider. Diese Dankbarkeit
hielt sich noch recht lange. Selbst in der Schweiz des 14. Jahrhunderts wusste man Safran noch als Färbemittel für die weibliche Eitelkeit zu schätzen. In einem Dokument aus dieser Zeit
heißt es, dass »die Wiber tragen gel Schleyer« und dass sie »alle
Wochen die Schleyer weschen und widerumb gel ferwen mües-
sen«. Darum sei »der Saffrant so thür«.

Auch als Heilmittel gegen alles und jedes Wehwehchen sowie als Küchengewürz wurde er seit jeher geschätzt. Erste Auf-
zeichnungen dazu stammen aus der Zeit um 1500 v. Chr. In der

Küche der alten Griechen und Römer war Safran bereits fester Bestandteil zum Einfärben und Würzen von Gerichten und Getränken. Natürlich nicht für Athens oder Roms Jedermann. Nur den Edelsten und Reichsten war Safran vorbehalten. Denn Safran war seit jeher ein sündhaft teures Luxusgut, weshalb auch Berichte über dekadentes Prunkgehabe nicht weiter wundern: Kaiser Heliogabal soll in safrangefärbtem Wasser gebadet haben, Nero ließ sich die Straßen mit Safran bestreuen, über die er im Triumph in die Stadt einzog, und Hadrian ließ safrangefärbtes Wasser über die Treppen des Theaters laufen.

Was so teuer und begehrt ist, ruft natürlich Betrüger auf den Plan. Denn verlockend sind und waren die Gewinnspannen, die man mit dem Safranzauber erzielen kann und konnte. Weniger verlockend waren – früher – die Strafen, die auf Safranfälscherei ausgesetzt wurden. Vor allem in den Herstellerregionen und in den Handelszentren ließ man sich allerlei bösen Schabernack einfallen, um der Betrügerei Herr zu werden. In Persien hackte man Fälschern jeden zweiten Finger von der Hand. Im Mittelalter wachten schwer bewaffnete »Safranschauer« (in der Handelszentrale Venedig angeblich bis zu 1500) über den Handel und Wandel mit der Luxuswürze. In Pisa mussten die Bewacher der Safran-Lagerhäuser im 14. Jahrhundert den sogenannten »Safran-Eid« schwören. In Deutschland, genauer im Handelszentrum Nürnberg, führte man gar im 15. Jahrhundert die Todesstrafe für Safranfälschung ein: Die Delinquenten wurden mitsamt ihrer Ware verbrannt oder bei lebendigem Leibe eingemauert. Auch Augen sollen ausgestochen worden ein.

Das Risiko von solcherlei Höllenqualen ging man nur ein, weil die Gewinnspanne entsprechend hoch war. Das ist sie für Fälscher bis heute. Nur: Was macht den Safran seit jeher eigentlich so sündhaft teuer und den Betrug mit ihm so ver-

lockend lukrativ? Mit einem Wort: Es ist die extrem arbeitsauf-
wändige Herstellung.

Crocus sativus wächst in Europa von den Pyrenäen bis zu den
Alpen, selbst in der Schweiz (im Ort Mund mit einer Jahres-
produktion von immerhin drei Kilogramm, die aber kaum in
den Handel gelangen, sondern den Eigenbedarf und den der
örtlichen Gastronomie deckt, auch einen Safran-Likör stellt
man hier her). Er wächst in allen Mittelmeerländern, aber natürlich auch jenseits Europas in Asien. *Crocus sativus* liebt lo-
ckere, trockene und eher magere Böden, und er liebt die Nähe
zu Wein: »Wo Wein gedeiht, wächst auch Safran«, sagt man.

Die in Monokultur gehaltenen Safran-Krokus-Felder müssen das ganze Jahr über unkrautfrei gehalten werden, ob nun
mit Herbiziden oder per Hand. Das alles ist bis hierher nicht
weiter aufregend. Doch die Ernte hat's in sich: Im Herbst (nicht
im Frühjahr), wenn der Krokus zu blühen beginnt, muss er geerntet werden. Und zwar von Hand! Früh morgens gehen die
Pflückerinnen und Pflücker auf die Felder, um die Blüten zu
»ernten«. Und das heißt stundenlang gebückt über die Felder
zu schleichen. Es müssen wohl Millionen von Bandscheiben im
Laufe der letzten Jahrhunderte auf diesen Schlachtfeldern des
Wohlgeschmacks geopfert worden sein.

Bis mittags sollten die noch nicht ganz geöffneten Blüten
eingesammelt sein, denn die Mittagssonne schadet dem Aroma
und damit der Qualität des Safrans. Am gleichen Tag der Blü-
tenernte muss nun die eigentliche Kostbarkeit aus den Blüten-
kelchen gezupft werden. Auch per Hand! Denn worauf es an-
kommt, das sind die jeweils drei dunkelroten Fäden im
Blütenkelch, die sogenannten Narbenschenkel. Wirklich ge-
übte Kräfte bringen es auf immerhin 60 bis 80 Gramm dieser
Safranfäden – am Tag! Wofür sie ca. 9000 Blüten in die Hand
nehmen müssen – am Tag!

Für ein Kilogramm Safran benötigt man zwischen 100 000 bis 150 000 Blüten, im Schnitt 130 000. Für ein Gramm Safran muss man also 120 Blüten mit insgesamt 360 Safranfäden ernten, für ein Kilogramm benötigt man mithin durchschnittlich 360 000 Fäden. Das mühsam mit krummem Rücken zusammengetragene und mit den Fingern abgeknipste Gewürzgut ist damit aber noch lange nicht küchenfertig. Die Safranfäden müssen nunmehr noch getrocknet werden. Dazu legt man sie in ein Sieb und lässt sie über dem Kaminfeuer oder über dem Herd »rösten«. Dabei gehen dann noch einmal locker vier Fünftel des mühsam gezupften Gewichts in Luft auf: Aus fünf Kilogramm frischen Safranfäden bleibt schließlich ein Kilogramm verkaufsfertige Ware übrig.

Dieser sadistisch anmutende Schlussakt ist zwingend nötig, denn erst beim Trocknen bildet sich der aromastiftende Stoff Safranal. Das Ende vom Lied sind dann, je nach Saison, Preise von ca. 2000 bis 7000 Euro für ein Kilo Safran, zum Beispiel aus der spanischen Mancha, einer der größten Safran-Regionen Europas, die bis vor nicht allzu langer Zeit einen Großteil (ca. 60 Prozent) des Weltbedarfs deckte. Heute freilich produziert der Iran mit sehr viel billigeren Arbeitskräften zu 80 Prozent den Weltbedarf von ca. neun Tonnen.

Doch der spanische Safran ist nach wie vor von vorzüglicher Qualität, manche sagen, von weitaus besserer Qualität als der aus dem Iran. Was am Trocknungsprozess liegen mag: Der im Iran an der Sonne getrocknete Safran verliert an Aroma, Farbe und Frische, schmeckt angeblich ein wenig mehr nach Heu, so ähnlich wie Safran aus der Mancha, der bereits ein Jahr alt ist.

In der Mancha achtet man streng auf höchste Qualität. Ein eigens ins Leben gerufenes Gremium verleiht nur bester und frischer Ware das bekannte EU-Qualitätssiegel »Denomina-

ción de Origen« (D.O.). Je nach Anzahl der noch in der Ware
verbliebenen Pflanzenreste unterscheidet man bei spanischem
Safran folgende Qualitätsbezeichnungen: Die beste Ware
nennt man »Coupé«, es folgen absteigend »Mancha«, »Rio«
und »Sierra«. Bei iranischer Ware unterscheidet man zwischen
der guten Ware, die man »Sargol« nennt, und der weniger guten Qualität mit der Bezeichnung »Gol«. Und beste Qualität
erhält man nur bei wirklich seriösen Gewürzhändlern, in der
Apotheke oder in Drogerien.

Auf beste Qualitäten schwören Amateur- und Spitzenköche.
Im Risotto darf Safran nicht fehlen, natürlich und um Gottes
Willen auch nicht in der Bouillabaisse. Aber auch in der Lin-
sensuppe, zum Blumenkohl, zu Jakobsmuscheln, in der Creme
caramel, zu Karotten, Kartoffeln und Chicoree – nahezu überall findet die charakteristisch honigartig bis leicht zartbitter
schmeckende Nobelwürze Verwendung.

Mit den Mengen sollte man vorsichtig sein: Vier bis fünf in
warmem Wasser eingeweichte Fäden pro Person oder ein bis
zwei kleine Messerspitzen für vier Personen – das reicht. Viel
hilft nicht viel! Im Gegenteil, überwürzt man mit Safran, beginnt er zu beißen.

Wie gesagt, viele Hobby- und Profiköche sind begeisterte
Safranfans. Es gibt aber auch Zeitgenossen, die der Safran völlig kalt lässt. Carl Friedrich von Rumohr (1785–1843), boden-
schwer ausgerichteter deutscher Gastrosoph und entschiedener
Gegner aller als entartet erachteter französischer Raffinesse in
der Küche, brachte es schon früh auf den Punkt: Safran sei einfach »eine alberne Würze«! Der Geschmack sei schwach, nicht
angenehm und man verwende Safran in manchen Ländern
wohl allein wegen der schönen gelben Farbe.

Mag sein. Vielleicht aber auch wegen einer noch ganz anderen Eigenschaft. Safran wirkt, zumal in Überdosierung, wie

eine – manche Toxikologen behaupten dem Opium ähnliche – euphorisierende Droge. Vom »Safranrausch« ist die Rede, von »heiteren Delirien« und von »unbändigem Lachreiz«.

Doch bevor Sie nun direkt in die nächste Apotheke stürzen und sich – Preis hin, Preis her – kiloweise mit Safran eindecken, seien Sie gewarnt. Eine Überdosierung in der Birne endet nämlich wie die Überdosierung im Reisnapf: bitter, sehr bitter. Denn auf die heiteren Delirien folgen in der Regel erst Lähmungen und dann Herzstillstand. Die tödliche Dosis liegt bereits bei zehn bis 20 Gramm. Und dann stehen Sie vor Ihrem Schöpfer. Blöd grinsend und mit rotgelbem Safransabber vor dem Mund.

Und dann werden Sie sich erneut fragen müssen: Was soll das?

SPEISEFOLGE

*… wie höfisches Imponier- und Abgrenzungsgehabe und
der vorwissenschaftliche Hokuspokus von frühneuzeitlichen
Alchimisten unsere Essgewohnheiten und unsere Speisefolge
bis heute bestimmen …*

Ende des 14. Jahrhunderts. Spätes Mittelalter. Wir sind zu
Gast bei Hofe. In Frankreich. Die hochwohlgeborenen Gastgeber haben geladen. Zu einem Schaulaufen der Selbstdarstellung, zur großen Parade auf dem Exerzierfeld der Kulinarik.
Die Tische biegen sich ob der gigantischen Mengen, die Luft ist
geschwängert von Brat-, Röst- und schweren Gewürzaromen.
Man ist ja schließlich wer. Und zeigen will man, wer man ist
und was man hat. Und man hat alles: Geflügel-, Fisch- und
Fleischberge, sündhaft teure Gewürze in rauen Mengen, Honig, Milch, Kräuter und – ganz exklusiv – Zucker. Das ist hip,
das ist super-extravagant, das ist sehr teuer. Und es ist Usus bei
Hofe – Ihre Majestäten machen die Backen dick. Also hinsetzen und: Guten Appetit!

Erster Gang: Pastetchen mit Dorschleber oder Rindermark,
Cameline-Fleisch (Camelinesauce bestand aus mit dem Saft
unreifer Trauben verrührten zerstoßenen Mandeln, Rosinen,
Nelken, Zimt, Pfeffer und Brot) Rindermark-Beignets, Aal in
pikanter dicker Suppe, Schmerle (kleiner Fisch) in pikanter
grüner Sauce mit Gewürzen und Salbei, große Stücke von gekochtem oder gebratenem Fleisch und Seefisch.

Zweiter Gang: bester Braten, der zu haben ist, Süßwasserfisch, Brühe mit Speck, Frikassee aus Huhn und Kalb, gesotten, sautiert in würziger Sauce aus zerstampften Krebsschwänzen und Mandelmilch, Kapaunenpasteten und Geröstetes, Brassen- und Aalpasteten, Blancmanger (Brei aus Hühnerfleisch, Reis, Mandel- oder Ziegenmilch, mit Zucker bestreut und mit Speck und Schweinefett garniert).

Dritter Gang: Weizengelee, Wildbret, Neunaugen in scharfer Sauce, Beignets, gebratene Brassen, Sahnetörtchen, Stör und Gelees.

Dazu gereicht wurde vermutlich bereits Hippokras, ein warmer, mit Ingwer, Zimt, Nelken und Zucker gewürzter und gesüßter Rotwein, (mit dem man sich in Basel noch heute traditionell während der Weihnachtszeit in selige Gefühlswelten versetzt).

So oder so ähnlich konnte damals ein »Menü« für die europäische Upperclass aussehen, den (Hoch-)Adel. In einer etwas abgespeckten Version eventuell auch noch denk- und bezahlbar für den Kleinadel. Oder für besonders wohlhabende Kaufleute. Was da auf den Tischen stand, war für die oberen Zehntausend geschmacklich das Maß der Dinge. Und es war ein kolossales Repräsentationsgeprotze. Wegen der Mengen, der privilegierten Ingredienzien und wegen der sündhaft teuren, von weit her importierten exotischen Gewürze, mit denen man nicht geizte. »Seht her, was wir haben!« Und was die da unten nicht haben, die Bauern, das arme Volk, das sich derweil von erbärmlichen Getreidegrützen, von Mehlsuppen, von Brot und Gemüsepampe ernährt.

Wohin seinerzeit ein gediegenes Statusfressen und -saufen führen konnte, nämlich in ein barbarisch anmutendes Gelage, das die Gegenwart erst später etablierter Tischzuchten aus heutiger Sicht dringlichst vermissen lässt, beschreibt zum Beispiel der alte Grimmelshausen, literarischer Vater des berühmten Simplicissimus, noch Ende des 16. Jahrhunderts: »Ich sah nun, dass die Gäste Trachten (Tracht = Aufgetragenes) fraßen wie die Säue, darauf soffen wie die Kühe, sich dabei stellten wie die Kühe und endlich kotzten wie die Gerberhunde.« Nachvollziehbar …

Um wie viel feiner, raffinierter und vor allem übersichtlicher mutet Gaumen und Augen dagegen ein Drei-, Vier- oder Noch-mehr-Gänge-Menü an, das man der heutigen, der bürgerlichen Upperclass in einem der teuren, weil preisdekorierten Sterneschuppen bietet: Vorweg ein Gläschen prickelnder Champagner? Selbstverständlich. Und wie wäre es – als Einstieg ins kulinarische Hochamt – mit einem Kürbis-Orangen-Süppchen mit gerösteten Maronen? Oder vielleicht lieber eine Sauerampfercrème oder eine Topinambursuppe mit Trüffeln? Anschließend eine Frühlingsrolle von der Lachsforelle mit einem Apfelchutney und einem Kräutersalat? Auch ein auf norddeutschen Salzwiesen frisch gepflückter Lammohrsalat wäre denkbar. Anschließend würde wohl ein Butterfischfilet mit Akazienblüten-Beurre-blanc und Wildgemüselasagne passen, dann eine gefüllte Kalbsbrust mit Quitten-Rotkohl. Nach einer französischen Käseauswahl würde sich eine Crème brûlée von Mädesüß mit Gewürzeis oder auch ein süßes Dattelmousse auf Erdnusssauce mit Schokolade, dazu eine Vanillecreme mit Birnenchutney und dünnem Gebäck von souffliertem Weizen anbieten. Jeder Gang, neben sprudelndem Wasser, selbstverständlich in wechselnder flüssiger Begleitung aus des Sommeliers gepflegtem Keller. Abschließend zur Verdauung noch einen Espresso? Und ein, zwei Edel-Kräuterbrände? Aber gerne. Und dann die Rechnung, bitte! Danke sehr! 380 €! Für uns zwei? Och, das geht ja. Vielen Dank und schönen Abend noch.

Was ist da in den letzten drei, vier Jahrhunderten geschehen? Warum delektieren wir uns heute selbst in den teuersten Nobelschuppen nicht mehr an der quantitativ und geschmacklich restlos überladenen Herrlichkeit, wie sie auf mittelalterlichen und frühneuzeitlichen Prachtbanketten üblich war? Um uns anschließend die Pfauenfeder in den Hals zu stecken und zu kotzen wie die Gerberhunde. Warum ist die gehobene Küche ebenso wie die weit unprätentiösere, aber ebenso ambitionierte Hobby- und Amateurküche heute eine vergleichsweise feine, raffinierte Küche, die sich weniger auf Masse als auf Klasse und auf eine Gesamtkomposition, also auf eine geschmackliche Abstimmung der einzelnen Gänge zueinander konzentriert?

Die Antworten geben Historiker, und sie sind ebenso interessant wie ernüchternd. Erstens: Die moderne Küche basiert – bis heute – in ihren Grundfesten auf den zwar revolutionären, das mittelalterliche Weltbild auf den Kopf stellenden, für uns aber erschreckend vorwissenschaftlichen und längst überholten Erkenntnissen von Quacksalbern und Alchimisten des 17. (und 18.) Jahrhunderts.

Zweitens folgten die Reduzierung der Mengen, das zunehmende Raffinement der Zubereitung, die Verfeinerung der Sitten und Tischzuchten im Wesentlichen den sozialen Abgrenzungstendenzen des Adels und der übrigen Oberschichten gegenüber den unteren, aber mit Hochdruck aufstrebenden Bürgerschichten, die in zeitverzögerten Nachahmungsprozessen die Trends von oben übernahmen, bis diese schließlich weitgehend demokratisiert und egalisiert wurden. Für letzteren Prozess erwiesen sich Französische und andere Revolutionen als durchaus hilfreich.

Zu den Quacksalbern: Dass Mediziner ins Essen quatschen, ist nichts Neues. Sie tun es ja auch heute, und sie tun es seit jeher. Weil der Mensch ein Feigling ist. Angst hat er vor Krankheit. Angst hat er vorm Tod. Und also will er von der Medizin erfahren, welche Speisen und Getränke und welche Zubereitung all der bunten Gaben aus Gottes Garten ihm denn Gesundheit und ewiges Leben schenken. Und die Medizin sagt es ihm. So gut sie kann.

Im Mittelalter konnte sie gerade mal nicht so gut. Weil: Die mittelalterliche Diätetik, derzufolge ein guter Koch ein halber Arzt war, berief sich im Wesentlichen auf die medizinischen Grundannahmen der klassischen Antike, die im *Corpus Hippocraticum* aus der Zeit um 400 v. Chr. formuliert und von dem griechisch-römischen Arzt Galen im zweiten nachchristlichen Jahrhundert systematisiert worden waren. Diesen antik-mittelalterlichen Vorstellungen zufolge war die Welt ein Garbottich: Es »garte« der Samen im Boden, es garte in der Pflanze die Frucht, es garte der Koch die Lebensmittel, es garte der Magen die Nahrung, und es garte die Leber die Nahrung zu Lebenssäften.

Was die mittelalterliche Ernährungs- und Zubereitungslehren aber weit mehr bestimmte, war die antike Elemente- und Säftelehre, derzufolge vier Flüssigkeiten – Blut, Schleim und gelbe sowie schwarze Galle – im Körper zirkulierten. Diese Säfte entsprachen den Elementen Luft, Wasser, Feuer und Erde und korrespondierten mit deren entsprechenden Eigenschaften: Blut war heiß und feucht und dem Element Luft zugeordnet, Schleim war kalt und feucht und dem Element Wasser zugeordnet. Gelbe Galle war heiß und trocken und dem Element Feuer zugeordnet. Schwarze Galle schließlich galt als kalt und trocken und entsprach dem Element Erde.

In diese Säfte- und Elementelehre waren auch Menschen und Lebensmittel eingebunden. Manche Menschen hielt man für besonders heiß, zum Beispiel Südländer, andere für zu kalt, zum Beispiel ältere Menschen und menstruierende Frauen. Ärzte wie Köche waren nunmehr bemüht, mit Hilfe von Lebensmitteln die Menschen in ihren Idealzustand zu überführen oder diesen Idealzustand zu erhalten, der als erreicht galt, wenn

er leicht warm und leicht feucht war. Zu kalte Menschen gedachte man mit dem Einsatz heißer Lebensmittel wie beispielsweise Pfeffer zu erwärmen, zu heiße Menschen mit dem Einsatz
kalter Lebensmittel wie Fisch oder Gurken herunterzukühlen.
Für ausgeglichene Menschen hatte die Zubereitungsart vor allem die vornehme Aufgabe, besonders einseitige Eigenschaften
von Lebensmitteln auszugleichen. So musste das extrem kalte
Wurzelgemüse unbedingt geschmort werden, der als zu nass
eingeordnete Mangold musste entsprechend gebraten werden.

Insofern galt der auf einem mittelalterlichen Esstisch allge-
genwärtige Blancmanger (s.o.) als geradezu ideal: Der feucht-
warme Zucker korrespondierte wunderbar mit dem gemäßigt
feucht-warmen Hühnerfleisch, dem Reis und der Mandelmilch. In der Camelinesauce (s.o.) glichen sich die warmen Rosinen mit dem feuchten und kalten Traubensaft aus. Und der
kalte und trockene Wein des warmen Hippokras wurde durch
den ausgleichenden feucht-warmen Zucker und den warmen
Zimt zu einem idealen Begleiter. Manche Lebensmittel galten
allerdings wegen ihrer extremen Eigenschaften als kaum
brauchbar und wurden in der Küche dementsprechend selten
eingesetzt: die extrem kalten Pilze zum Beispiel, Melonen und
viele weitere frische Früchte und Gemüse.

Das alles nahm man seinerzeit sehr ernst. »Das ist aber doch
alles blanker Unsinn!«, riefen Mitte des 17. Jahrhunderts die
Vertreter einer neuen Mediziner- und Forschergeneration
schließlich lauthals in die Runde. Folgt man den Forschungser-
gebnissen der Historikerin Rachel Laudan, so waren es eben
jene Ärzte, die mit ihrem folgenreichen Wirken an den europäischen Höfen und Universitäten die Grundlagen für unsere
heutigen Essgewohnheiten entscheidend beeinflussten. Ihre
Erkenntnisse basierten auf den Lehren des exzentrischen Wan-
derdoktors Theophrastus Bombastus Paracelsus (1493–1541),

der die alte Säfte- und Elementelehre des Mittelalters für überholt und irrig erachtete.

Erste Experimente von Alchimisten und Quacksalbern mit
dem neuen Verfahren der Destillation hatten zu der Erkenntnis
geführt, dass sich Stoffe in eine flüchtige, eine ölige und eine
feste Fraktion trennen lassen. Diese Erkenntnis wiederum veranlasste Paracelsus und seine Jünger zu der Annahme, dass auch
alle Lebensmittel dergestalt zusammengesetzt sein mussten. So
wurden die mittelalterlichen Elemente ersetzt durch die flüssig-
flüchtigen Essenzen (Mercurius), die ölig-brennbaren (Sulfur)
und die erdhaft-feststofflichen (Sal). Sal war im Lebensmittel-
bereich zuständig für den Geschmack und die Konsistenz (zum
Beispiel Salz oder Mehl), Mercurius war für Duft und Aroma
zuständig (zum Beispiel Fleisch- oder Fischextrakte und Fonds,
Wein oder Essig), Sulfur steuerte Feuchte und Süße bei. Sulfur
hatte darüber hinaus die Funktion eines Mittlers zwischen den
beiden anderen, gegensätzlichen Essenzen (zum Beispiel durch
Öl oder Butter).

Diese neue Sichtweise griff tief in die Rezepturen der höfischen Küche ein. Man verwendete und kombinierte nunmehr
Lebensmittel, die sich vorher von selbst verboten hätten, jetzt
aber medizinisches Heil und neue Geschmackserlebnisse ver-
sprachen. Fett hielt nunmehr bewussten Einzug in die höfische
Küche (was manch ein adipöser Zeitgenosse im Rückblick verfluchen mag): Butter und Öl wurden beispielsweise wegen ihrer angeblichen Fähigkeit, zwischen mercurischem Essig, mercurischem Wein und mercurischen Fonds einerseits und dem
Sal repräsentierenden Mehl und Salz andererseits vermitteln zu
können, für die Herstellung von neuartigen Saucen eingesetzt.
In dem von La Varenne 1651 geschriebenen Buch »Le Cuisinier
François« taucht folglich eine erste Mehlschwitze aus Fett,
Mehl und Fond oder Wein auf. Bis heute stellen solcherlei Sau-

cen eine Grundlage unserer modernen Küche dar.

Das gleiche Prinzip lag der Entwicklung der Vinaigrette zugrunde. Eine solche wurde 1699 in einem Traktat erstmals erwähnt: Auch hier vermittelt das Öl (Sulfur) zwischen Salz (Sal) und Essig (Mercurius). Auch die Vinaigrette ist bis heute in der modernen Küche ein unabdingbarer Bestandteil für den erträglichen Verzehr von Salaten (s.o.).

Im Übrigen garte es nicht mehr in der Welt, es gärte. Die Fermentation rückte in den Mittelpunkt des medizinisch-kulinarischen Weltbildes: Der Samen gärte im Boden zu Pflanzen, Pflanzenprodukte gärten zu Bier und Brot, die wiederum im Verdauungstrakt weitervergoren wurden usw. Erkenntnisse über den Prozess der Fermentation eröffneten auch das Einbeziehen weiterer, bis dahin eher verpönter Lebensmittel, die schnell fermentierten und deshalb als verdauungsfreundlich erachtet wurden: Blattsalate und -gemüse, Obst, Sardellen, ja selbst die zuvor verpönten Pilze waren nunmehr willkommene Lebensmittel – und sind es bis heute geblieben.

Fisch- und Fleischextrakte, die man mittels Fermentation oder Auskochen herstellte, galten als gesundheitsförderlich – bis heute sind Fonds für Saucen und Suppen eine nicht wegzudenkende Stütze der modernen Küche. Gasbläschen als sinnfälliger Ausdruck von Gas- oder Dampfentwicklung, für die sich die Früh-Chemiker bei ihren Experimenten so sehr begeistern konnten, waren eine Art Qualitätssiegel, Sprudelwässer und Champagner (s.o.) willkommene Erfindungen.

Zucker hingegen, den man bei Hofe (kaum jemand sonst konnte sich den sündhaft teuren Zucker leisten) gerne und über so ziemlich jedes Gericht streute, wurde mit einem Mal vom Bannstrahl der neuen Medizinergeneration getroffen. So hatte der Laibarzt des französischen Königs Heinrich IV. 1606 ganz richtig erkannt, dass »der Zucker eine große Schwärze«

verbirgt, also die hochherrschaftlichen Zähne verfaulen ließ. Eine Beobachtung, die wenige Jahre zuvor schon ein deutscher Besucher am englischen Hof gemacht hatte, als er notierte, dass Queen Elizabeth I. ganz und gar schwarze Zähne habe, »ein Defekt, der Engländer wegen ihres zu großen Zuckerverbrauchs trifft«.

So rutschte der Zucker in der Hierarchie der Speisefolge ans Ende, wurde fortan weniger in seiner ursprünglichen Funktion als geschmackliche Allzweckwaffe und medizinisches Heilmittel verwendet, sondern als süßender Bestandteil und vor allem als äußerst kunstreiche Verzierung von Desserts, die in einer eigenen Küche, der Patisserie, hergestellt wurden. Auch das bis heute in der modernen Küche eine Selbstverständlichkeit.

Dass ausgerechnet der Zucker bis heute dennoch eine atemberaubende Karriere auf bevölkerungsstatistisch zunehmender Breite hinlegte, verweist auf eine weitere Triebkraft der Entwicklung hin zu unserem heutigen Küchenverständnis: Nachäfferei! Es war die beim Bürgertum durch den fortan vor allem im Dessertbereich hochstilisierten höfischen Zuckerluxus ausgelöste Begehrlichkeit, diese Pracht zu imitieren. Als die Rohr- und vor allem die Rübenzuckerproduktion den einst knappen süßen Stoff im 19. Jahrhundert schließlich radikal verbilligte, war die Nachfragelawine auf breitester Basis und bis in die Gegenwart hinein nicht mehr aufzuhalten – unser täglich Milky Way gib uns heute und immerdar …

Dass sich vom 16. Jahrhundert an die europäischen Gesellschaften sozial zunehmend differenzierten, dass sie sich in immer mehr Schichten und Stände auffächerten, setzte die Hochwohlgeborenen bei Hofe unter einen zunehmenden Abgrenzungsdruck. Also entwickelte man in nahezu allen Feldern der höfischen Etikette immer feinere und differenziertere Sitten. Gemeinsam mit dem dynamischen Imitationsbestreben der unteren Schichten, diese Verhaltensnormen in abgespeckter Form, über Höhen und Tiefen hinweg und zeitverzögert zu übernehmen, führte schließlich zu einer fortschreitenden gesamtgesellschaftlichen Normierung der Sitten – was man auch als zivilisatorischen Fortschritt zu nennen geneigt ist. Was nicht zuletzt auch viele küchenzivilisatorische Selbstverständlichkeiten betrifft.

Den italienischen Medici-Köchen, besonders jenen, die mit Katharina 1533 an den französischen Hof wechselten (s. S. 45 ff), unterstellt man eine treibende Kraft in Richtung kulinarischer Moderne. Ein weiterer Schritt wurde besonders am französischen Hof des barocken Sonnenkönigs Ludwig XIV. (1638–1715) unternommen, vor allem im Hinblick auf die aufgetischten Mengen. Statt gigantischer Prunktafeln bevorzugte man nunmehr intimere Diners, die »petits soupers«. Die höfische Gesellschaft entwickelt in dieser Zeit ein immer feineres Konversations- und Etikettensystem, das sich schließlich auch auf die Regeln der Tafelkultur und der Kochkunst auswirkte. Ein zeitgenössischer Text beschreibt den Wandel wie folgt: »Heute gilt es nicht mehr, eine ungeheure Fülle von Platten zu geben, einen Überfluss an Ragouts und Pasteten zu bieten. Es handelt sich nicht mehr um ein ungeordnetes Anhäufen verschiedenster Dinge, um Berge von Braten und Zwischengerichten, die bizarr aufgebaut sind … wichtig ist nur die Auswahl hervorragenden Fleisches, die Feinheit der Zubereitung, die Eleganz und Sauberkeit des Anrichtens. Die Menge des Gebotenen muss in richtigem Verhältnis zur Anzahl der Tischgenossen stehen.«

Nicht umsonst scheint sich zum Beginn des 18. Jahrhunderts der Begriff »Menü« in der gastronomischen Praxis und Literatur langsam durchzusetzen. Etymologisch leitet sich Menü vom lateinischen *minutus* ab, was nichts weiter als »verringert« oder »kleiner« bedeutet und somit auf die Verkleinerung des Speiseangebotes und der Speisefolgen für einen verringerten Gästekreis im Vergleich zu den mittelalterlichen Massenveranstaltungen verweist.

Im 18. Jahrhundert wird die Speisefolge immer weiter kodifiziert. Schließlich setzt sich das dreigängige französische Menü bzw. Service in England, Deutschland, ja sogar in Nordamerika durch. Dabei wurden nur die Gerichte des ersten Ganges heiß und zugedeckt serviert. Die Speisen der übrigen Gänge befanden sich meist in großen Prunkschüsseln oder auf Platten, die auf Anrichten bereit standen. Dass der Inhalt der Schüsseln und Platten dabei in aller Ruhe auskühlte, war eine nicht unbedingt gewünschte, aber zwangsläufige Begleiterscheinung. Und nach wie vor bestand jeder Gang noch aus mehreren Gerichten – die Teilnahme an einem solchen Menü war verdauungstechnisch noch immer eine echte Herausforderung.

Rettung nahte aus den Tiefen des russischen Raums. Dass wir nämlich heutzutage im Restaurant oder auch zu Hause gangweise servierte Tellergerichte mit überschau- und verdaubaren Portionen genießen dürfen, verdanken wir in erster Linie dem russischen Vizekanzler, Außenminister und Gesandten des Zaren Paul I. in Paris, Fürst Alexander Kurakin. Kurakin hatte zu Beginn des 19. Jahrhunderts aus seiner Heimat das sogenannte »Russische Service« mitgebracht und in den höheren Kreisen propagiert. Bei dieser Form der Verköstigung werden alle Speisen in der Küche vorbereitet und angerichtet, auf Tellern vor- und nachgelegt und von Dienern oder Kellnern vor allem heiß serviert. Der Tisch bleibt frei von Terrinen, Platten und Schüsseln, was zwangsläufig auch eine zahlenmäßige Reduzierung der pro Gang aufgetragenen Gerichte zur Folge hatte.

Das »Service à la russe« war vor allem für die sich im 19. Jahrhundert entwickelnde bürgerliche Restaurantkultur ein wahrer Segen. Selbige hatte insbesondere im Zuge der Revolution einen dynamischen Schub erfahren: Nachdem die Revolution die adeligen Arbeitgeber einer Vielzahl von Köchen aus dem Land getrieben oder gar Schlimmeres mit ihnen veranstaltet hatte, waren die nunmehr arbeitslosen Küchenmeister ihrerseits auf der Suche nach neuer Beschäftigung. Der eine oder andere bediente fortan selbstständig in seinem eigenen Restaurant die neuen Herren: die Bürger und Abgeordneten von Paris.

Einer dieser Gastronomen war Urban Dubois. Er war es, der gegen Ende des 19. Jahrhunderts das Russische Service in den großbürgerlichen Kreisen und in der gehobenen Gastronomie populär machte, bis es sich schließlich als Organisationsform bei den großen Banketten in Frankreich und schließlich auch im Ausland durchsetzte.

Im Grunde ermöglichte erst das Russische Service die Entwicklung von Menüs, wie wir sie heute kennen, also von Gangfolgen einzelner Teller-Gerichte, die in ihrer geschmacklichen Ausrichtung aufeinander abgestimmt sind. Zunächst waren bis zu 15 Gänge in gehobenen Kreisen nicht ungewöhnlich. Kriegsbedingt und ernährungsphysiologisch setzte sich im 20. Jahrhundert schließlich eine Reduzierung auf sieben Gänge in der heutigen Spitzengastronomie bzw. drei (bis fünf) Gänge in der gutbürgerlichen Küche durch.

Das alles halten wir heute für das Maß der Dinge. So wie die Menschen im Mittelalter die Vier-Säfte-Theorie und die Menschen der frühen Neuzeit die Ideen vom Gären und von Sulfur, Sal und Mercurius. Und man möchte gespannt sein, was dereinst in 150 Jahren Mediziner und Köche wohl sagen werden zu unserem Tanz um unsere heiligen Kühe der Ernährung, um

Rohkost und Vitamine, Kohlehydrate und Ballaststoffe, um Kalorien und Diäten.

Den Kopf schütteln werden sie. Ungläubig. Und allerherzlichst kaputt lachen werden sie sich! Jede Wette!

SURIMI

*... wie man uns fischiges Fake Food als delikate
Meeresfrucht »schmackhaft« macht, und auf welch seltsame
Traditionen die Häckselei von Fisch zurückgeht ...*

Was ist das da jetzt auf dem Teller? Also zum Beispiel diese frittierten Calamares: Gehören die wirklich zur Gattung Meeresfrüchte? Haben die jemals das Meer gesehen? Weil: Schmecken
tun die in der Regel wie gebleichte Fahrradschläuche. Es keimt
im Skeptiker schon seit langem der Verdacht, dass die meisten
Tintenfischringe weniger aus den Tiefen der Ozeane als aus der
Entsorgungstonne irgendeiner geheimnisvollen Velo-Werk-
statt ihren Weg in die Friteusen finden.

Und die mehlig-pappigen Shrimps da in der Mayo-Dill-
sauce im Gourmetbrötchen? Wenn Gourmets auf mayonnaise-
getränkte Pappe stehen, gut, dann ist das wohl ein Gourmetbrötchen. Aber haben Shrimps von Natur aus eine so
weichpappige Konsistenz, dass man sie mit der Zunge am Gaumen zerdrücken kann? Und wenn nein, wer oder was hat aus
ihnen gemacht, was sie nun im »Gourmetbrötchen« sind, nämlich Mehlwürmer? Und das ausgelöste Fleisch der Hummerscheren auf der phantasievoll angerichteten Silberplatte am
Fischbuffet? Perfekt geformt. Absolut perfekt. Vielleicht ein
bisschen zu perfekt? Horrorbilder von geklonten Normhum-
mern aus den Experimentierbecken von Genlaboratorien be-
mächtigen sich des argwöhnenden Krebstier-Fans. Sehen jedenfalls alle sehr gleich aus, die Hummerscheren.

Und dann das Krebsfleisch. Aaah, Krebsfleisch. Ganz was

Feines! Allerdings macht die Form schon ein wenig stutzig. Krebsfleisch kommt nämlich nicht selten als fingerdicker Vierkant-Stick daher. Und wer weiß, dass Kühe nicht lila sind, ist angesichts der Form versucht zu fragen: Seit wann und wo wachsen Krebse wie Vierkantrohre?

Also, was ist das da auf dem Teller? Sind das wirklich Meeresfrüchte aus den Wassergärten der Schöpfung? Die Frage ist geschmacklich und optisch heute nicht mehr einfach zu beantworten. Die Wahrscheinlichkeit aber, dass es sich bei all dem Meeresgetier auf Kantinentellern, auf Pizzas, unter Salatsaucen und in Fast-Food-Fisch-Tüten tatsächlich um das handelt, wonach es auf den ersten Blick aussieht, wird zunehmend kleiner. Vor allem dann, wenn der Preis in einem entgegengesetzten Verhältnis zu der angeblichen Feinkost-Qualität steht, die da aufgetischt wird.

Stattdessen delektiert man sich vermutlich an einem in Form gepressten und aromatisierten (billigen) Fischmus, also an einem Imitat. Die Amerikaner nennen so was auch herzerfrischend ehrlich und treffend »Fake Food«, also eine Imitation oder Fälschung. Man könnte auch sagen: eine Verarschung. Fake Food und Verarschung hören sich in den Ohren des Verbrauchers aber nicht wirklich gut an. Im Falle der Meeresfrüchte nennt man die Täuschung deshalb auch lieber »Surimi«. Das ist japanisch, befindet sich klanglich in unverdächtiger und sympathischer Nähe zum modisch beliebten und als besonders gesund apostrophierten »Sushi« und suggeriert damit eine weitere japanische Sea-food-Spezialität. Dabei heißt Surimi nichts weiter als »gehäckselter Fisch«.

Was da allerdings so alles zusammengehäckselt wird und schließlich mit der Hilfe von diversen Zusatzstoffen und Prozesshilfen zu Tintenfischring, zu Shrimp, Garnele, Hummerschere oder Krabbenbein mutiert, ist weit weniger edel und

gut, als die in Hohlformen gepressten Meeresfrucht-Imitate
schließlich vermuten lassen. Der Rohstoff für das Fischmus besteht nämlich vorwiegend aus Alaska-Pollack, dem derzeit be-
deutendsten, aber kaum direkt vermarktbaren Konsumfisch im
Nordpazifik, sowie aus sogenannten Nebenfischarten, die man
wegen mangelnder Größe oder mangelhaften Geschmacks für
nichts weiter verwenden kann – Fischmüll eben. Und wohl
auch Krill, jener Kleinstkrebs, der als eiweißhaltiger Bestandteil
im Plankton zur Hauptnahrung von Walen gehört. Hierzulande haben in den Siebzigern sozialdemokratische For-
schungsminister verbissen lächelnd, aber voller Zuversicht versucht, Krill als unerschöpfliche Nahrungsressource den
Menschen zum Verzehr anzuempfehlen. Mit wenig Erfolg. Der
Flourgehalt des Chitinpanzers ist höher, als so mancher Krebs-
freund verträgt. Zudem scheiterten die Krillprodukte an den
geschmacklichen Vorlieben europäischer Gaumen.

Da verhält es sich mit Surimi anders. Und das liegt zuvorderst daran, dass man das Fischmus mit künstlichen und natürlichen Aromen auf den Geschmack genau jener Produkte
trimmen kann, die vom Konsumenten in Asien, in Europa
oder Amerika goutiert werden. Dabei ist Surimi nicht nur in-
haltlich, sondern auch produktionstechnisch nichts Besonderes. Surimi ist das völlig unaufgeregte Ergebnis eines lebens-
mitteltechnologischen Zauberwerks, wie man es hinlänglich
kennt. Da wird in Lochtrommeln geschleudert, da wird gewaschen, gepresst und tiefgefroren. Da wird wieder aufgetaut und
geliert und gebunden und erhitzt, da wird extrudiert, gestreckt
und gebündelt, gefasert und aromatisiert, was das Zeug hält.
Ein bisschen Eiweiß hier, ein bisschen Stärke da, Salz, Zucker
und Gewürze obendrauf. Und die kleinen Helferlein aus dem
Chemiebaukasten heißen Natriumbicarbonat, Polydextrose,
Sorbit, Polyphosphate, Transglutaminase, Stärken, Aromen

und synthetische Farben. Das Ergebnis ist schließlich ein ge-
schmackdesigntes Produkt, das vorgeben kann, alles zu sein
und sein zu können – es sieht so aus, aber es *ist* kein Hummer-
fleisch, kein Shrimp, kein Krebsfleisch und kein Tintenfisch.
Also Fake. Also Verarschung.

Ursprünglich sollte Surimi einfach nur der brachliegenden
japanischen Hochseefischerei und Fischindustrie wieder auf
die Sprünge helfen. Das war 1959/60. In den Hokkaido Fi-
schereilaboratorien war es Herrn Nishitani Yosuke gelungen,
ein Frostschutzmittel zu entwickeln, mit dem man das bereits
an Bord der Schiffe hergestellte Fischmus stabilisieren und bis
zur Weiterverarbeitung an Land einfrieren konnte, ohne dass es
an Bindefähigkeit verlor. Die Japaner machten sich fortan ans
Werk, eine Vielzahl von Surimi-Produkten herzustellen: Pasteten, Fischwürste, -rollen und –klopse, lauter bunte Fischhäpp-
chen. Unter anderem auch ein Krebsfleischimitat mit Namen
»Kanibo Surimi«.

Als Ende der Siebziger schließlich die Erträge der US-ameri-
kanischen Krabbenwirtschaft in die Knie gingen, suchte der
krabbengeile Amerikaner nach Ersatz. Und da schlug die
Stunde des japanischen Kanibo Surimi. Innerhalb weniger
Jahre entwickelten sich die Amerikaner zu fanatischen Freun
den des japanischen Fake Food – die Verkaufszahlen jedenfalls
schnellten in profitable Höhen. Das Kanibo wurde schließlich
geschluckt – sprachlich. Übrig blieb Surimi als Bezeichnung
für den wie auch immer geformten Fischbrei (häufig, so auch in
Deutschland, ist mit Surimi aber auch einfach nur das Krebsfleischimitat gemeint).

An europäischen Gestaden strandete Surimi schließlich
Mitte/Ende der Achtziger mit der Sushi-Welle. In Sushi-Bars –
und nicht nur hier – müsste Surimi eigentlich auch in den Speisekarten oder auf den Tafeln als solches deklariert werden,

wenn es denn eingesetzt wird. Was man aber gerne vergisst. Und hinter der durchaus erlaubten Bezeichnung »Crab-Sticks« muss man als Laie nicht unbedingt Fake Food vermuten. Auf der Verpackung von Fertigprodukten müsste sogar so etwas wie »Surimi, Krebsfleischimitat aus Fleischmuskeleiweiß geformt« stehen. Das hört sich wiederum schrecklich an. Nicht verkaufsfördernd. Weshalb es nicht immer und nicht unbedingt jeder Hersteller so draufschreibt auf sein Salatdöschen.

Was da in Japan in den späten Fünfzigern als eine Form der Wirtschaftshilfe erfunden wurde, ging jedoch auf eine noch sehr viel ältere japanische Tradition zurück. Die Surimi-Idee hatten nämlich japanische Fischer vermutlich vor bereits 900 Jahren entwickelt. Selbstverständlich auf lebensmitteltechnologischem Steinzeitniveau und auch weniger als eine Form der Wirtschaftshilfe. Es entsprang vielmehr dem Bemühen japanischer Fischer, Fangüberschüsse wegen der Verderblichkeit der schnell anrüchigen Ware nicht über Bord kippen zu müssen, sondern haltbarer und damit verwertbar zu machen. Also zerhäckselten sie die Filets des überschüssigen Fischs, wuschen, pressten, salzten und erhitzten anschließend den Fischbrei – fertig war das Surimi. Erste weiterführende Rezepte sind aus dem 16. Jahrhundert bekannt.

Die Fischhäckselei hat also eine lange Tradition in Japan. Aber nicht nur in Japan. In Europa ist die Häckselei aus noch sehr viel älteren Zeiten historisch verbrieft. Wenngleich es sich hierbei weniger um das Bemühen handelte, ein Grundnahrungsmittel haltbarer zu machen. Die Häckselei war hier eher die Folge einer weiteren Motivation für Lebensmittelexperimente: der hedonistischen Suche nach neuen Geschmackserlebnissen auf höchstem Niveau. Die muss man sich jedoch leisten können. Und der historische Oberhäcksler, von dem hier die Rede ist, war in der Tat ein gesalbtes und mithin reiches

Haupt: Die Rede ist von dem römischen Kaiser Elagabal (auch Heliogabal genannt).

Sehr alt wurde er nicht, der aus Syrien stammende Imperator. Gerade mal seinen 18. Geburtstag (204–222) hatte er noch feiern können, als ihn schließlich die Prätorianergarde ermordete, seine enthauptete Leiche zerstückelte, durch die Straßen Roms schleifte und im Tiber versenkte. Das ihm derartige Unbill widerfuhr, hatte auch mit der kaiserlichen Vorliebe zur exzessiven Wohllebe zu tun.

Kaiser Elagabal zählte zu jenen nicht wenigen römischen Kaisern, die sich alle Mühe gaben, den Hass der römischen Landsleute gegen die eigene Person auf einsame Spitzen zu treiben. Sein Vorhaben, den syrischen Sonnengott Sol Elagabal als obersten Reichsgott einzuführen, war in dieser Hinsicht sehr hilfreich. Den Hof ausschließlich mit seinen Gefolgsleuten zu bestücken, tat ein Übriges. Die Toleranzschwelle seiner Mitmenschen aber wurde vor allem mit seiner Prunk- und Verschwendungssucht strapaziert, die in ihrer Exzessivität kaum je überboten wurde.

Als ein frivoles Bekenntnis zu einer Vorstufe von alberner Metrosexualität zeigte sich Elagabal provozierend in aller Öffentlichkeit in Seidengewändern, ließ während seiner Hochzeit 50 Tiger vorführen und schlachten, hielt sich ein putziges Krokodil als Haustier, und wenn es ihm auf öffentlichen Gelagen zuviel wurde, kotzte und urinierte er in Töpfe aus Fluorit und Onyx. Aelius Lampridius, einer der Autoren der *Historia Augusta*, einer antiken Biographiesammlung römischer Herrscher (117–285), berichtet, dass Elagabal »in seinen Speisezimmern … seine schmarotzenden Tischgäste mittels beweglicher Decken unter Veilchen … begraben [ließ], was zur Folge hatte, dass einige, die sich nicht mehr emporarbeiten konnten, den Geist aufgaben«. Sie erstickten.

»Kamelfersen und Kämme, die man lebenden Hähnen ab-
geschnitten hatte, Zungen von Pfauen und Nachtigallen, …
Riesenschüsseln, die angefüllt waren mit Eingeweiden von
Meerbarben, mit Flamingohirnen … und mit Köpfen von Pa-
pagaien, Fasanen und Pfauen« ließ er während öffentlicher Gelage mit Pomp und Getöse auffahren. »Bei einer einzigen Mahlzeit ließ er … sechshundert Straußenköpfe, von denen das
Hirn verzehrt werden sollte, auftragen.« Und natürlich experimentierte er auch mit Fisch und Meeresfrüchten. Lampridius
zufolge war er »der Erste, der Gehacktes aus Fischen, aus verschiedenen Austernarten und anderen derartigen Seemuscheln,
aus Heuschreckenkrebsen, Hummern und Meerzwiebeln zubereiten ließ«.

Auf dem Boulevard feuilletonistischer Spekulationen wurde
Elabagal mit einem Augenzwinkern deshalb gar die antike Urheberschaft von Fischstäbchen unterstellt. Oder von Surimi?
Doch ihre römische Durchlaucht war weder auf Verbraucher-
täuschung aus, noch ließ er den dampfenden Fischbrei in Pan-
ade verstecken oder in Krabben- oder Hummerformen pressen.
Hinter all dem Gepränge stand allein die – in diesem Fall – per-
vertierte Lust an kulinarischem Luxus und an lukullischer Ex-
perimentierwut. Denn, so sein Biograph Lampridius, »sein einziger Lebensinhalt bestand im Aufspüren neuer Genüsse«.

Nun gut, beim Aufspüren neuer Genüsse kann man schon
mal auf seltsame Ideen kommen. Das ist bis heute so. Wer an
der Costa Brava in den Dreisternetempel von Ferran Adrià, ins
»El Bulli«, pilgert oder in die »Fat Duck« von Heston Blumen-
thal unweit von London, wird gleichermaßen mit kulinarischen Extravaganzen und Seltsamkeiten aus dem Küchenlabor
konfrontiert. Hier regiert mehr das Chemiebuch denn das
Kochbuch. Und man mag sich bei so manchem Überraschung-
sei fragen: Was ist das da, was man auf dem Teller hat? In der

Regel ist es jedenfalls nicht das, was es zu sein scheint. Bunte warme Gelatinestreifen entpuppen sich hier nicht als eine neue Form von Gummibärchen, sondern als Gemüsebeilage, die tatsächlich nach Paprika oder Staudensellerie schmeckt – überzogen mit einem Hauch von Holzkohlenöl. Und die im Mund explodierenden Ravioli offenbaren sich geschmacklich als eine Kombination aus Tintenfisch, Ingwer, Soja und Minze, die mit Kokossaft gefüllt sind.

Der Unterschied zu Surimi? Adrià und Co. spielen mit der Textur, mit dem Aussehen und mit der Kombination von Essbarem – auf höchstem kulinarischen Niveau, immer auf der Suche nach neuen, revolutionären Geschmackserlebnissen. Sie spielen aber nicht mit dem Aroma und dem Geschmack. Und es ist vor allem eine Täuschung mit Ansage. Im Zweifel kann man fragen: Wollen sie mich verarschen, Herr Adrià? Beim Verzehr von Surimi-Krabben kann man nicht mal fragen. Soll man auch nicht. Die Antwort würde einem den Appetit verderben. Das ist im »El Bulli« anders. Hier zahlt man auch andere Preise als für ein Gourmetbrötchen mit Mehlwürmern.

SUSHI

*… warum der ganze Schischi ums Sushi in Deutschland
vielleicht doch ein bisschen übertrieben scheint, und
warum ausgerechnet der Fugu japanische Feinschmecker in
kribbelnde Erregung versetzt …*

In den späten 1980er Jahren ging es los, dieses »In-die-Sushi-Bar-Gerenne«. Zunächst waren es die jungen Hoffnungsträger im mittleren Management, die sich hordenweise und mit dem blasierten Gestus gespielter Weltläufigkeit in der Mittagspause »beim Japaner« am Tresen einfanden und ihre Reisfischbällchen vom Fließband fingerten. Das fand der Yuppie hip. Von Hamburg bis München. Das war der letzte Schrei: Beim Japaner rohen Fisch essen. Und Klebreis. Mahlzeit auch!

Seither gehört die Sushi-Bar oder auch das gehobene Sushi-Restaurant mehr oder weniger zum festen Bestandteil der städtischen Kulinariakultur. Und seither schwärmt, wer von der Sushi-Sucht erst einmal befallen ist, fachmännisch von »norimaki« (in Seetang gerollter Reis), von »hosomaki« (dünne Rollen) und »futomaki« (dicke Rollen), »chirashi-sushi« (mit Fisch oder Gemüse vermengter Reis), von »nigiri-sushi« (mit Zutaten belegte ovale Reisbällchen) und vor allem von »sashimi« (kunstvoll in hauchdünne Scheiben, Würfel oder Stückchen geschnittener roher Fisch als kongenialer und variantenreicher Begleiter von Sushi).

Doch wo kommt sie her, die deutsche Lust am Sushi? Algen zu lutschen, Klebreis zu mampfen und rohen Fisch zu Sojasauce und kotzgrünem »wasabi«-Kren zu nuckeln zählt ja nun

nicht unbedingt zu den typisch deutschen Tugenden! Etabliert
hat sich Sushi in Deutschland auf dem Umweg über die USA.
Linienbewusste amerikanische Börsenmakler begeisterten sich
für den nahezu fettfreien Snack, den japanische Geschäftsleute
aus dem boomenden Japan mit in die Staaten brachten. Aus
den USA kommend, schlug dann in Deutschland die Sushi-
Welle zeitgleich mit der Feng-Shui-Welle über einem lifestyle-
begeisterten Publikum zusammen, das sich – öfter mal was
Neues – fortan sehr asiaphil gab.

Die Angst vorm frühen Herzkasper gab der Sushi-Lust dann
den letzten Kick, denn die Ernährungswissenschaft gab bekannt: Sushi ist gut für die Pumpe. Seither wird Sushi geliebt
und gepriesen: als Gesundbrunnen schlechthin. Und als Ausdruck höchster, weil uralter japanischer Esskultur. In den einschlägigen Magazinen, ob gedruckt oder gesendet, wurde der
neue Kulinaria-Trend eingehend begutachtet. Bewundernd
stellte man fest, dass der Japaner uralt wird und einfach nicht an
Infarkt und Schlaganfall sterben will. Und dass man im japanischen (Sushi-)Restaurant noch eine ganze Menge lernen kann
– über die Sensibilität der Zubereitung, die Reinheit der Produkte und die ungeheure, auf Teller gezauberte Ästhetik. Das
könne er nun einmal, der Japaner.

Das kann man nun allerdings auch alles ganz anders sehen.
Vor allem als Japaner. Und vor allem, wenn man Tomoyuki Takada heißt, das einzige im Ausland lebende Mitglied des sogenannten »Kikaku-Clubs«, der renommiertesten Vereinigung
japanischer Spitzenköche, ist und in Düsseldorf wo mit über
7000 Japanern die größte japanische Kolonie in Deutschland
lebt, neben einem Übersetzerbüro eine japanische Kochschule
betreibt. Japanische Gaststätten haben Tomoyuki Takada zufolge in Deutschland nämlich das Niveau von Bahnhofsrestau-
rants. Bestenfalls. Mit anderen Worten: Was in Deutschland als

japanische Küche daherkommt, ist eigentlich Schrott. Komplett. Ungeachtet der ein oder anderen Erwähnung in irgendwelchen Gourmetführern. Und auch wenn da Original-Japaner werbewirksam in der offenen Küche mit dem Messer schnetzeln und auf dicke Welle machen. In Deutschland wird als Japaner Wirt, wer in Japan nix wird.

Nun mag man als Normalsterblicher die Ansprüche von japanischen Spitzenköchen (allein die japanische Fisch-Filetiertechnik ist ein Kapitel für sich) wie die von Spitzenköchen überhaupt als übertrieben ansehen. Eingedenk dessen allerdings, als was die japanischen Reisbällchen hierzulande in die Bäuche wandern, sollte man aber den ganzen Schischi ums Sushi vielleicht tatsächlich ein wenig runterkochen. Denn hierzulande kommt das traditionsreiche japanische Sushi allzu oft als relativ einfaches Fast-Food daher. Nicht selten eher grobschlächtig zusammengezimmert für den Take-away-Pappkarton. Aber auch als Nobel-Fast-Food in der Sushi-Bar oder in der Feinschmecker-Abteilung von Kaufhäusern. In der Regel aber immer als bereits fertig gerollte und gepresste Nummer für Zwischendurch, die man sich vom Fließband greifen kann oder in der Auslage zusammenstellt. Ein Trend, der auch in Japan nicht aufzuhalten war, seitdem man Wickelmaschinen erfunden hat, die bis zu 1200 Reiswürstchen pro Stunde abdrehen können (per Hand und mit Bambusmatte ist bei 200 die Grenze erreicht, selbst für die ganz schnellen Japaner).

Ursprünglich war Sushi jedoch alles andere als Fast-Food. Vor einigen hundert Jahren begann man, rohen Fisch in Lagen von Reis zu pressen und zu fermentieren, um ihn so haltbarer zu machen. Seit Mitte des 17. Jahrhunderts wurde dem Reis zur Verkürzung der Fermentation noch ein wenig Essig beigemengt. Das war's. Aus diesem Prinzip entwickelte sich die ungeheuer variantenreiche und raffinierte Sushi-Kultur, die

wiederum Bestandteil einer sehr viel größeren japanischen Esskultur ist. Von der man im Westen allerdings noch nicht so
wirklich viel mitbekommen geschweige denn übernommen
hat. Außer Schickimicki-Sushi. Insofern ist das Fast-Food-
Sushi sicherlich der größte Beitrag Japans zur Massenkultur im
letzten Jahrhundert – außer Autos und Elektronikartikeln.

Doch auch die frische Zubereitung von Sushi ist alles andere
als schnell. Es dauert halt, bis der Reis nach dem »yudaki«-Ri-
tual gekocht ist: ein »masu« (1,8 Kilogramm) Reis in kochendes
Wasser geben, dann zwei Minuten starke Hitze halten, runter-
fahren auf fünf Minuten mittlere Hitze, dann fünf Minuten
schwache Hitze und schließlich noch 15 Minuten ohne Hitze
weiterdämpfen lassen. Und vor allem: Nicht den Deckel heben!
Dann in den Reis »sake« und Reisessig einrühren. Abschließend Klößchen oder Rollen formen, Fisch filetieren und
schnetzeln und schließlich das Ganze nach einem der unzähligen Varianten zu einem ästhetischen Gesamtkunstwerk zu-
sammenfügen.

Hört sich einfach an. Ist aber im besten Falle das Ergebnis einer jahrelangen Ausbildung. In Japan absolviert ein guter
Sushi-Koch zunächst einmal eine zweijährige Grundausbil-
dung, um dann mindestens zwei weitere Jahre am Reistopf zu
stehen. Bis er gelernt hat, was des Japaners ganzer Stolz ist: dass
der mit Essig gesäuerte Klebreis nicht vom Stäbchen fällt. Die
Reiskochausbildung ist erst vorbei, wenn der Proband den Reis
jedes Mal, aber auch wirklich jedes Mal perfekt zuzubereiten in
der Lage ist.

Und dann geht's erst richtig los: Dann muss der arme Japaner noch weitere drei bis vier Jahre lernen. Und zwar, wie man
Fisch einkauft und – noch wichtiger – wie man selbigen zubereitet. Das erfordert angesichts des Variantenreichtums und der
sensiblen Materie ungeheuer viel Geschicklichkeit. Die will

trainiert sein. Fazit: Acht Jahre geht ein guter Sushi-Koch in die Lehre. Für ein bisschen Reis kochen und Fische schnippeln. Das ist sehr viel Zeit!

Und nun gehen Sie beim nächsten Mal in Ihre Sushi-Bar und blicken Ihrem Sushi-Koch tief in die Mandelaugen. Und dann fragen Sie sich doch einmal, ob sie in den dunkelbraunen Tiefen ihres japanischen Gegenübers tatsächlich diese acht Jahre Ausbildung erkennen.

Soviel dazu.

Und nun zur Gesundheit. Sushi sei eine klassische Ikone der Globalisierung geworden, was daran liege, dass die Reis-Fisch-Kombi aufs Perfekteste das weltweit gleichermaßen existierende Bedürfnis nach einem leichten Business-Essen erfülle. Zudem stecke in den kleinen Power-Päckchen eine ideale Nährstoffkombination: Der rohe Fisch schütze mit seinen wertvollen Omega-3-Fettsäuren vor frühem Herztod, mit der Nori-Alge nehme man jede Menge Jod, Kalzium, Eisen, Vitamin A und B12 zu sich. Und dem verdauungsfördernden grünen Meerrettich, dem »wasabi«-Kren, sagt man auch noch eine krebshemmende Wirkung nach. So weit die Theorie, der man nur allzu gerne Glauben schenken mag. Vor allem als Business-Mann mit der Neigung zur Arteriosklerose. Sushi passt somit also perfekt in jedes Health-Food-Konzept für den modernen Städter.

Wäre da nicht die Nutrigenomik. Die untersucht seit einiger Zeit den Zusammenhang zwischen Nährstoffwirkung und genetischer Ausstattung. Und macht mit einer ersten Ahnung all den schönen Theorien von der herzgesunden Japanerkost und von der ebenso herzgesunden Olivenöl-Mittelmeerdiät und all den vielen anderen Ernährungsdogmen vorläufig einen dicken Strich durch die Rechnung.

Denkbar wäre nach ersten Untersuchungen nämlich, dass

allein derjenige von einer regionaltypischen Diät profitiert, der auch ein entsprechendes und über unzählige Generationen abgelaufenes genetisches Auswahlverfahren überlebt hat. Mit anderen Worten: Nur wer das Mittelmeerdiät-Gen besitzt, profitiert gesundheitlich auch von der regionaltypischen Olivenölgeschwängerten Kost. Die Menschen rund ums Mittelmeer hätten diese regionaltypischen Essen sonst nicht überlebt. Das Gleiche würde dieser Theorie zufolge natürlich auch für Sushi gelten. Man würde demnach allein als Japaner mit dem Sushi-Gen vom rohen Fisch profitieren. Welche Enttäuschung wäre das. Denn würde sich diese Ahnung bewahrheiten, wäre es – wie schon so oft – wieder einmal nichts mit der global funktionierenden Zauberformel fürs ewige Leben.

Wer ewiges Leben anstrebt, sollte es mit Sushi überhaupt vorsichtig angehen. Zumindest in Japan. Denn hier gibt es noch eine äußerst prickelnde Sushi-Tradition, die im Zweifel das Ende aller Esslust bedeuten kann. »Fugu« nennt sich der seltene und deshalb sündhaft teure Fisch, für dessen Zubereitung ein »Fugu«-Koch nach langwieriger Ausbildung ein spezielles Diplom erwerben muss. Denn der ebenso spezielle Reiz dieses bei uns auch Kugelfisch genannten »Leckerbissens« besteht in seinen Giftdeponien: In seinen Innereien nämlich hält der »Fugu« Tetrodotoxin für seinen Verzehrer parat. Ein pikantes Gift: Mit nur 100 Gramm ließen sich mühelos 20 000 Feinschmecker vor den großen »sashimi«-Schöpfer zitieren. Es beginnt mit einem leichten Kribbeln auf Zunge und Lippen, dann werden Finger und Zehen taub, die Muskeln versagen ihren Dienst, Schwindel und Sprechschwierigkeiten stellen sich ein, und schließlich erlahmt die Atemmuskulatur. Und das alles bei vollem Bewusstsein. Man wird mithin Zeuge seines eigenen Ablebens. Wer will das schon?

Keiner. Selbst Japaner nicht. Also hat der Sushi-Koch mit

der Lizenz zum »Fugu« die Aufgabe, die Innereien sorgfältig zu entfernen. Was ihm allerdings schon seit Jahrhunderten nicht immer vollständig gelingt. Schon die Herrscher der Edo-Periode (1603–1867) erließen aus diesem Grund ein »Fugu«-Verbot. Half aber nicht viel. Es wurde weiter »Fugu« gegessen und am »Fugu« gestorben. Schließlich wurde »Fugu«-Essen im 19. und 20. Jahrhundert peu a peu wieder in allen japanischen Regionen und Städten erlaubt.

Als 1975 der beliebte Kabuki-Schauspieler Mitsugoro Bando am Kugelfisch dahinsiechte, wurden die Ausbildungskriterien für die Köche allerdings erneut verschärft. Nach acht Jahren Sushi-Ausbildung kommen zwei weitere »Fugu«-Jahre hinzu. Und das »Fugu«-Diplom ist nur nach einem harten Examen zu erhalten. Ein bis zwei Drittel der ca. 900 Kandidaten fallen jährlich durch.

Hauchzart geschnitten soll er sein und noch vor der Geschlechtsreife im Frühjahr gefangen, und – natürlich – zappelfrisch verzehrt müsse er werden, dann sei er das Nonplusultra aller »sashimi«-Gaumenfreuden. Dann kostet ein Tellerchen aber auch schlappe 400 Euro.

Nun gibt es aber tatsächlich »Fugu«-Fachleute, die behaupten, der ganze »Fugu«-Rummel sei ein ziemlicher Unsinn: Erstens schmecke der Fisch so langweilig wie Pappe und zweitens könne man mittlerweile auch giftfreien »Fugu« züchten, denn der Kugelfisch nehme das Gift über Schnecken, Würmer und Krebse auf, die wiederum ein toxisches Bakterium namens »Vibrio« zu sich nehmen. Bei entsprechend umgestellter Ernährung sei der »Fugu« giftfrei. Einen giftfreien »Fugu« wolle aber keiner, weil ein »Fugu« ohne Gift für einen Japaner eben wie ein Samurai ohne Schwert sei.

Mit selbigem gäben sich zudem sicher noch einige besonders nationalstolze Japaner den Harakiri, würde man sie in aller Öffentlichkeit mit der Erkenntnis einiger Gastrohistoriker konfrontieren, die doch tatsächlich behaupten, dass das japanische Sushi eigentlich chinesischen Ursprungs sei. Wie die Japaner hätten die Chinesen ihre Sushi ebenfalls aus rohem Fisch, Reis und Essig hergestellt. Die Ära der berühmten Sung-Dynastie (960–1276) sei gar das »Goldene Zeitalter« des chinesischen Sushi gewesen. »Sung« bedeute nichts weiter als »Nahrungsmittel, dass auf Reis gegessen wird«.

Welche Niederlage. Ausgerechnet China. Vom Erbfeind, dem asiatischen, soll es also eigentlich stammen, das japanische National-Sushi. Tröstlich alleine, dass man in China den rohen Fisch lediglich als minderwertigen Ersatz fürs viel beliebtere Fleisch betrachtete, in Hungerszeiten.

Nun ja, so ist er eben, der Chinese, keine Ahnung hat er von wahrer Esskultur. Frisst alles, der Chinese. Vor allem alles, was vier Beine hat. Außer Tische und Stühle. Sollte mal nach Japan kommen, der Chinese. Da könnte er noch was lernen, zum Beispiel über kultiviertes Sushi. Oder nein, lieber doch nicht. Soll bleiben, wo er ist. Der Frühlingsrollenfresser.

TARTE TATIN

*… warum eine der genialsten französischen Dessert-
Verführungen den amourösen Nachstellungen Pariser Jäger
in einem kleinen Dorf im Tal der Loire zu verdanken ist,
und wie ein »Gärtner« aus Paris diese Verführung
schließlich in die feinschmeckende Welt trug …*

Lamotte-Beuvron ist ein Kaff. Ein Kaff östlich der Loire. Gelegen in der fruchtbaren Region Sologne, einer Region mit
dichten Wäldern, saftigen Wiesen, Auen und kleinen Wei-
hern. Recht romantisch. Aber nix los hier. Lamotte-Beuvron
ist folglich auch verschont geblieben von den Segnungen des
Massentourismus. Hier fährt man nur durch. Hier gibt's im
Gegensatz zum geschichtsträchtigen und mit unzähligen
Schlössern und Schlösschen reichlich gesegneten Tal der Loire
nix zu sehen. Provinz. Nicht ohne Charme, aber Provinz! Tote
Hose!

Doch halt! Lamotte-Beuvron, dieses kleine Kaff hat kulinarische Geschichte geschrieben. Hier wurde im 19. Jahrhundert
eine der einfachsten, zugleich aber – und das schließt einander
nicht aus – köstlichsten Nachspeisen erfunden, die in Frankreich zum Standardrepertoire in jeder Hobby-Küche gehört.
Dabei handelt es sich eigentlich um eine ganz einfache Apfeltorte (französisch: tarte), bestehend aus Äpfeln, Butter, Zucker,
Mehl, einem Ei und einer Prise Salz. Nicht wirklich aufregend,
die Zutatenliste. Doch der geschmacksbildende Clou dieser
Tarte besteht in der Art der Zubereitung der Zutaten. Und die
wiederum war das Ergebnis eines Zufalls, besser gesagt einer

Unachtsamkeit und – wie sollte es in Frankreich anders sein – Folge leicht amouröser Verstrickungen.

Es begann mit der Entscheidung des 1851 zum »Prince-Président« ausgerufenen späteren Napoleons III., das Château de St. Maurice bei Lamotte-Beuvron zu kaufen und zu einem landwirtschaftlichen Musterbetrieb für die Region Sologne auszubauen. War der eher spärliche Fremdenverkehr bis dahin vornehmlich von Jägern aus Paris bestimmt, die sich hier zur Jagdsaison einfanden, so war doch durch die napoleonische Entscheidung eine Belebung des Fremdenverkehrs in Lamotte-Beuvron zu erwarten. Weshalb sich Jean Tatin entschloss, sein gegenüber dem Bahnhof gelegenes Haus zu einem Hotel umzufunktionieren. Als er im Jahre 1888 starb, übernahmen seine beiden Töchter, Caroline und Stéphanie, das »Hotel Tatin«.

Die beiden Schwestern hätten unterschiedlicher nicht sein können. Caroline, die jüngere von beiden, war galant und zugänglich, hatte Witz und Esprit und kümmerte sich ob dieser Eigenschaften vorzugsweise um die Betreuung der Hotelgäste. Ihre freundliche und gradlinige Art und ihr in vieler Hinsicht kenntnisreiches Auftreten veranlassten sogar so manchen Hotelgast, sich auch beruflichen Ratschlag bei Caroline einzuholen. Bald nannte man sie auch »die kleine Prinzessin von Sologne«.

Ihre etwas ältere Schwester hingegen war vom Wesen ein wenig verschlossener, nicht gar so offenherzig, zählte nicht unbedingt zum heiteren Menschenschlag. Sie stand vorzugsweise in der Küche, und zwar vom frühen Morgen bis spät in die Nacht. Eine ihrer Spezialitäten – und damit für sie ein Routinefall – war eine knusprige Apfeltorte, für die sie in der Region bereits bekannt war.

Irgendwann gegen Ende des 19. Jahrhunderts war das Hotel der beiden Geschwister Tatin wie üblich belegt mit Jägern aus

Paris, die hier eingekehrt waren, um in der Sologne ihrer Leidenschaft nachzugehen. Doch die Leidenschaft der Jäger erschöpfte sich selten allein im Jagen von Wild. Nein, abends gab man sich zur Freude aller Beteiligten gerne auch die Ehre, den nicht mehr ganz so jungen Demoiselles Tatin nachzustellen und sie mit heftigem Charmieren zu umschmeicheln. Was den beiden Damen wohl gefallen haben mag.

Eines Abends passierte es dann: Stephanie erwies sich von den amourösen Nachstellungen offenkundig ein wenig verwirrt. Jedenfalls beging sie, als einer der Pariser Grünröcke sie um eine ihrer Apfel-Tartes bat, in der Küche trotz aller Routine einen verhängnisvollen Fehler. Entgegen aller Gewohnheit und aller Regeln der Kochkunst legte sie die Äpfel für ihre beliebte Nachspeise ohne jeden Teig in die Form und schob selbige in den Ofen. Nach kurzer Zeit entströmte dem weißblauen Herd ein wunderbarer Duft von karamellisierten Äpfeln. Doch es waren Äpfel ohne Teig, also keine Tarte.

Als Stephanie die Form aus dem Ofen holte, bemerkte sie ihr Missgeschick. Also was tun? Nun, in der Sologne neigt man offenbar zu kurz entschlossenem Handeln. Und so nahm Stephanie einfach ein Stück des fertigen, aber vergessenen Mürbeteigs, rollte ihn aus, legte ihn über die karamellisierten Äpfel und schob die Form zurück in den Ofen. Nachdem die Tarte fertiggebacken war, stürzte sie den Inhalt auf eine Platte, et voilà, da lag sie, zur Freude aller Anwesenden: Die »Tarte des demoiselles Tatin«.

Die Geschichte der Entstehung und der unnachahmliche Geschmack der Tarte Tatin blieben einem größeren Publikum nicht allzu lange verborgen. Die Tarte gelangte zu einiger Berühmtheit, und es war nicht allein Claude Monet, der im Jahre 1907 nur wegen der gestürzten Apfel-Tarte nach Lamotte-Beuvron kam. So drang die Kunde von den Tatin-Schwestern

und ihrer Apfel-Tarte bis ins nicht gar so ferne, aber sehr große
Paris mit seinem unersättlichen Hunger nach kulinarischen
Neuigkeiten. Besonderes Interesse zeigte der Besitzer des weltberühmten Maxim's, Louis Vendable, als er sich auf den Weg
nach Lamotte-Beuvron machte, um das Rezept persönlich in
Erfahrung zu bringen. Umsonst! Die beiden Schwestern zeigten sich wenig beeindruckt von Vendable und seinem Begehr.
Das Rezept blieb geheim! Also gab sich Vendable geschlagen
und zog unverrichteter Dinge wieder ab.

Doch nur zum Schein! Denn kurze Zeit später schickte Ven-
dable einen Spion in die Sologne, einen jungen Konditor. Als
Gärtner ließ sich der junge Mann von den Schwestern Tatin an-
stellen. Und schließlich gelang es ihm, herauszufinden, was das
Geheimnis der Tarte Tatin wohl sei. Selbiges Geheimnis nahm
er dann mit nach Paris, wo es alsbald auf der Speisekarte des
Maxim's auftauchte. Von hier, von der Rue Royale aus, nahm
die Tarte Tatin ihren Siegeszug auf. Bis heute erfreut sie sich in
Frankreich (doch nicht nur hier) einer sehr großen Beliebtheit.
Weil sie so einfach herzustellen und eine geniale Köstlichkeit
ist. Mittlerweile wird sie sogar in Supermarktketten als Tief-
kühlware angeboten, weil es inzwischen sogar in Frankreich zunehmend und fatalerweise Menschen gibt, die im fertigen Gericht einen Vorteil sehen. Das allerdings ist der blanke Frevel!
Eine Tarte Tatin muss frisch zubereitet und warm serviert werden. Immer!

Dass findet auch die »Bruderschaft der Feinschmecker der
Tarte Tatin« in Lamotte-Beuvron, die »Confrérie des Lichonneux de Tarte Tatin«, die sich seit 1901 der Pflege und Tradition
der Original-Apfel-Tarte mit Hingabe widmet. Ihrem »Grand
Maître du Secret« zufolge, dem Hüter des Originalrezepts, sehen die Zutaten und ihre Zubereitung wie folgt aus:

Man nehme eine feuerfeste runde Form mit Antihaftbeschichtung, eine Pie-Form oder eine Bratpfanne aus Kupfer oder Edelstahl von 24 Zentimeter Durchmesser, 350 (!) Gramm beste (!) Butter, ein Kilogramm geschälte Äpfel (die Bruderschaft bevorzugt eher feinsäuerliche, saftige Sorten mit festem Fleisch wie »La Reine des Reinettes« oder »Belle de Boskop« (ein »Granny Smith« oder ein süß-saurer »Elstar« oder »Braeburn« gehen aber auch), 125 Gramm Kristallzucker, 200 Gramm Mehl, ein Ei und eine Prise Salz.

Streichen Sie die Form oder die Pfanne mit 150 Gramm Butter dick aus, streuen Sie 125 Gramm Zucker über die Butter. Dann drücken Sie die geschälten und geviertelten Apfelstücke mit der runden Seite leicht in die Butter. Verbleibende Zwischenräume werden mit kleineren Apfelscheiben ausgefüllt. Die Form oder Pfanne bei kleiner bis mittlerer Hitze auf dem Herd zehn bis 15 Minuten erhitzen. Dann stellen Sie die Form für weitere 15 Minuten in den auf ca. 180 bis 200 Grad erhitzten Ofen, bis der Zucker karamellisiert ist (Tipp: Der austretende Saft der Äpfel muss dazu zuvor weitestgehend verdampft sein).

Währenddessen bereiten Sie aus dem Rest der Butter (ca. 200 Gramm), dem Mehl, dem Ei und der Prise Salz einen Teig, den Sie zu einer Teigplatte ausrollen, die einen etwas größeren Durchmesser als die Form haben sollte. Legen Sie den Teig über die Äpfel und drücken Sie ihn innen an der Form ein wenig fest. Backen Sie dann die Tarte weitere 15 bis 20 Minuten im Ofen fertig. Rausziehen, einige Minuten ruhen lassen und dann auf eine Platte stürzen (Spritzgefahr!). Die Äpfel sollten von einer ausgesprochen appetitlichen Karamellschicht überzogen sein, die aus Butter, Zucker und Apfelsaft besteht. Wer möchte, kann dazu ein wenig Crème fraîche reichen oder gesüßten und mit Brandy aromatisierten Schlagobers. Aber das ist streng genommen schon eine ziemlich respektlose Verfälschung des Originals.

Das Original kann man bis heute im Hôtel »Le Tatin« bestellen und genießen. Wenn Sie also irgendwann mal an der Loire sind, südlich von Orléans, in der Sologne, dann machen Sie mal einen Abstecher nach Lamotte-Beuvron. Vielleicht wollen Sie ja auch offizieller Botschafter der Bruderschaft der Feinschmecker werden. Dann werden Sie in einer offiziellen Zeremonie gekürt. Und fortan werden Sie in der Welt für die Güte der Tarte Tatin werben und ihr heiliges Rezept wahren und allüberall von ihrer Herkunft und Tradition künden. Und Sie werden all dies mit einem Lied auf den Lippen tun, der Hymne der »Confrérie des Lichonneux de Tarte Tatin«:

Es gab bei uns zwei drollige Fräuleins
Das waren die Schwestern Tatin
Und die zwei hatten den Dreh raus
eine Tarte wie keine andre zu backen
Diese zwei lustigen Fräuleins, fast scheu
Führten ein Hotel auf dem Land
Keiner durfte ihnen kommen zu nahe
Und doch haben sie alle Herzen erobert
Von denen, die kamen zur Jagd
So erzählt die Legende – nicht die Geschichte
So sei die Tarte einst entstanden

REFRAIN
Ja, gnädige Fräuleins
Eure Tarte schmeckt gut und ist schön
Ja, gnädige Fräuleins
Schmeckt gut und ist schön

Stéphanie und Caroline
Seid von den Göttern gesegnet

Durch himmlischen Leichtsinn habt ihr
So viele glücklich gemacht
Wie dem auch sei, eins ist mal sicher
Das Sprichwort sagt es auf jeden Fall
Um gutes Essen zu machen
Benötigt es Können, aber auch die geeigneten Leut'
So gebt Euch hin
Der Tarte Tatin, denn das ist ihr Name
Und vermeidet, was Odysseus einst tat
Kommt alle nach »La Motte-Beuvron«

Refrain
Ja, gnädige Fräuleins
Eure Tarte schmeckt gut und ist schön
Ja, gnädige Fräuleins
Schmeckt gut und ist schön

TOAST

*… wie sich geröstetes Brot zum sprachlichen Synonym
für im Stehen vorgetragene Trinksprüche entwickelte, und
warum ausgerechnet die englischen Marine-Offiziere
als einzige beim Toast auf ihre königliche Majestät sitzen
bleiben dürfen …*

Es könnte ja Gift im Becher sein! Weiß man als Gast, was der
Herr des Hauses einem da einschenkt? Da überlässt man dem
Gastgeber doch lieber den ersten Schluck und den dazugehöri-
gen ersten Trinkspruch. Und wenn der Gastgeber dann nicht
grün anläuft – na, denn: Auf die Gesundheit!

Rituale haben ihre Geschichte. Und ihren Sinn. Trinkrituale
allzumal. Angst vor Vergiftung war ehedem »eins« der berech-
tigten Motive eines Gastes, beim Trinken dem Gastgeber das
Recht (bzw. die Pflicht) des ersten Schluckes zuzubilligen. So
konnte man prüfen, ob seine Gesinnung lauter war.

Verbunden ist der erste Schluck des Gastgebers – bei offiziellen Anlässen – in der Regel bis heute mit wohlfeilen Wünschen für das Wohlergehen und die Gesundheit der Gäste etc.
Die einfache und informelle Version dieser offiziellen Begleit-
formel lautet hierzulande am Tresen einfach »Prost«. Eine sehr
alte Formel. »Prosit«, »Möge es (der Gesundheit) nützen«, sag-
ten bereits die alten Römer. Und die hatten die Tradition des
Zuprostens von den alten Griechen übernommen.

Im heidnischen Europa waren Trinkrituale und Trinksprüche in Stammes- und Volksriten vor allem aber religiös motiviert. Alkohol war unverzichtbarer Bestandteil von Opferriten.

Man trank mit geweihten alkoholischen Getränken auf die Götter und auf die Toten. Selbst nach der Christianisierung behielt Alkohol eine symbolträchtige Funktion bei. Im christlichen Abendmahl, einer kultisch überhöhten Trinksituation, manifestiert sich dies bis heute.

Der gemeinsame Rausch mit seinen Riten hatte dereinst aber nicht nur eine übersinnliche Funktion bei Gottesdiensten. Er hatte ebenso eine wichtige soziale Funktion. Und auch die hat sich im Prinzip bis heute erhalten. Jedenfalls in zivilisierten Kreisen. Dem sich Zuprosten und den damit einhergehenden Trinksprüchen wohnt nämlich traditionell bis heute auch eine Frieden stiftende Komponente inne. Man versöhnt sich im Suff, man vergewissert sich im Trinkspruch gegenseitig der besten Wünsche, man sperrt Feindseligkeit aus und betont Gemeinsamkeit. Sollten Sie jemals einen Rheinländer – einen Kölner vor allen anderen – im Gespräch versehentlich duzen, dürfen Sie sich der augenblicklichen Frage Ihres rheinischen Gegenübers gewiss sein, wie Sie wohl zum »Du« kommen? Ob man denn bereits ein Kölsch zusammen getrunken habe? Hat man nicht. Doch »Du« ohne Kölsch ist undenkbar. Mit Kölsch hingegen ereilt die Gesprächspartner das »Du« in der Regel wie ein Naturereignis. Mit Kölsch ist »Du« nahezu Pflicht. Saufen verbindet also – bis heute.

Im Laufe der Jahrhunderte haben sich von Land zu Land mehr oder weniger ausgeprägte Trinkriten eingebürgert. Die Bier- und Schnapskulturen des Nordens (Skol!) und Ostens neigen zur Sprücheklopferei. Besonders im Osten, in Russland vor allem, beschleicht den Besucher schnell das Gefühl, dass man hier nicht trinkt, um einen galanten Trinkspruch unterzubringen. Hier geht's umgekehrt: Hier werden Kanonaden von Trinksprüchen ausgebracht, um für alle Beteiligten einen ritualisierten Zwang zum Schlucken Unmengen Wodkas herzustellen – bis der Arzt kommt. Und das gleichermaßen von der Spitze bis an die Basis der Gesellschaftspyramide.

In den mehr genussorientierten Wein-Ländern des europäischen Südens hingegen sind derartig zwanghafte Zuprostereien eher ungewöhnlich. Besonders in Frankreich. Michel de Montaigne beschwerte sich bereits im 16. Jahrhundert in seinem Essay »Über den Dünkel« über die permanente Zuprosterei seiner deutschen Gastgeber. Es stört den Franzosen beim Genießen des Essens. Es stört seinen individuellen Trinkrhythmus.

Wie anders als der Franzose tickt und trinkt da der Engländer: »Wenn aber die Franzosen viel essen und wenig trinken, so ist dieses hingegen bey den Engländern … umgekehrt, die das Trinken als den Hauptartikel bey Tische ansehen«, schrieb ein England bereisender Deutscher 1787 in sein Reisetagebuch. »Sie sitzen daher auch nur kurze Zeit bey der Eßtafel, um nur bald zu der geliebten Trinktafel zu kommen. … Nun werden beständig Gesundheiten getrunken.«

Das war fein beobachtet. Doch was da mit »Gesundheiten«, also Trinksprüchen, umschrieben wurde, nannte man in England schon seit langer Zeit einen »Toast«. Was einem weiteren England bereisenden Deutschen 1783 nicht entgangen war. Weshalb er bei der Beschreibung der englischen »Zutrinksitten« dementsprechend diesen ihm offenbar bereits bekannten englischen Fachbegriff auch verwendete: »Der ganze Tisch wird nun (nach dem Essen, Anm. d. A.) mit spanischen und portugiesischen Weinen, wohl auch Rum und Brandewein, barrikadirt …, damit die Toasts oder Gesundheiten in gehöriger Ordnung herumgetrunken werden« konnten.

Unter einem Toast verstand und versteht man bis heute also einen Trinkspruch – und mittlerweile nicht mehr nur in England, sondern in nahezu aller Welt. Woran nicht zuletzt auch diplomatische Gepflogenheiten schuld sind. In England tauchte der Begriff Toast um 1430 erstmals in einer Schrift auf. Allerdings in der bis heute ebenfalls nahezu weltweiten Bedeutung für ein geröstetes Brot. Etymologisch steht dahinter das lateinische »tostus« für »geröstet«, abgeleitet vom Verb »torrere« für »rösten«, was wiederum auf eine sehr alte Tradition verweist. Geröstet hat man Brot nämlich bereits im alten Testament, im alten Ägypten, im alten Griechenland, und nicht zuletzt im alten Rom (usw.) und im Mittelalter und in der Neuzeit – also eigentlich schon immer. Wie also kommt es zum synonymen Gebrauch des Wortes Toast für einen Trinkspruch und für geröstetes Brot? Hat doch Brot mit Essen und ein Trinkspruch mit Trinken zu tun.

Der synonyme Gebrauch erklärt sich durch die offenbar sehr alte Sitte, geröstetes (und bisweilen gewürztes) Brot in Wein zu tunken oder gar in den Krug oder das Glas zu legen, um auf diese Weise den Geschmack zu verbessern. So sollen es jedenfalls schon die alten Römer gehalten haben. Denkbar ist auch die Theorie, dass man im Mittelalter das geröstete Brot in den Weinkrug legte, um das Getränk ein wenig zu erwärmen. Oder – von den meisten Wissenschaftlern favorisiert – den mit Sedimenten und anderen Verunreinigungen angereicherten Wein zu filtern und zu klären. Und genau das stellt die Nahtstelle der Bedeutungsdopplung dar. Denn das mit einem Toast versehene Trinkgefäß wurde zu Ehren eines Anwesenden erhoben: Man brachte einen Toast aus! Beide Gewohnheiten vermischten sich also im Laufe der Jahrhunderte.

Dem jeweils mit einem Toast Bedachten gebührte die Ehre, das nach dem letzten Schluck im Gefäß verbliebene Brot schlussendlich zu verzehren. Und man darf wohl dankbar sein und auf die Götter einen Toast ausbringen, dass sich diese Sitte nicht bis in unserer Tage hat halten können. Einerseits. Andererseits ermöglichte diese Sitte eine durchaus pikante Auslegung der Toast-Sitten. Alexandre Dumas (1802–1870), Autor der weltbekannten »Musketiere«, erzählt in seinem weniger bekannten, aber hervorragenden »Wörterbuch der Kochkunst« von einem recht erotischen Toasting im England des 16. Jahrhunderts. Im Mittelpunkt der Anekdote steht Anne Boleyn (1507–1536), erst Geliebte, später Ehefrau des berüchtigten Heinrich VIII., dessen Scheidung von Katharina von Aragón, der Vorgängerin von Anne Boleyn, vom Papst nicht autorisiert war und schließlich zum Bruch mit der katholischen Kirche und zur Gründung der anglikanischen Staatskirche führte.

»Eines Tages, als Anne Boleyn, die schönste Frau, welche damals in England lebte [sie hatte mit einer anatomischen Anomalie nur einen kleinen Schönheitsfehler: an einer Hand nämlich einen sechsten Finger, Anm. d. A.], inmitten der Edelmänner aus ihrem Gefolge ein Bad nahm (sie war von lockerer Lebensart), ergriff jeder dieser Herren, um ihr den Hof zu machen, ein Glas und tauchte es in ihr Badewasser, um dieses zu trinken. Ein einziger hielt sich zurück und folgte diesem Beispiel nicht. Als man ihn fragte, warum er nicht wie die anderen tat, antwortete er: ›Ich reserviere mir den Toast.‹ Für einen Engländer war dies recht galant.«

Doch alle Galanterie am englischen Hof half schließlich nichts: Anne Boleyn wurde nach der Scheidung von Heinrich wegen amouröser Verstrickungen noch schlimmerer Art im Tower geköpft. Heinrich verfügte aber immerhin – auch sehr galant –, dass sie des Privilegs gewahr werden sollte, nicht kniend und mit der Axt, den Kopf auf einem Block ruhend, enthauptet zu werden. Sie wurde stattdessen stehend mit dem Schwert und von einem eigens aus Frankreich angereisten Spezialisten schnell und sicher hingerichtet. Heinrich muss sie tief im Innern wirklich geliebt haben.

Wen wundert es angesichts solcher Geschichten, dass es in

England dann um 1700 allgemein zu einer sinnlichen Bedeu-
tungs-Anreicherung des Toasts kam, indem man(n) den Begriff
Toast fortan auch auf die Dame selbst bezog, der zu Ehren man
sein Glas erhob. Allein das Ausrufen des Namens der Angebe-
teten reichte, den Wein in den erhobenen Gläsern wie mit ge-
würztem Brot zu aromatisieren. So wurde die Lady selbst zum
Trinkspruch: »This Lady is a top toast«. In der Tat: In England
kann man sehr galant sein! (Der Ehrlichkeit halber muss man
allerdings an dieser Stelle anfügen, dass natürlich auch Männer
zum Toast werden konnten. Eine Tradition, die sich bis heute
in der Redewendung »to be the toast of the town« widerspie-
gelt, womit gemeint ist, dass man von der ganzen Stadt bejubelt
wird.)

Toasttechnisch geht es auf diplomatischem Parkett natürlich
besonders formell zu. Das Protokoll schreibt ziemlich genau
vor, wer wann während des offiziellen Dinners bei einem Toast
auf wen welche Höflichkeiten vorzutragen hat. Besonders
wenn Staatschefs oder blaublütige Hoheiten anwesend sind,
bringt in der Regel zunächst der Gastgeber während oder nach
dem Dessert einen Toast auf den Gast aus. Und jeder toaster-
fahrene Gast sieht zu, dass er zum gegebenen Zeitpunkt auch
noch etwas im Glas hat, um den Toast erwidern zu können und
kein – wie peinlich – leeres Glas in der Hand halten zu müssen.

Die Toastformeln und der bestätigende Widerhall der Anwesenden sind in der Regel vom Protokoll vorgegeben. Ist beispielsweise die englische Queen anwesend, lautet die offizielle
Toastformel: »To her Majesty Queen Elizabeth the Second.«
Die Antwort der Anwesenden wird – man befindet sich in feiner Gesellschaft – mehr zurückhaltend gemurmelt als ausgeru-
fen: »To her Majesty.« Es folgen in der Regel kurze Tischreden
die von erhabener Langeweile und Belanglosigkeit, aber auch
von größter inhaltlicher und formaler Finesse sein können – je

nach Anlass und Begabung des Vortragenden. Die Toasts, auf Staatschefs bzw. eine königliche Hoheit allzumal, werden selbstverständlich und ehrerbietend von den Anwesenden im Stehen getrunken.

Eine einzige Ausnahme vom Stehzwang beim Toasting gibt es. Und die ist auf den ersten Blick derart verwunderlich, dass es sich lohnt, die Hintergründe zu durchleuchten. Ausgerechnet die Offiziere der englischen Marine dürfen beim hochoffiziellen sogenannten »Loyal Toast« auf ihre königlich britische Hoheit, also beim ritualisierten Treue-Bekenntnis auf die Queen (vormals auf die Könige), sitzen bleiben. Bis heute wird immer wieder spekuliert, was die Ursache für diese skurrile Toast-Anomalie sein mag. Eins scheint sicher: Nicht Respektlosigkeit, sondern ein Privileg, dass irgendwann erteilt wurde, liegt diesem Sonderfall zu Grunde. Das Royal Naval Museum in Pourtsmouth gibt nähere Auskunft über die Hintergründe:

Im Verdacht, das Privileg des Sitzenbleibens ausgesprochen zu haben, steht erstens Charles II. (1630–1685). Charles II. war Sohn und Nachfolger von Charles I., dessen Enthauptung im Auftrag des erstarkten englischen Parlaments im Jahre 1649 die vorläufige Etablierung Englands als Republik und die Umbenennung in »Commonwealth« markierte. Dass ein Henker Seiner königlichen Hoheit deren eigenen Kopf vor die Füße gelegt hatte, stellte das vorläufige Ende eines revolutionären Prozesses dar. Und es war das erste Mal, dass ein gesalbtes Haupt infolge eines revolutionären Plans vom königlichen Rumpf fiel. Der damit erzielte republikanische Status quo hielt jedoch nicht lange an.

Denn Charles II. leitete bereits zehn Jahre später die Restauration ein, bis 1688 die Glorious Revolution und die Bill of rights die vorläufig wichtigste Zäsur in Richtung politischer Zivilisation in Europa setzten. Doch erst mal Restauration. Erst

mal Charles II. (und – im gleichen Sinne – sein Bruder James
II.). Und dieser Charles soll es gewesen sein, der, zurückgekehrt
aus dem holländischen Exil, an Bord eines Schiffs der Marine
seinen Offizieren erlaubte, sitzen zu bleiben. Der Grund: Er
selbst hatte sich an einem Balken unter Deck den Kopf gesto-
ßen (immerhin hatte er noch einen), als er anlässlich eines
Toasts aufgesprungen war. Eine königliche Beule war demnach
die Ursache für das skurrile Navy-Privileg. (Eine ähnliche Geschichte mit königlicher Beule wird auch von William IV.
[1765–1835] erzählt.)

Eine zweite Theorie besagt, dass in eben jener restaurativen
Phase nach 1660 sich viele Gentlemen freiwillig in den Dienst
der königlichen Marine stellten. Da sie jedoch nicht dazu aus-
gebildet waren, auch auf schwankenden Planken beim Toast
Haltung zu wahren, sei ihnen das Privileg erteilt worden, sitzen
zu bleiben.

Und eine weitere Theorie besagt, dass George IV. (1762–
1830), der als Prinzregent de facto seit 1811 das Land an Stelle
seines geisteskranken Vaters regierte, an Bord eines Kriegsschif-
fes seine Offiziere bat, sitzen zu bleiben, als sie einen Toast auf
die Gesundheit des Königs ausbringen wollten. »Bitte meine
Herren, bleiben Sie sitzen. Ihre Loyalität steht außerhalb jeden
Zweifels.« Seine eigene Loyalität gegenüber dem Vater war jedoch zweifellos restlos zerrüttet. Nicht zuletzt seine in jeder
Hinsicht extravagante (manche sagen liederliche), aber stilbil-
dende (Regency) Lebensführung war Ursache für den scharfen
persönlichen Gegensatz zum Vater. Und auch die traditionell
als zeitlos bekundete Loyalität der Marine zu Königinnen und
Königen stand nicht immer und gänzlich außer Zweifel: Als
1642 der Bürgerkrieg zwischen Royalisten und Parlamentsan-
hängern begann, der schließlich zum Tod Charles I. führte,
hatte sich die Flotte auf die Seite des Parlaments, nicht auf die

der Royalisten geschlagen – doch geschenkt, jeder kann mal irren.

Soweit die Theorien. Gesichert scheinen jedoch bei all den hübschen historischen Spekulationen allein die folgenden Erkenntnisse: Auf den alten Segelschiffen ihrer Majestät war es im Zwischendeck lediglich zwischen den Deckenbalken möglich, halbwegs aufrecht zu stehen. Mit anderen Worten: Jede dritte Person hätte während der Toast-Zeremonie nur in einer seltsam gebückten Latrinen-Haltung verharren können. Was keine wirklich würdige Körperhaltung für eine Loyalitätsbekundung darstellt. Zudem war der Tisch in der Offiziersmesse unter Deck oftmals am Boden fest verankert, und zwar an einer Seite in recht enger Nähe zu einer Sitzbank. In diesem Fall wäre kaum mehr als die Hälfte der Anwesenden in der Lage gewesen, Haltung anzunehmen. Es war also zuvorderst eine Frage der Würde, die Navy-Offiziere von ihrer Pflicht zum Aufstehen zu entbinden – wer auch immer dieses Privileg wann auch immer wirklich verfügte.

1966 dehnte die Queen das Marine-Privileg auf untere Offiziersränge aus. Wenn aber bei offiziellen Anlässen die englische Nationalhymne gespielt wird, dann ist Schluss mit lustig. Für alle! Privileg hin und Tradition her: Dann müssen sie aufstehen. Auch die Offiziere der Marine. Es ist halt irgendwann dann doch alles allein eine Frage des Respekts.

WEISSWÜRSTE

… warum die Bayern den Franzosen und vor allem den Schweizern für die Weißwurst dankbarer sein sollten, als sie es sind, und was der Dreißigjährige Krieg mit Siebecks Albinopimmel zu tun hat …

Siebeck mag sie nicht. Siebeck findet, Weißwürste seien Albinopimmel. Und er meint damit ihr Aussehen. Nicht ihren Geschmack. Hoffentlich. Vergebens gehofft: Den Geschmack der Weißwürste mag Herr Siebeck auch nicht. Herr Siebeck mag ferner keinen Grünkohl. Grünkohl stinke, blähe auf und sei vor allem restlos unkulinarisch, weil mit nichts anderem kombinierbar (außer mit Pinkel oder Speckschwarte). Der norddeutsche Grünkohl und die süddeutsche Weißwurst mit der landestypisch dazu gereichten Brezn und dem süßen Senf sind in der Tat eher Ausdruck einer einfachen, ziemlich bodenschweren und bäuerlich-regionalen Küchentradition.

Gegen diese deutsche Küchentradition, gegen den darin trotzig manifestierten Mangel an (französischer oder auch italienischer) Raffinesse, gegen die Dumpfbackigkeit der einfachen deutschen Hausmannskost und die ungeschlachte Schwermut im deutschen Kochtopf kämpfen Köche und Gastrosophen seit langem einen wortgewaltigen Kampf. Im Grunde ist in Deutschland der Kampf um eine feinere Lebensart, ist das Ringen all der Siebecks um eine raffiniertere Küche, um eine sensiblere Genussfähigkeit, um ein Stück mehr französischer Leichtigkeit des Seins ein uralter Kulturkampf, der sich

– als Nebenprodukt – vor allem an der herzlichen deutsch-französischen Erbfeindschaft entzündete.

Die Ursachen reichen zurück bis ins 17. Jahrhundert und den Dreißigjährigen Krieg (1618–1648). In Deutschland wurde nach der Reformation und ihren Erschütterungen in diesem Krieg einerseits verbittert um die Vorherrschaft der jeweiligen Religion gekämpft. Andererseits standen wahlweise die Vorherrschaft des Kaisers oder die Unabhängigkeit der Fürsten zur Diskussion. Die Fürsten setzten sich durch. Das bedauerliche Ergebnis war die auf über 200 Jahre zementierte provinzielle Kleinstaatlichkeit eines verwüsteten Deutschlands, das sich damit bis auf weiteres aus dem europäischen Mächtekonzert weitestgehend verabschiedete. Erst spät, 1870/71, sollte dieser Prozess mit der Reichsgründung beendet werden.

Während sich in Deutschland wegen einer fehlenden politischen Metropole auch keine städtische Leitkultur für Fragen des Geschmacks und der Lebensart entwickeln konnte, entfaltete sich am französischen Hof im 17. Jahrhundert das absolutistische und zentralistische Sonnenkönigtum mit einer legendären, affektierten, aber wegweisenden Hofkultur. Denn all die dramaturgisch in Szene gesetzten Hoffeste, die Raffinesse des kulinarischen Gepränges, die aufgeblasene Diplomatie und das Intrigantentum im Hofadel zu Füßen des Königs, Reifrock und Puderperücke, all das strahlte aus in die übrigen europäischen Höfe und Fürstenhäuser. Der europäische Adel sprach und lebte französisch.

Als in Deutschland ab ca. 1750 Teile des Bürgertums die deutsche Nation, die deutsche Sprache und die deutsche Geschichte als identitätsstiftende Errungenschaften entdecken und als Argumente für ein »einig deutsches Vaterland« ins Feld führten, traten sie damit gegen diese französische Lebensart des deutschen Adels und weiter Teile des Großbürgertums an. Der deutsche Nationalismus begann sich im ausgehenden 18. Jahrhundert auch in der kulturellen Gegnerschaft zum französischen Lebensstil zu konturieren.

Man lebte in diesen wirkungsvoll agierenden deutschnationalen Kreisen in der Vorstellung, dass Frankreich den deutschen Eliten und damit Deutschland die nationale und kulturelle Identität genommen hatte. Und man entwickelte in dieser Phase eine gründliche Abneigung gegen alles Französische: gegen das Savoir vivre, gegen jegliche Finesse, gegen gesellschaftlichen und auch kulinarischen Pfiff und Hochglanz. Frankreich galt als überzüchtet, als eingebildet und oberflächlich.

Das deutsche Gegenmodell war in Abgrenzung dazu eine volkstümliche Bodenständigkeit, eine romantische Erdigkeit, waren gemütsschwere Tiefe und Einfachheit. Besonders bedauerlich: Die Abneigung gegen die französische Lebensart erstreckte sich bis unter die Topfdeckel. In Deutschlands Töpfen sollte es deutschtümelnd vor sich hin simmern.

Stimmen, die damals – wie heute Siebeck und Co. – für eine gewisse Raffinesse in Lebens- und Küchenführung plädierten, durften sich einer leidenschaftlichen Gegnerschaft gewiss sein. Jean Neubauer zum Beispiel war so ein Verfechter der verfeinerten französischen Küche. Und das im bodenständigen Bayern! Neubauer war der Mundkoch des Grafen von der Wahl, und der konnte es sich leisten, die erlesensten Zutaten fürs Küchenraffinement kaufen und importieren zu lassen. Gegen Ende des 18. Jahrhunderts hatte Neubauer sich erdreistet, mit einem Kochbuch der bayerischen Landesküche den Krieg zu erklären. Selbige sei etwas für Bauernhochzeiten, aber beileibe nichts für die herrschaftliche oder großbürgerliche Tafel.

Das blieb im erwähnten Kontext natürlich nicht lange unwidersprochen. Carl Friedrich von Ruhmor beklagte in seinem 1822 erschienenen »Geist der Kochkunst«, dem seinerzeit wichtigsten gastrosophischen Werk in Deutschland (man vergleiche es mit dessen französischem Gegenstück, der »Physiologie des Geschmacks« von Brillat-Savarin von 1826), dass Kochbücher wie die von Neubauer die deutsche Kochkunst verfremden, ja gar verdrängen würden, obwohl die letztere gerade in der Volks- und Landesart gründen würde und besonders schmackhaft und nahrhaft sei. Wohingegen die Kochkunst der Franzosen doch entartet sei, überwürzt und von einer unnatürlichen Vermengung von Speisen charakterisiert. Franzosen seien nun einmal einfach »Vertreter aller Gehäcksel und Vermengungen«.

Rumohrs Bemühungen waren zumindest in Bayern nicht ganz so erfolgreich wie gewünscht. In den gehobenen Haushalten jedenfalls hielten sich Restbestände der feineren französischen Kochkunst, was sich aus den regionalen Kochbüchern des 19. Jahrhunderts ergibt. Diese Kochbücher, die als Zielgruppe das städtische Bürgertum anvisierten, versuchten einen Ausgleich herzustellen zwischen französischer und deftig-regionaler Küche. Mit einigem Erfolg: Bis heute findet man in der bayerischen Küche französische Einflüsse, wie sie sich zum Beispiel im »Bœuf a la Mode«, also im »Böfflamott«, erhalten haben. Vielleicht konnten sich diese französischen Einflüsse im katholischen Süddeutschland noch eher erhalten, weil hier die protestantische Entsagungsethik bis heute keine wirkliche Rolle spielt.

Doch was das städtische Bürgertum und der Graf von Wahl zu verspeisen beliebten, war eine Sache. Was das gemeine Volk liebte, eine ganz andere. Die populäre Weißwurst jedenfalls, deren legendäre Erfindung auf das Jahr 1857 datiert wird, war wohl so ziemlich das, was Ruhmor in Abgrenzung zur dekadent verfeinerten französischen Küche verlangte: Eine »nahrsame« (290 Kalorien pro 100 g) Volksspeise, zusammengerührt aus regionalen und traditionellen Vorlieben für Deftiges.

Es soll am Faschingssonntag des Jahres 1857 gewesen sein, als der Bierwirt Sepp Moser wie üblich in der Kellermetzgerei seiner Gaststätte »Zum ewigen Licht« am Münchner Marienplatz die bei der Kundschaft gerade zu Fasching sehr beliebten Kalbsbratwürste zubereiten wollte. Also ließ er den Schlegel fliegen, einen großen Holzhammer, mit dem traditionsgemäß das Fleisch auf einer Holzplatte zu einem Fleischbrei geschlagen wurde. Was genau der Moser Sepp da zusammenschlug und -rührte, ist nicht überliefert. Sicher war Kalbfleisch der Hauptbestandteil. Ob und in welcher Größenordnung auch heute verwendete Zutaten wie Schweinespeck und Häutelwerk (also kleingeschnittene Kopfhaut und Haut der Kalbsfüße) vom Moser Sepp beigemengt wurden, welche Gewürze und ob schon Zitronenschale und Petersilie in das Brät Eingang fanden, ist nicht überliefert. Es wäre aber theoretisch denkbar, denn die Rezepte für die bereits sehr populären Kalbsbratwürste aus jener Zeit weisen ein hohes Maß an Ähnlichkeit mit der Rezeptur der Weißwurst auf.

Als der Moser Sepp nun die Bratwürste wie gewohnt in Schafsdärme abzufüllen gedachte, musste er mit Schrecken feststellen, dass die Vorräte an Schafsdarm restlos aufgebraucht waren. Zu finden waren nur noch Schweinsdärme. Also füllte er die Fleischmasse in Schweinsdärme. Doch aus Angst davor, dass die empfindlichen Schweinsdärme den Belastungstest des Bratens nicht überstehen würden, legte er die Würste zum Sieden vorsichtig in heißes Wasser und servierte sie anschließend als neue Kreation in einer Terrine. Die Reaktion der Gäste soll nach anfänglichem Zaudern euphorisch gewesen sein.

So wird die Geschichte von der Erfindung der Weißwurst in Bayern gerne und fremdenverkehrsfördernd erzählt. Genau genommen erzählt man sich die Geschichte seit 1935 (auch 1929 wird als Datum genannt), als die Geburtsstätte der Weißwurst, die Wirtschaft »Zum ewigen Licht«, von neuen Besitzern großzügig umgebaut und neu eröffnet wurde. Was im kritischen Heimathistoriker den Verdacht keimen lässt, dass die Geschichte vom Moser Sepp damals einfach nur ein hübscher Marketinggag für die neu eröffnete Wirtschaft war. Auch an der Erlaubnis und Fähigkeit des Moser Sepp, Würste herstellen zu können und zu dürfen, wurde gezweifelt, weil er im Einwohnerverzeichnis nur als Bierwirt, nicht aber als Metzger geführt wurde. Das Wurstmachen war aber allein Metzgern vorbehalten. Und zu guter Letzt meldete man auch Zweifel am Datum an, denn der Moser Sepp soll tatsächlich erst 1860 seine Stellung als Bierwirt angetreten haben.

Wer auch immer die berühmte Münchner Weißwurst nun erfunden haben mag, das erste Weißwurstrezept stammte definitiv nicht aus München. Es stammte nicht einmal aus Bayern. Es stammte – Graf Rumohr hätte es vor Ekel geschaudert – aus Frankreich (auch hier kennt man Bodenständig-Kräftiges). Im »Menagier de Paris« aus dem 14. Jahrhundert wurde eine den Ingredienzien der heutigen Weißwurst verdächtig ähnliche Rezeptur für eine »Boudin« gefunden. Auch der Name Weißwurst stammt aus Frankreich. Dort kannte man schon lange vor dem bayerischen Blasswürstchen die »Boudin blanc« als Bezeichnung für Kalbsbrat- oder Brühwürste in Abgrenzung zur »Boudin noir«, der Schwarzwurst aus Schweinefleisch und -blut.

Ja, selbst die erste schriftliche Fixierung eines verbindlichen Weißwurstrezepts war nicht in Bayern oder München zu finden, sondern in der Schweiz! Der Zürcher Metzger-Personalverband veröffentlichte 1950 ein Handbuch für die Wursterei. Und hierin fand sich tatsächlich eine erste schriftliche und verbindliche Rezeptur. Was bis dahin in München und Bayern als Weißwurst hergestellt und verkauft wurde, basierte wohl in erster Linie auf sehr unterschiedlichen Mund-zu-Mund-Rezepten.

Erst 1972 wurde auf Drängen der Münchner Wursthersteller und Metzger in einer Art Abwehrreflex gegen außerbayerische Weißwurstimporte in München eine Weißwurstverordnung erlassen, in der die Ingredienzien seither klar definiert werden. Demnach besteht eine Münchner Weißwurst aus mindestens 51 Prozent Muskelfleisch vom Kalb, ca. zehn Prozent gekochten ausgelösten Kalbskopfteilen mit Haut, Bindegewebsteilen von Kälbern und gekochter Schweineschwarte. Mehr als 25 Prozent Wasser und 30 Prozent Fett sind verboten. Gewürzt werden darf allein mit Petersilie, Zitronenschale, Kardamom und Macis (Muskatblüte).

Bis heute gilt zudem die von Hardcore-Fans eisern befolgte Regel, dass Weißwürste das Elfuhrläuten nicht erleben dürfen. Das ist ein hübscher Ritus, der sich jedoch mit einer Verordnung von 1935, derzufolge Weißwürste nicht mehr ungebrüht verkauft werden dürfen, überholt hat. Denn durch das Brühen erhöht sich die Haltbarkeit nicht nur um Stunden, sondern um gut zwei Tage. Aber es bleibt natürlich dabei: Frisch und mit erster Brühung vor elf Uhr schmecken sie einfach am besten.

Dass ausgerechnet die Weißwurst, also eine Kalbsbrühwurst, irgendwann Mitte des 19. Jahrhunderts ausgerechnet in München die entscheidende Würzung erfuhr und damit die Leit-Rezeptur für die heutige Münchner Weißwurst erfunden wurde, verwundert den Gastrohistoriker keinesfalls. Die gebrühte Kalbswurst war nämlich im Grunde nur eine Variante einer kulinarischen Grundmelodie der Südstaatenmetropole. Denn München war eine Kalbfleischstadt. Eine geradezu fanatische Kalbfleischstadt. Ein Zeitzeuge berichtet: »Im Jahre 1840/41 wurden gegen 90 000 Kälber in München geschlachtet, und im Jahre 1830, wo die Bevölkerung etwas über 77 000

Seelen erreichte, wurden 76 979 Kälber verzehrt, so dass durchschnittlich auf jede ›Seele‹ ein Kalb traf. Hierbei darf nicht un-
berücksichtigt bleiben, dass ein gutes Theil Kalbfleisch zu s.g.
kälbernen Bratwürsten verarbeitet wird, welche item ein ganz
besonderes Lieblingsgericht des Münchners bilden, ohne dass
der Geschmack hierfür von auswärts in gleichem Maaße ge-
theilt wird.«

Die letzte Bemerkung war nur ein kleiner bissiger Seiten-
hieb, verglichen mit der vernichtenden Kritik, die gut fünfzig
Jahre später ein Zeitgenosse zur Ausrichtung und Qualität der
öffentlichen Küchen im München der Jahrhundertwende
fällte. Aber was man hier beschrieb, hatte auch nichts mit der
französisch beeinflussten Küche gehobener Stände zu tun, es
war eben die deftige, die »nahrsame« regionaltypische deutsche Volksküche, unter deren Traditionen all die Gourmets
und Siebecks in Deutschland bis heute leiden. In diese Volksküche fügte sich die bereits ziemlich beliebte Weißwurst naht-
los ein:

»Die ›Münchner Küche‹ dreht sich in der Hauptsache um
das ›Ewig Kälberne‹. In keiner Stadt der Welt wird soviel Kalbfleisch konsumiert als in München … Besonders in den Bier-
wirtschaften, auch in jenen, die sich Restaurant nennen, bildet
das Kalb das Fundament des ganzen Küchenbetriebes …

Schon die Frühstücke bestehen hauptsächlich aus Kalbfleisch …: Bratwürste, die nicht wie anderwärts gebraten, sondern gesotten werden und in ihrer faden, völlig gewürzlosen
Herstellung nach dem absoluten nichts schmecken; – Weißwürste, die gelegentlich ganz gut sein können, wenn man sich
daran gewöhnt hat; Kalbsherz gesotten, gedünstet oder gebraten; Kalbsleber essigsauer, geröstet oder gebacken; Kalbsnieren
essigsauer oder geröstet; Kalbsbries, Kalbslunge, Kalbs-Gulyas
usw. … Und so was nennen dann die Münchner ›Restaura-

teure‹ ›pikante‹ Frühstücke in reicher Auswahl ... Mittags und abends wimmelt es [ebenso] nur so von Kälbernem aller Art, und zwar ohne Unterbrechung Tag für Tag.«

Derselbe Zeitzeuge berichtet auch von einem Artikel in einer französischen (sic!) Zeitschrift, die sich um die Jahrhundertwende zur Qualität der Münchner Gastronomie äußerte: »Vor mehreren Jahren veröffentlichte ein Franzose in einer großen Pariser Zeitung eine Schilderung des Münchner Lebens, wie sie sich ihm, dem Fremden, bot. Dabei nannte er die Münchner Bierhäuser, die sich ja vielfach auch Restaurant nennen, große Sautroge, an denen sich die Einwohnerschaft Münchens mästet.«

Italiener sehen die Situation mit ähnlichem Entsetzen: »Ein vornehmer Italiener sagte dem Verfasser einst in Florenz: ‚München ist eine reizvolle Stadt, und ich freue mich immer sehr, wieder dorthin zu kommen – allein es hat auch eine schlimme Seite: minderwertige Küche. Verirrt man sich gelegentlich aus seinem Hotel in eines der vielen Bierhäuser, um dort das Volksleben zu studieren, dann hat man sicher einige Tage an verdorbenem Magen zu laborieren.«

An der Qualität dessen, was in so manchem Münchner Bierhaus (dem Touristen) zum Verzehr angeboten wird, hat sich bis heute in der Tat nicht viel geändert. Aber man kann ja mittlerweile um die Bierhäuser und ihre traditionell bodenständige landestypische Küche mit zweifelhafter Qualität einen Bogen machen. Einen großen Bogen. Um die Albinopimmel allzumal. Wenn man sie denn partout nicht mag. Die Münchner Gastronomieszene stellt sich heute gottlob variantenreich und qualitativ weit gespreizt dar mit angenehmen Ausschlägen nach oben – großstädtisch eben.

Und dennoch: Selbst den verwöhnten Gaumen überkommt bisweilen ja doch auch die Lust auf Bodenständiges, auf das eigentlich verpönt Einfache, Deftige. Die Intermezzo-Leidenschaft so mancher Feinschmecker für Thüringer Rostbratwurst, für Bratkartoffeln, Currywurst, deftigen Grünkohl oder eben für eine Weißwurst mit Brezn und süßem Senf und einer Maß – wer fällt darüber noch in Staunen oder gar Entsetzen? Auf beste Qualität und Frische sollte man allerdings auch beim deftigen Intermezzo achten. Dann geht's.

Nur im »Ewigen Licht« geht's nimmer. Das »Ewige Licht«, nach dem Krieg umbenannt in den »Peterhof«, blies man 1996 endgültig aus. Seitdem verkauft man am Marienplatz an geschichtsträchtigem Ort keine Weißwürscht mehr. Da verkauft man heute Bücher. Das nährt den Geist. Und dieser Lust hin und wieder nachzugeben, soll auch nicht schlecht sein.

BIBLIOGRAPHIE (AUSWAHL)

Abbot, G.: *Wanganui Girls College, 1891–1991*, Wanganui 1991

Aldis Prosecco – Lieferant ist wegen Etikettenschwindel angeklagt, Der Spiegel, Nr. 31 2002

Bachmann, Kirk T.: *A proud tradition*, Gastronomica, Februar 2001, S. 89

Bao, Xing: *Glorious trip home*, Shanghai Star 17.06.2004

Bartz, Dietmar; Seckendorff, Klaus von: *Lügen haben keine Scheren*, mare, Nr. 27 2000

Bates, Henry Walter: *The Naturalist on the River Amazon*, London 1989

Bertschi, Hannes; Reckewitz, Marcus: *Champagner, Trüffel und Tatar. Neue kuriose Geschichten aus der Welt der Speisen und Getränke*, Berlin 2004

Bertschi, Hannes; Reckewitz, Marcus: *Von Absinth bis Zabaione. Wie Speisen und Getränke zu ihrem Namen kamen und andere kuriose Geschichten*, Berlin 2002

Bestien, Giftbrüder und Propheten, NZZ Folio, März 1999

Bickel Walter: *Wer ist Wer auf der Speisekarte*, Stuttgart 1993

Bickel, Walter; Maus, Paul: *Große Namen, berühmte Speisen*, Stuttgart 1998

Bitsch, Irmgard; Ehlert, Trude; Ertzdorff, Xenja von (Hrsg.): *Essen und Trinken in Mittelalter und Neuzeit*, Sigmaringen 1990

Black, David: *How Drambuie aims to rebuild the brand*, The Scotsman 28.07.2005

Blake, Greg: *Ethiopia's Decisive Victory at Adowa*, Military History Magazine o.J.

Blume Jacob: *Bier. Was die Welt im Innersten zusammenhält*, Göttingen 2000

Bohnen à la Vitellius, Damals, Nr. 6 1994

Bourdain, Anthony: *Geständnisse eines Küchenchefs. Was Sie über Restaurants nie wissen wollten*, München 2001

Brater, Jürgen: *Lexikon der rätselhaften Körpervorgänge*, Frankfurt a. M. 2002

Brillat-Savarin, Jean Anthelme: *Physiologie des Geschmacks oder Betrachtungen über das höhere Tafelvergnügen*, Frankfurt a. M. u. Leipzig 1979

Brookes, Martin: *Drosophila. Die Erfolgsgeschichte der Fruchtfliege*, Reinbek bei Hamburg 2002

Charpentier, Henri; Sparkes, Boyden: *Life a la Henri. Being the Memories of Henri Charpentier*, Modern Library 2001

Crêpe Suzette: Ein kulinarischer Mythos kehrt zurück, AHGZ, Nr. 42 2001

Davidson, Alan: *The Oxford Companion To Food*, London, New York 2002

Dollase, Jürgen: *Sorgfalt ist der beste Koch*, Frankfurter Allgemeine Sonntagszeitung 15.04.2005

Dominé, André: *Die Kunst des Aperitifs*, Weingarten 1989

Dumas, Alexandre; Baiculescu, Michael u. Veronika (Hrsg): *Das große Wörterbuch der Kochkunst*, Wien 2002

Dumont, Cédric: *Kulinarisches Lexikon*, Bern/Stuttgart 1997

Ehrenstein, Claudia: *Die andere Chip-Industrie*, Die Welt 2.08.2003

Engelmann, Bernt: *Preußen. Land der unbegrenzten Möglichkeiten*, München 1981

Faber, René: *Von Donnerbalken, Nachtvasen und Kunstfurzern*, Frankfurt a. M. 1994

Finkenzeller, Karin: *Rotes Gold aus der Blüte*, Welt am Sonntag 7.11.2004

Geiler, Markus: *Kirche der Flüchtlinge. Die Französische Friedrichstadtkirche in Berlin feiert 300-jähriges Bestehen*, Sonntagsblatt 24.07.2005

Gerlach, Gudrun: *Zu Tisch bei den alten Römern. Eine Kulturgeschichte des Essens und Trinkens*, Stuttgart 2002

Goos, Hauke: *Ein Krieg für Tiere*, Der Spiegel, Nr. 12 2004

Gutknecht, Christoph: *Pustekuchen. Lauter kulinarische Wortgeschichten*, München 2002

Habs, Rudolf; Rosner, Leopold (Hrsg.): *Appetitlexikon*, Badenweiler 1997

Hackett, Arlyn: *Stories vary on creation of potato chip*, The San Diego Union-Tribune 21.07.2004

Haffner, Sebastian: *Preußen ohne Legende*, Hamburg 1982

Hamilton-Paterson, James: *Tödliche Fürze,* o.O.u.J.

Hamlyn, Paul: *Larousse Gastronomique. The World's Greatest Cookery Encyclopedia*, London 1988

Hartmann, Peter C. (Hrsg.): *Französische Könige und Kaiser der Neuzeit. Von Ludwig XII. bis Napoleon III.*, München 1994

Hein, Christoph: *Wie die chinesische Stachelbeere zur Kiwi wurde*, Frankfurter Allgemeine Sonntagszeitung 8.08.2004

Hengartner, Thomas; Merki, Christoph Maria (Hrsg.): *Genussmittel. Ein kulturgeschichtliches Handbuch*, Frankfurt a. M., New York 1999

Henß, Rita: *Scharf, knackig, goldblond. Kulinarischer Budenzauber: Fritten sind eine Erfindung Belgiens – und hier schmecken sie am besten*, Welt am Sonntag 9.01.2005

Herden, Birgit: *Das Futter zum Erbgut*, Die Zeit, Nr. 46 2006

Hines, Lisa u.a.: *Genetic variation in alcohol dehydrogenase and the beneficial effect of moderate alcohol consumption on myocardial infarction*, New England Journal of Medicine 344-549 2001

Hirschfelder, Gunther: *Europäische Esskultur*, Frankfurt a. M. 2001

Huckenbeck, Wolfgang: *Absinth – Ein neues Spielzeug für die Spaßgesellschaft?*, SeroNews IV/2001, Institut für Rechtsmedizin, Heinrich-Heine-Universität Düsseldorf

Jezek, Christian: *Allseits begehrte Stäbchen. Vor 150 Jahren wurden die Pommes Frites erfunden – wenn's stimmt*, Wiener Zeitung 14.11.2003

Johnson, Hugh: *Hugh Johnsons Weingeschichte*, Bern, Stuttgart 1990

Joly, Nicolas: *Beseelter Wein, Biologisch-dynamischer Weinbau*, Bern 1998

Jones, Frank: *Mit Rotwein gegen Herzinfarkt*, Köln 1998

Kägi, Peter: *Die Pfirsiche der schönen Melba*, Au 1994

Kelly, Ian: *Cooking For Kings: The Life of Antoine Carême, the first Celebrity Chef*, London 2004

Kiple, Kenneth F.; Ornelas, Kriemhild Coneè (Hrsg.): *The Cambridge World History of Food*, Cambridge 2000

Kladstrup, Don u. Petie: *Wein und Krieg. Bordeaux, Champagner und die Schlacht um Frankreichs größten Reichtum*, Stuttgart 2003

Kluge, Friedrich: *Etymologisches Wörterbuch der deutschen Sprache*, Berlin 2002

Klutzny, Monika: *Sind denn Pupse brennbar?*, Die Welt 6.04.2002

Kramer, Katharina: *Lady Curzons Fluch*, mare, Nr. 41 2004

Küster, Hansjörg: *Kleine Kulturgeschichte der Gewürze. Ein Lexikon von Anis bis Zimt*, München 1997

Lange, Cornelius u. Fabian: *Chrashkurs Wein. Bella Italia*, München 2001

Lange, Cornelius u. Fabian: *Chrashkurs Wein. Stile, Trends und Moden*, München 2001

Lange, Cornelius u. Fabian: *Der niedrigste Preis und seine Schattenseiten*, Die Zeit, Nr. 51 2002

Lärmer, Karl: *Seidenstrümpfe und feine Spitzen*, Edition Luisenstadt 1999

Laudan, Rachel: *Der Ursprung der modernen Küche*, Spektrum der Wissenschaft, Februar 2001

Lenz, Michael: *Hässlich wie die Hölle, himmlisch im Geschmack*, Berliner Zeitung 28.12. 2004

Lessing, Lukas; Gilbert-Lodge, Greogory: *Wo steckt das Alkoholismusgen?*, Das Magazin (Tages-Anzeiger), Nr. 15 1999

Liebster, Günther: *Warenkunde, Band 1 Obst/Band 2 Gemüse*, Düsseldorf 1990

Lill, Peter M.; Margraf, Ludwig: *Mythos Weisswurst*, München 1998

Littger, Peter: *Der Bundfalten-Charles*, Cicero, November 2004

Lothar Bendel: *Das große Früchte- und Gemüselexikon*, Düsseldorf 2002

MacLean, Charles: *Malt Whisky*, München 1999

MacNeal, John S.: *An Inheritance of Healthful Drinking*, ScienceNow 18.10.2000

Markale, Jean: *Isabeau de Baviere. Die Wittelsbacherin auf Frankreichs Thron*, München 1997

Mennell, Stephen: *Die Kultivierung des Appetits. Die Geschichte des Essens vom Mittelalter bis heute*, Frankfurt a. M. 1988

Mennell, Stephen: *Die Meisterköche*, Frankfurt a. M. 1990

Moulin, Leo: *Augenlust und Tafelfreuden. Essen und Trinken in Europa – eine Kulturgeschichte*, München 2002

Omae, Kinjire: *The Book of Sushi*, Tokyo, New York, San Francisco 1981

Otzen, Barabara u. Hans: *Das Kartoffelbuch*, Königswinter 2005

Paczensky, Gert von; Dünnebier, Anna: *Kulturgeschichte des Essens und Trinkens*, München 1999

Panati, Charles: *Universalgeschichte der gewöhnlichen Dinge*, Frankfurt a. M. 1994

Payne, Judith: *Fraser, Mary Isabel 1863–1942*, Dictionary of New Zealand Biography, 1993 Vol 2

Pollmer, Udo; Fock, Andrea; Gonder, Ulrike; Haug, Karin: *Liebe geht durch die Nase. Was unser Verhalten beeinflusst und lenkt*, Köln 2001

Pollmer, Udo; Fock, Andrea; Gonder, Ulrike; Haug, Karin: *Prost Mahlzeit. Krank durch gesunde Ernährung*, Köln 2001

Pollmer, Udo; Hoicke, Cornelia; Grimm Hans-Ulrich: *Vorsicht Geschmack. Was ist drin in Lebensmitteln?*, Reinbek 2000

Pollmer, Udo; Schmelzer-Sandtner: *Wohl bekomm's. Was Sie vor dem Einkauf über Lebensmittel wissen sollten*, Köln 2001

Pollmer, Udo; Warmuth, Susanne: *Lexikon der populären Ernährungsirrtümer*, Frankfurt am Main 2000

Roayl Naval Museum: *The loyal Toast – Naval Traditions*, Information Sheet No.66

Robinson, Jancis: *Das Oxford Wein-Lexikon*, Bern 1995

Roeder, Tatiana: *Opel-Familie – stark bei Autos wie bei Chips*, Frankfurter Rundschau online 2004

Root, Waverley: *Alles, was man essen kann*, Frankfurt 2003

Roth, Peter; Bernasconi, Carlo: *Das Jahrhundert-Mixbuch*, Niedernhausen 1999

Rumohr, Karl Friedrich von: *Geist der Kochkunst*, Frankfurt a. M.,Leipzig 1998

Sappington, John F.; Baker, Jay: *I'll Take Manhattan. The story of a classic cocktail – stired, not shaken*, St. Louis Homes and Lifestyles Magazine o.J.

Schobert, Walter: *Das Whiskeylexikon*, Frankfurt a. M. 2003

Schott, Christiane: *Wo Safranbauern die Fäden ziehen*, Die Zeit, Nr. 44 2005

Schraemli, Harry: *Das große Lehrbuch der Bar*, Luzern o. J.

Schreiber, Sybil: *Wurst mit Schweizer Vergangenheit*, Tages-Anzeiger 25.09.1999

Schumanns Barbuch, München 1984

Seidl, Conrad: *Bier-Katechismus*, Wien 2005

Siebeck, Wolfram: *Wenn Sterne verglühen*, Die Zeit, Nr. 17 1996

Sked, Phil: *Culloden*, National Trust for Scotland o.J.

Spode, Hasso: *Alkohol und Zivilisation*, Berlin 1991

Spode, Hasso: *Die Macht der Trunkenheit. Kultur- und Sozialgeschichte des Alkohols in Deutschland*, Opladen 1993

Spode, Hasso: *Vom Archaischen des Gelages*, NZZ Folio, August 1994

Stollorz, Volker: *Menu, Adieu!*, NZZ Folio, Dezember 2002

Taubert, Klaus; Klaus, Steffen; Blüm, Norbert: *Alles Buletti*, Berlin 2001

Teuteberg, Hans J.; Wiegelmann, Günter: *Unsere tägliche Kost. Geschichte und regionale Prägung*, Münster 1986

Uecker, Wolf: *Brevier der Genüsse. Eine kulinarische Warenkunde von der Auster bis zur Zwiebel*, München 1986

Venohr, Wolfgang: *Fridericus Rex. Friedrich der Große – Porträt einer Doppelnatur*, Bergisch Gladbach 1986

Wagner, Christoph: *Fast schon Food. Die Geschichte des schnellen Essens*, Frankfurt a. M. 1995

Weißwurst auf Pariser Art, Damals, Nr. 12 1994

White, I.R.; Altmann D.R.; Nanchahal K.: *Alcohol consumption and mortality: modelling risks for men and women at dif-*

ferent ages, British Medical Journal, 2002 Vol. 325, S. 191–194

Wie Kängurus den Schafen das Rülpsen abgewöhnen, RP Online 12.10.2005

Wiedlich, Wolfgang: *Klimafaktor Wiederkäuer*, Bonner General-Anzeiger 17./18. 07. 2004

Wüpper, Gesche: *Vielleicht habe ich Pastis im Blut*, Die Welt 26.09.2003

Zehetner, Ludwig: *Bairisch*, Düsseldorf 1977

Zischka, Ulrike (Hrsg.): *Die anständige Lust. Von Esskultur und Tafelsitten*, München 1994

Zuckerman, Larry: *Die Geschichte der Kartoffel. Von den Anden bis in die Friteuse*, Berlin 2004

... sowie unendlich viele solide Beiträge und seriöse Nachrichten aus dem noch viel unendlicheren World Wide Web ...